本研究成果得到国家社会科学基金重大项目
“加快公共文化立法,提高文化建设法制化水平研究”
(项目批准号:12&ZD032)资助

公共文化服务制度建设研究

冯 佳 著

国家图书馆出版社
National Library of China Publishing House

图书在版编目(CIP)数据

公共文化服务制度建设研究/冯佳著. --北京:国家图书馆出版社,2015.12

ISBN 978-7-5013-5760-4

Ⅰ.①公… Ⅱ.①冯… Ⅲ.①公共管理—文化工作—制度建设—研究—中国 Ⅳ.①G123

中国版本图书馆 CIP 数据核字(2015)第 300270 号

书　　名　公共文化服务制度建设研究
著　　者　冯　佳　著
责任编辑　金丽萍　王炳乾

出　　版　国家图书馆出版社(100034　北京市西城区文津街 7 号)
(原书目文献出版社　北京图书馆出版社)
发　　行　010-66114536　66126153　66151313　66175620
66121706(传真),66126156(门市部)
E-mail　nlcpress@ nlc. cn(邮购)
Website　www. nlcpress. com ——→投稿中心
经　　销　新华书店
印　　装　北京科信印刷有限公司
版　　次　2015 年 12 月第 1 版　2015 年 12 月第 1 次印刷

开　　本　880×1230(毫米)　1/32
印　　张　10.625
字　　数　250 千字

书　　号　ISBN 978-7-5013-5760-4
定　　价　48.00 元

目　录

图目录

表目录

引　言

建立健全公共文化服务体系,是21世纪以来我国文化体制改革的重要内容和文化建设的重要目标。2001年,《经济、社会及文化权利国际公约》在中国正式生效。2002年,党的十六大报告提出坚持、完善和支持文化公益事业发展的政策。2005年,《中共中央关于制定国民经济和社会发展第十一个五年规划的建议》中第一次将文化事业发展战略目标表述为"逐步形成覆盖全社会的比较完备的公共文化服务体系"。2006年9月,《国家"十一五"时期文化发展规划纲要》中,国家首次明确提出"公共文化服务"的概念。直到2007年8月,中共中央办公厅、国务院办公厅下发了指导我国公共文化服务体系建设的纲领性文件——《关于加强公共文化服务体系建设的若干意见》,提出"按照结构合理、发展平衡、网络健全、运行有效、惠及全民的原则,建设覆盖全社会的公共文化服务体系",构建公共文化服务体系的思想逐步形成。这一系列政策性文件的出台,都标志着公共文化服务受到国家越来越多的重视。2007年年底,博物馆率先实现免费参观,随后的2011年2月,文化部、财政部又联合出台关于中国美术馆、公共图书馆、文化馆(站)免费开放的意见。2011年年初,文化部和财政部启动了国家公共文化服务体系示范区(项目)(以下简称"示范区(项目)")创建工作。2011年10月,《中共中央关于深化文化体制改革,推动社会主义文化大发展大繁荣若干重大问题的决定》将"推进国家公共文化服务体系示范区创建"工作纳入其中。2012年2月《国家"十二五"时期文化改革发展规划纲要》正式对社会发布,提出"十二五"期间要基本建立覆盖全社会的公共服务体系,使城乡居民能够较为便捷地享受公共文化服务[①]。2012 年 11 月,党的十八大提出,要加强重大公共文化工程和文化项目建设,完善公共文化服务体系,提高服务效能[②]。2013 年 1 月,文化部关于印发《文化部"十二五"时期公共文化服务体系建设实施纲要》的通知,提出按照公益性、基本性、均等性、便利性的要求,在全国创建一批国家公共文化示范区(项目),发挥示范带动作用,推动公共文化服务体系建设科学发展[③]。此后,党的十八届三中全会发布《中共中央关于全面深化改革若干重大问题的决定》,提出要完善文化管理体制,构建现代公共文化服务体系[④]。2015 年 1 月,中共中央办公厅、国务院办公厅印发《关于加快构建现代公共文化服务体系的意见》,提出要推进国家公共文化服务体系示范区(项目)创建,并要求依托国家公共文化服务体系建设示范区(项目)、高新技术园区和可持续发展实验区,开展公共文化服务与科技融合示范工作[⑤]。示范区(项目)创建工作成为中央关于公共文化服务体系建设的重要部署,成为当前和今后一个时期公共文化服务体系建设的重要工作任务。

---

① 张中江."十二五"期间农民工将纳入城市公共文化服务体系[EB/OL].(2012-02-15)[2014-05-19].http://www.chinanews.com/cul/2012/02-15/3671773.shtml.

② 胡锦涛.十八大报告(全文)[EB/OL].(2012-11-19)[2014-05-19].http://www.xj.xinhuanet.com/2012-11/19/c_113722546.htm.

③ 文化部公共文化司.文化部关于印发《文化部"十二五"时期公共文化服务体系建设实施纲要》的通知[EB/OL].(2013-01-21)[2014-04-29].http://zwgk.mcprc.gov.cn/auto255/201301/t20130121_29512.html.

④ 孙爽.关于"基本公共服务均等化"的论述[EB/OL].(2013-11-28)[2014-04-29].http://www.ssbgzzs.com/sy/specials/ctxstdnznl_19288/pljx_19293/201311/t20131128_1607700.shtml.

⑤ 中共中央办公厅、国务院办公厅印发《关于加快构建现代公共文化服务体系的意见》(全文)[EB/OL].(2015-01-14)[2015-01-18].http://www.gov.cn/xinwen/2015-01/14/content_2804250.htm.

以此为契机，示范区（项目）创建工作如火如荼地展开。首批 31 个示范区和 47 个示范项目在创建过程中形成了一大批制度设计成果，第二批 32 个示范区和 57 个示范项目也正在积极推进，制度设计成果逐步形成。这些制度设计成果包括研究性的成果以及以研究成果为支撑，主要形式为政府规划、政府政策性文件、管理办法、规范标准等在内的成果。各示范区（项目）创建地区结合各地实际情况，在资金投入、设施建设、人才保障、体制机制建设等方面优先考虑、重点推进。一些示范区（项目）创建地区以理念创新为先导，以体制机制创新为重点，按照创建标准要求，结合本地实际，积极开展制度设计研究，取得了制度设计研究阶段性成果，初步发挥了在区域乃至在全国的示范和带动作用。

笔者在北京大学攻读博士学位期间，有幸在文化部国家公共文化服务体系示范区（项目）创建工作领导小组办公室实习一年有余，接触了示范区（项目）创建过程中的很多第一手资料，结识了许多示范区（项目）所在地的一线工作者，开阔了眼界，对示范区（项目）创建制度设计有了一定程度的感性认知，为研究积累了大量素材，也为后续研究提供了一系列便利条件。

期间，适逢我的导师李国新教授，成功申报 2012 年度国家社会科学基金第一批重大项目（文化类）中的“加快公共文化立法，提高文化建设法制化水平研究”这一课题。加之李老师兼任文化部国家公共文化服务体系建设专家委员会副主任，为了解、研究国内外文化政策提供了平台，为深度参与各地制度设计研究提供了机会。笔者作为“加快公共文化立法，提高文化建设法制化水平研究”中子课题“我国公共文化服务体系建设制度设计研究成果分析与提炼”的参与者，对示范区（项目）创建制度设计有了更多的理性认识，也为笔者对此的持续研究奠定了理论基础。

2013 年，笔者自北京大学博士毕业后进入上海社会科学院文学研究所工作，依托工作单位的科研平台，在已有研究基础上，继续关注公共文化服务体系建设制度设计相关领域，深度参与多地制度设计研究，不断拓展研究视野。

本书即是在此基础上顺利完成，并作为国家社会科学基金重大项目“加快公共文化立法，提高文化建设法制化水平研究”的子课题成果之一，希望通过对示范区（项目）制度设计成果的系统梳理、归纳总结与深入分析，通过对制度设计相关要素的分别探讨，找到解决公共文化服务体系中关键问题的制度化长效机制，为现代公共文化服务体系构建过程中相关问题的解决提供思路和借鉴。

第一章　制度的认知

第一节　制度的内涵、类型与功能

诺贝尔经济学奖得主道格拉斯·C. 诺斯（Douglass C. North）认为，将个体选择与制度对选择集合的约束结合起来，是整个社会科学研究的重要一步①。作为一种无法看见、感觉、触摸，甚至是无法衡量的制度，究竟包含哪些内容？制度如何产生、发展、变革？制度与公共文化事业有怎样的关系？都是本研究首先需要关注的基本问题。

一、制度的内涵

制度是现代西方学术界探讨的热点问题，也是我国自改革开放以来在现实的社会实践和理论探讨中越来越得到重视的问题。制度问题内容丰富而又庞杂，何谓制度？制度应该具有怎样的意义？制度具有怎样的基本特征和形式？显然，这些问题是探讨制度内涵的基本前提。

1. 制度的基本含义

“制度”是一种既定的存在，古已有之，东西方社会对制度存在着不同的理解和说明。

国外对制度含义的理解不尽相同。《韦氏第3版新国际英语足本词典》（*Webster's Third New International Dictionary*）中，制度（institu-

① 诺斯. 制度、制度变迁与经济绩效[M]. 杭行，译. 上海：格致出版社，上海人民出版社，2008：4－7.

tion)有以下三种含义:①人为制定的行为方式,如遗产继承等;②用来指导人们行为的规则体系,如法律等;③反映人们基本需要、行为和价值观等在文化生活中具有重要意义的重要规则,如风俗、习惯等[①]。在学术研究层面,概括而言,西方对制度的界定主要有几种较具代表性的基本观点:①组织说。康芒斯等人认为,家庭、公司、工会、同业协会、国家等都可以被称为制度,他们看到的是制度实体性的一面[②]。②习惯说。凡勃仑等人认为,制度是个人或社会对有关的某些关系或某些作用的一般思想习惯[③],是对制度起源的一种认识,而且强调了制度的内在性及其与人的行为的内在契合。③模式说。亨廷顿等人认为,世界发展中的冲突不是军事的、政治的、有形的冲突,制度作为一种"稳定的、受珍重的和周期性发生的行为模式"[④],抓住了在一个社会发展变化中的潜移默化的塑造能力,强调了制度非实体性的内容。④系统说。青目昌彦等人将制度定义在一个动态的过程中,认为制度体现为一个有行为主体和行为对象的系统[⑤]。⑤规则说。若斯将制度定义为一个社会的游戏规则,是为决定人们的相互关系而人为设定的一些契约,构造着政治、经济和社会相互关系的一系列约束[⑥]。这一学派的学者将规则作为制度中很重要的,甚至是核心的内容。

而在我国,"制度"一词早在古代百家争鸣时期就有记载,而且此思想十分丰富。孔子在其《论语》中就提出"天下有道,则礼乐征伐,

---

① Webster's Third New International Dictionary[M]. Springfield:G. C. Merriam Co, 1976:1711.

② 康芒斯. 制度经济学[M]. 北京:商务印书馆,1962:87.

③ 凡勃仑. 有闲阶级论——关于制度的经济研究[M]. 北京:商务印书馆,1997:138.

④ 亨廷顿. 变化社会中的政治秩序[M]. 王冠华,等,译. 北京:三联书店,1989:12.

⑤ 青目昌彦. 比较制度分析[M]. 上海:上海远东出版社,2001:28.

⑥ 诺斯. 制度、制度变迁与经济绩效[M]. 杭行,译. 上海:格致出版社,上海人民出版社,2008:3-4,226.

自天子出。天下无道，则礼乐征伐，自诸侯出”的观点。孟子也提出“离娄之明，公输子之巧，不以规矩，不能成方圆；师旷之聪，不以六律，不能正五音；尧舜之道，不以仁政，不能平治天下”[①]的观点。发展到现代，《辞源》对制度的解释为：一是法令礼俗的总称；二是指规定、用法[②]。《辞海》中对制度也有解释：一是要求成员共同遵守的、按一定程序办事的规程或行动准则，如工作制度、学习制度等；二是在一定的历史条件下形成的政治、经济、文化等各方面的体系，如社会主义制度等；三是指政治上的规模法度，如《汉书·元第纪》中记载“汉家自有制度，本以霸、王道杂之”[③]。

对上述观点进行综合、提炼，可以看出，东西方对“制度”的解释虽存在差异，但并没有掩盖东西方对制度理解的共性存在，即都把制度看作是社会行为的规则或规范。所谓制度就是以一定社会的物质生产条件为基础，建立在一定的经济、政治、思想文化等状况之上的，相对稳定的行为规范，它能够约束行为主体的行为符合某种要求，以达到维护特定社会秩序的目的[④]。

2. 制度的特点

制度本质上作为一种规范，在一定意义上约束着人们的行为，表征着人们之间关系的某种结构性和秩序性，这也决定了制度的特点。

(1)制度是客观性和主观性的统一

制度的客观性在于制度源于社会生产以及社会关系的结构性和秩序性。但制度的产生终归要借助于人来实现。因此，在一定历史阶段，制度成为人们对自身所处的生产状况、社会关系、结构状况进行认

① 引自《孟子·离娄上》。

② 辞源(修订本)[M]. 北京：商务印书馆出版社，1998：353.

③ 辞海编辑委员会. 辞海(1999 年版缩印本)[M]. 上海：上海辞书出版社，2000：523.

④ 李松玉. 制度权威研究：制度规范与社会秩序[M]. 北京：社会科学文献出版社，2005：27.

知,并对自身行为方式进行选择的结果,这就决定了制度的主观性特征。由此,制度的客观性表现在,一定历史条件下的人不能随心所欲地甄选制度;制度的客观性表现在,在客观条件大体相似的不同社会环境下,由于文化传统、价值观念的差异,不同社会选取的制度也有不同。

(2)制度是规范性和开放性的统一

制度的保守性是指,制度总是体现并维护一定的秩序与结构,并规定了一定的利益分配方式,有利于促进共同体内部知识增长和认知的提升,为共同体的存续和发展提供必要的凝聚力。制度的开放性是指,即使一个封闭的制度系统也无法避免来自系统外部的竞争压力(制度竞争),制度本身孕育并培养了冲破原有制度并实现新制度的因素,且随着人们实践和认知能力的提高,人们对制度的认识和理解与时俱进,人们对制度的创新意识与能力也日益提升,制度系统必须保持开放性来降低系统熵值,以防止内部的低水平自我复制,并从外部获取增长和进化的动力。

(3)制度是惩罚性和激励性的统一

制度的规范性是学术界公认的基本功能,它来自于行为客体的要求和行为主体的认可。制度的规范性功能是通过惩罚和激励两种方式来实现的。制度的惩罚性,是指违反制度要求的行为可能给行为主体带来的超过其收益的利益损害;制度的激励性,是指遵循制度要求的行为可能给行为主体带来的理想收益。这种惩罚与激励的统一,实现了制度的规范功能。

(4)制度是普适性和具体性的统一

制度是普适性和具体性的统一。普适性是指,制度是一般而抽象的(而非针对具体事件的)、确定的(明了而可靠的)和开放的,它们能适用于无数情景①。制度的具体性是由于客观现实的多样性和人们对

① 柯武刚,史漫飞.制度经济学[M].北京:商务印书馆,2000:151.

制度理解的主观差异性，致使制度实现方式体现出特殊性和多样性。制度的一般规定性总是通过多样的、具体的行为规范来实现[①]。

二、制度的类型

制度在我们的日常生活中无处不在。在纷繁复杂的各类制度中，可从不同角度对其进行区分并做出分类。

一是按照人们生活的不同领域和根据行为主体的状况，制度可以分为生产制度、经济制度、政治制度、思想文化制度等。

二是按照制度的实施效果，制度可分为先进的制度和落后的制度。先进的制度是与现实的结构性和秩序性要求相适应的；落后的制度则与该制度要求相违背。一种制度一旦建立，它能够在多大程度上取得最大效益，取决于制度的有效性，也即制度自身的严密性、可接受性、人的理性认同及必要的外在强制等。一般来讲，与客观实际相一致的制度，即为进步的制度、有效的制度。

三是按照规范人们交往行为的强制力，制度可分为正式制度和非正式制度。正式制度是由特定的人或集团为实现某种秩序和目的共同制定的行为规范形式，其实现靠某种外在的强制力量和某种固定的方式，通常指正式成文的规则；非正式制度则是作为正式规则补充的非成文的行为准则[②]，主要表现为人们的习惯性行为、习俗、信仰和一定意义上心里趋同感的默认，其实现主要依靠社会舆论和人们的自发性倾向。

四是按照高低层次和作用范围不同，制度可分为宏观制度和微观制度。宏观制度是对社会生产和社会关系秩序和机构的总体状况的反映，具有根本的规定性和广泛的规范性；微观制度是对社会较为具

① 李松玉. 制度权威研究：制度规范与社会秩序［M］. 北京：社会科学文献出版社，2005：29－31.

② 诺思. 制度、制度变迁与经济绩效［M］. 杭行，译. 上海：格致出版社，上海人民出版社，2008：4－7.

体的生产过程和社会关系的结构和秩序的反映,具有较强的针对性和较为具体的规范性。

制度的上述类型或形式,从其存在意义上讲,往往具有交叉性,并非孤立存在。本书聚焦中国公共文化服务体系建设中事关全局的重大战略性现实问题,密切联系社会现实状况,针对性和可操作性较强,属于微观层面的制度研究。

三、制度的功能

联合国开发计划署(The United Nations Development Programme, UNDP)认为,制度发展战略通过改变管理战略、提高管理流程的效率和效能、改变系统和结构、根据环境需求配置任务、改变管理等标准干预来实现关键功能。其中,制度的关键功能包括:应用分析能力、规划和程序设计能力、管理和实施能力、监督和评估能力①。关于制度的功能,伊斯雷尔考虑的更为实际,认为制度是"提高公共机构能力的过程,以实现在制度建设、公共部门管理以及公共行政管理中更有效地利用人力和财政资源"②。拜客认为:"制度发展史创造和增强组织能力,进行高效的生产,分配和利用人力、财力资源,以实现公共或私人部门的发展目标。它不仅包括建设和强化制度,还包括在追求公共机构、部门或制度的合理支出过程中资金的节省和清算。"制度的功能具体包括提高和增强内部组织结构、管理系统(包括监督和评估)、财务管理(预算、会计、审计流程)、人事管理(包括员工开发和培训)、公共机构间的关系、法律框架、政府管制和流程等③。布拉斯等人认为,制

① UNDP assistance in the Third World: a thematic assessment[R]. New York: UNDP, 1991: 51 - 52.

② ISRAEL A. Institutional development: incentives to performance[M]. Washington, DC: The Johns Hopkins University Press, 1987: 1.

③ BYTCK B. The bank's use of technical assistance for institutional development [R]. World Bank Working Paper No. 578, 1990: 5.

度作为一个探索的流程,强调规划的引导性[①]。综合各方观点,制度作为人们交换活动和发生联系的行为准则,它是由生活在其中的人们选择和决定的,反过来又规定着人们的行为,决定了人们行为的特殊方式和社会特征[②]。在社会历史发展长河中,制度表现出如下功能[③]:

1. 规范功能

制度的规范功能是制度的核心功能,是指在理念的支配下,对管理对象进行约束、管理的标准和准则。制度规范功能所提供的是一种框架与氛围,在这种框架与氛围的限制、熏陶、训练乃至强制之下,人们会逐渐习惯、认可、接受并执行这些标准,从而将外在的规则、规范转化为内在的认知。而这种内在的认知是建立在一定的价值理念共识的基础上,其背后隐藏着一定的价值观,这种价值观直接体现了制度设计者的初衷。因此,制度作为人们社会活动与行为的合法性规范体系,有其价值趋向,规定着人们的行为选择空间,规范着人们应当做什么,不应当做什么。它一旦确立就意味着为社会确立了一个基本的价值目标框架。凡是遵守或执行制度规则的社会成员就会得到社会的激励,反之便会受到惩罚。这也就是说,制度总是要求人们的行为符合一定的规范,而这一规范的要求正是公共行为社会化的准则框架,为公共行为的主客体划定了界限。

2. 约束功能

由于人类行为的复杂特征,不同制度指向需要对各种可能的具有负外部性的机会主义行为提供约束,从而降低交易中的不确定性和不可预见性。现代运动以追求自由为天然使命,为了确保自由个体做事正确,不得不实行一些理性强制措施来进行约束。制度作为规范,有着强制制度参与者为或不为的功效,这其实就是约束行为者的随意行

① 麦尔吉.制度发展:第三世界城市管理透视[M].姜杰,杜增杰,黄晴,译.北京:北京大学出版社,2009:12-18.

② 张曙光.论制度均衡和制度变革[J].经济研究,1992(6):30-36.

③ 范业雷.公共行政制度功能探析[D].哈尔滨:黑龙江大学,2008:18-21.

为，为化解社会发展过程中的障碍及干扰创造了条件[1]。

3. 激励功能

制度设计支配着所有社会成员的行为，规范着他们行为方式的选择，影响着他们的利益分配、社会各种资源配置的效率和人力资源的发展。因此，制度的激励功能是指制度设计者创设各种既能朝向组织目标，又能满足个人合理需要的物质性和精神性条件，持续激发并调动参与者的积极性。制度的激励功能不仅表现在政治学、经济学、社会学、法学等学科，更多地表现在心理学，即是“那些使人类善良的倾向有较多体现的机会，而对于有害的倾向则加以制止”[2]，也就是说，制度的激励功能是引发行为者的行为动机以朝向制度设计者期待的价值方面努力，使其在不同领域的表现都应当符合社会价值的公共导向。

4. 整合功能

所谓制度的整合功能，也就是指把影响社会发展的各个要件，以系统的方式结合在一起，从而有利于整体的存在和发展的能力或功效。生活在一定社会关系中的人们为了各自的利益追求，必然会在社会交往中形成不同的利益关系，结成不同的利益集团，任何一个社会内部都会不可避免地产生冲突。对各种社会力量进行整合，必然会极大地提高人们的社会交易成本，避免资源重复浪费，推动社会在融合发展中实现突破创新。

5. 秩序功能

制度作为社会规范的一种重要而有力的手段，对社会有序发展至关重要。任何社会都不可能在绝对有序或绝对无序的状态中运行，尽管在不同的社会、不同的时代或领域，自由度存在很大差别，但毫无疑问，社会发展必须既维持着一定的秩序，又容纳一定的自由[3]。由于制度同时具有保守性和开放性的特性，使得制度作为较为成熟的规则、规范能够

---

① 江美塘．制度变迁与行政发展［M］．天津：天津人民出版社，2004：141.

② 布莱斯．现代民治政体（上册）［M］．吉林：吉林人民出版社，2001：9.

③ 汪青松，邢建国．秩序论［M］．北京：人民出版社，1993：22.

应对社会上各种偶然出现的必然，增强了社会的可预期性，有利于应对社会中的各种原生焦虑，进而营造出一个有效运转的社会良性秩序。

第二节　制度的发展

中国有句俗话：没有规矩，不成方圆。其意思就是说，没有规则（即制度）的约束，人类的行为就会陷入混乱。这样一个朴素而重要的思想告诉我们，在漫长岁月中相互残杀、斗争的切肤之痛，使人们逐渐认识到行为的交互性而建立起约束人们行为的制度，为人们提供日常生活的规则来减少不确定性。因为制度的存在，使得我们在日常生活中能知道（或能很容易地学到）如何去做，即便是在不同国家或不同地域的社会环境中生活，也能够很容易地观察到制度的区别。知识的不断积累成为制度不断改进的动力。制度使得社会秩序得到建立，使人类社会从蒙昧走向开化，使人类越来越走向文明。

一、制度产生

制度是社会游戏的规则，是人们创造的、用以限制人们相互交流行为的框架。社会演化到今天，文化传统、信仰体系，这一切都是根本性的制约因素。一个国家政体在社会发展中也起着根本性的至关重要的作用，它决定着经济结构和经济发展。从短期看，集权政府可以取得高的增长效率。从长期看，法制、制度规则才是真正保证长期经济发展的至关重要的因素①。由此，社会需要制度，在社会发展的历史长河中，制度从各种斗争和讨价还价中产生，它代表和反映了设计制定者的资源和权力，又影响社会资源的分配与权力的配置。

制度一旦被创造出来，就会成为外在于人们的强大力量，并有助

---

① 诺斯. 制度变迁理论纲要[J]. 改革，1995(3)：52－56.

于人们理解其所在世界的意义。从这个层面而言，为稳定社会发展，制度设计者的任务就是引导制度的形成过程，以产生一系列有效的规范组合。为此，制度设计者需要关注管理形成过程中无效率的根源，包括：①制度自身的确定可能是缓慢的；②非最优制度可能会自发确立；③某个制度可能不会随着事物的变化而有效地变化；④在不同的机构团体中，可能会形成几种不同的制度，从而影响了这些机构团体融合到一起时的协调[①]。由此可以看出，如果环境十分复杂或交流非常困难，或者相关参与人发生频繁变动，制度的形成将十分缓慢。一般来说，制度设计者的任务是使一系列规范具有突出性，而这些规范正是制度制定所需要的。

二、制度均衡与制度发展变革

所谓制度均衡，就是人们对既定制度安排和制度结构的一种满足状态或满意状态，因而无意也无力改变现行制度。反之，当人们意欲改变原有制度安排和制度结构，选择和建立一种新的更有效的制度之时，制度便呈现出非均衡状态。制度变革的发生就是由于存在着制度的非均衡。但并非任何制度非均衡都能够立即引发制度变革，且制度变革又是制度均衡的实现，是从制度非均衡向制度均衡的转变和飞跃。也就是说，制度非均衡只是制度变革的必要的前提条件，它的充分的实现条件却是制度均衡。因此，制度变革正是制度非均衡和制度均衡的矛盾统一[②]。

许多制度在变革的过程中，往往开始时很难，阻力很大，要付出较大的成本，也要冒很大风险（这也是一种可能性成本，改革的效益不一定明显）；但一旦突破瓶颈后便效益大增，短期内效益提高很快，具有明显的制度变革效益。经过短暂的“变革轰动效应期”后，表现趋于平

① 韦默. 制度设计[M]. 费方域，朱宝钦，译. 上海：上海财经大学出版社，2004：137－139.

② 张曙光. 论制度均衡和制度变革[J]. 经济研究，1992(6)：30－36.

淡：一方面，在相当长的一段时期内，制度变革仍在进行，但不再是突破性或轰动性的，往往是对已有制度的后续完善和修补。表面上好像阻力比初期小了，而实际上阻力或成本被拉长到一个更长的时间期限内、被分摊到更多的时点上，改革的成本依然很高。另一方面，制度变革的效益也没有以前那么明显。

由此，在制度变革的发生是一个在已有变革框架内完善、修补的持续过程，也即"同一轨迹上制度变迁的边际效益先递增后递减"，这也可以理解是依存于主制度的从属制度的变革。从属制度变革只是进一步挖掘主制度框架所允许的潜在收益，而非突破已有的制度框架[①]。无论是主制度变革，还是从属制度发生变革，均是制度变革制定者为提高效率采取的举措。

三、制度发展与社会发展

制度是社会生活的基础，并界定着个人、机构、民族、国家以及其他组织得以运行、相互作用的背景[②]。随着人类社会不断发展，从惯例、行为准则、行为规范到成文法、普通法，及个人之间的契约，制度也总是处在演化之中，因而也在持续改变着对社会可能的选择[③]。在一定社会环境中，制度约束界定了政治与经济之间的交换关系，对各种冲突起着疏导与调节作用，使得特定的制度约束格局拥有相应的经济和政治模式，也由此决定了政治—经济系统的运行方式。这些带有制度特征的模式，随着时期的不同、经济体的不同而有巨大变化，并且通过对制度约束的变化产生了很高的敏感性，制度成为影响政治发展和经济绩效的关键因素。因此，在社会发展与规划中，必须明确认识到

① 黄少安. 关于制度变迁的三个假说及其验证[J]. 中国社会科学，2000(4)：37 – 49.

② 坎贝尔. 制度变迁与全球化[M]. 姚伟，译. 上海：上海人民出版社，2010：1.

③ 诺思. 制度、制度变迁与经济绩效[M]. 杭行，译. 上海：格致出版社，上海人民出版社，2008：4 – 7.

在有关政治—经济模式中纳入所涉及的特定的制度，以及由此而产生的政治与经济交换的结构，从而使博弈规则与社会行为之间的互动变得更容易理解①。

1. 制度与政府的关系：中国社会变迁发展

制度在中国社会变迁过程中的特殊性在于改革伊始，计划经济的战略选择管根深蒂固，要理解中国的改革过程，必须首先理解政府的行为。从经济社会发展角度来看，一般认为，在改革初始阶段，中国的中央政府相对于其他利益团体在政治力量及资源配置权力上具有绝对的优势，并且中央政府为追求一定的政治和经济目标，也必须通过制度创新来实现经济增长②。同时，改革初期，中央政府面临巨大的财政压力，不得不进行制度变革③，且改革的方向、速度、路径等在很大程度上取决于拥有最高决策权的核心领导者的偏好及其效用最大化，改革过程中社会效益的增进是以核心领导者能获得更多的效用为前提的④。由此不难看出，政府作为制度供给者，可以根据社会需求提供一个均衡的制度安排，来最大限度地促进经济社会增长，并有能力和动力来提供最优的制度安排。然而，制度供求无法在一个局部分析框架内做比较静态研究，如果要进行制度创新的损益比较，只有通过制度选择的多人博弈过程的均衡状态来确定⑤。如果把制度变革看作是非市场的公共选择过程，也不能推断国家相对于其他利益集团的优势。

---

① 诺思. 制度、制度变迁与经济绩效[M]. 杭行，译. 上海：格致出版社，上海人民出版社，2008：147－157.

② 杨瑞龙. 论制度供给[J]. 经济研究，1993(8)：45－52.

③ 张宇燕，何帆. 由财政压力引起的制度变迁[C]//天则论丛(1998)——从计划经济到市场经济. 北京：中国财政经济出版社，1998：16－25.

④ 胡汝银. 经济增长中的改革决策与宏观政策选择[J]. 经济研究，1993(6)：19－26.

⑤ 汪丁丁. 对杨瑞龙《"中国扩散"的制度变迁方式与地方政府的创新行为：江苏昆山自费经济技术开发区案例分析》的评审报告[M]//张曙光. 中国制度变迁的案例研究(第二集). 北京：中国财政经济出版社，1999：398－401.

更为重要的是,政府的制度创新可能只是其他社会成员选择的结果。所以,政府供给论并没有真正揭示政府的作用。

中国制度变革 20 多年表明,为降低制度创新的风险,政府重新调整了定位。值得强调的是,越是接近具体环境的政府直接创新的动力越大。中国地方政府在改革过程中一直比较活跃的原因即在于此。地方政府创新活动的有效性基于知识的可得性,由于地方政府与中央政府相比更了解地方的需求及资源状况,更有理由相信自身对外部规则的选择会有利于地方的福利增进。改革开放以后,中央政府的放权形成了地方之间的竞争,分权的体制使地方政府的利益与当地的经济发展紧密相关,外部规则的潜在收益也就等于地方社会福利,地方政府的制度创新活动有了合理的存在理由。此时,地方政府和中央政府的角色有了本质的不同,地方政府作为制度企业家直接接入当地制度创新活动。中央政府作为法官,有效协调地方见的竞争关系①。总体而言,制度的建设发展能够帮助政府组织清晰地理解其目标和实现途径②。

2. 制度与法律、政策的关系

法律制度是正式制度的典型。它是以国家的名义来确定和维护的正式制度。法律制度明确规定了维护这种制度的具体实现方式,对于违反这种制度的行为做出了明确的惩罚措施。构成法律制度权威的重要内容不仅在于它代表了国家的意志,还在于国家机器是维护这种制度权威的强制性的物质条件。因此,外在强制性是法律制度得以实现的突出特点。

对于政策而言,制度框架中蕴含着激励,制度的激励效应给参与者提供各类激励的信号,无论何种制度约束都会诱发相应的获利。由此,一项政策是否成功就在于它对人们提供的激励制度是不是跟预期的效果一样。政策作为正式的制度安排,政策的设计实际上就是进行

① 周业安. 中国制度变迁的演进论解释[J]. 经济研究,2000(5):3 - 11.

② BLUNT P, COLLINS P. Institution building in developing countries[J]. Public administration and development, 1994, 14(2):111 - 120.

游戏规则的设计，是以制度来激励（约束）人们的行为——这是经济学原理指导政策设计的核心问题。在这个意义上，制度对政策设计是重要的：制度的改变就是人们行为规则的改变，从而导致人们行为的改变，形成一种阶段内固化下来的机制。比如，国家宣布对超生孩子罚款，人们就会少生孩子；国家宣布对科技发明进行重奖，就会有更多的人献身科学研究①。从这一点上来看，政策制度与法律制度从根本上来说具有一致性，都是一定阶级或集团意志的体现，两者有着相似之处。但一定的政策制度只有上升为法律制度才具有合法性。

第三节　制度建设与公共文化事业发展

制度作为人类的创造物，它们不断演化着，并为人类所改变。因而，制度理论必须从分析个体逐步展开。同时，制度对社会个体选择所施加的约束无所不在。根据阿尔钦（Armen A. Alchian）于1950年提出的进化假说（Evolutionary Hypothesis），无处不在的竞争将剔除劣质的制度，而使那些能更好地解决人类问题的制度得以留存下来②。

一、公共文化事业发展与制度建设的关系

公共文化事业发展作为社会进步发展的重要内容和重要表征，需要通过广泛认可的均衡制度将其形式固化下来，切实解决公共文化事业发展中遇到的难题，推动现代公共文化服务体系的构建。

1. 制度建设助推现代公共文化服务体系构建

覆盖全社会的公共文化服务体系是十七大报告中提出的实现全

---

① 董志强. 制度的重要[EB/OL].[2015－01－02]. http://old.jfdaily.com/epublish/gb/paper70/2/class007000011/hwz213891.htm.

② 诺思. 制度、制度变迁与经济绩效[M]. 杭行，译. 上海：格致出版社，上海人民出版社，2008：147－157.

面建设小康社会的重要目标之一。从2010年开始,文化部召开国家公共文化服务制度设计研究工作会议,希望通过国家公共文化服务体系制度设计研究工作,探索我国东、中、西部和城乡不同区域公共文化服务体系建设模式,研究有效措施,切实推动公共文化服务体系建设的科学发展。党的十八届四中全会将公共文化作为文化法律制度需要重点加强的三大领域之一,《中共中央关于全面推进依法治国若干重大问题的决定》指出,建立健全坚持社会主义先进文化前进方向、遵循文化发展规律、有利于激发文化创造活力、保障人民基本文化权益的文化法律制度①。这些都为公共文化事业长效发展提供良好的制度环境。当前,要以制定公共文化服务保障法作为突破口,加快完善文化的相关法律制度建设,要加强对公共文化服务理论的研究,加强对公共文化服务发展规律的把握,还要加强对公共文化法律体系的研究②,加强制度可操作性、导向性、开放性,使其作为一种先进的制度确立下来,充分体系制度的均衡性,助推公共文化事业繁荣发展。

2. 公共文化事业创新实践丰富制度设计成果

国家公共文化服务体系示范区(项目)创建地政府针对当前公共文化服务体系建设存在的突出问题,根据我国区域差异、城乡差异的具体实际,结合示范区(项目)创建工作,对涉及全局性、战略性的重大问题进行研究,提出相关政策建议和具体解决方案,形成一系列推进公共文化服务体系建设的政策、手段和措施,努力构建公共文化服务体系建设的长效机制。示范区(项目)应承担课题研究任务,成为课题

---

① 中共中央关于全面推进依法治国若干重大问题的决定[EB/OL].(2014-10-28)[2015-01-29]. http://news.xinhuanet.com/2014-10/28/c_1113015330.htm.

② 沈伟鹏,郭玉秀.建立健全文化法律制度推进公共文化服务体系建设——学习党的十八届四中全会精神暨完善公共文化服务保障法(草案)座谈会在国家行政学院召开[EB/OL].(2014-11-13)[2015-01-29]. http://politics.people.com.cn/n/2014/1113/c1027-26017077.html.

研究的实践基地,深化推动课题研究,使之具有实践性和可操作性。课题研究应紧密结合示范区(项目)创建工作进行,为示范区(项目)创建工作提供理论指导和政策支持,推动公共文化服务体系科学发展。在示范区(项目)创建过程中,形成了一大批制度设计研究成果。这些成果主要是两种类型:一是研究性的制度设计研究成果,包括调研报告、研究报告、实践分析报告等;二是以研究成果为支撑的制度建设成果,主要形式是政府规划、政府政策性文件、管理办法、规范标准等。对这些成果进行系统梳理与总结,有一定的理论价值,丰富了制度设计成果的理论研究。另一方面,由于公共文化服务制度作为微观层面的制度,对策性、针对性、应用性较强,并从问题的角度出发,系统梳理中国公共文化服务体系建设制度设计的成果和国外部分国家公共文化相关的实际做法与经验,理清中国公共文化服务体系中制度设计研究与实践的现状,对国内外相关情况进行系统介绍与分析,从中发现一些本质的、共性的、规律性的内容,试图用文化经济学理论、分权与集权理论、需求导向理论等诸多理论对相关问题进行理论分析、总结与提炼,这些也必将会丰富制度设计研究的理论。

二、公共文化服务体系与制度发展要素

借鉴戴维斯的城市管理论,若要使公共文化事业长效发展,那么发展目标就必须与制度发展目标相整合①。这也就确定了公共文化事业发展的核心关注点,即是公共文化服务与制度发展。公共文化服务体系制度建设面临的直接挑战有两个:第一个是需要根据公共文化服务体系建设面临的重大问题,探索创新发展实现路径;第二个是需要确定制度发展要素,也就是构建现代公共文化服务体系的具体内容。本研究主要是通过对国家公共文化服务体系示范区(项目)的创新实

① DAVIDSON. Gearing up for effective management of urban development [J]. Cities,1991,8(2):132.

践,综合分析,找出与公共文化服务体系建设相适应的制度发展要素。

1. 公共文化事业发展中创新突破

国家公共文化服务体系示范区(项目)是文化部、财政部为贯彻落实党的十七届五中全会精神、胡锦涛总书记在中央政治局第二十二次集体学习时的重要讲话精神、中央《关于加强公共文化服务体系建设的若干意见》、全国文化体制改革工作会议精神,按照"建立若干公共文化服务体系建设示范区,分类指导东、中、西部和城乡基层文化建设"要求,经中央领导同意,联合提出并实施的。该项目以保障人民群众基本文化权益、满足人民群众基本文化需求为出发点和立足点,以因地制宜、实践探索、树立典型、示范带动为基本方式,探索现代公共文化服务体系建设的方法和路径,全面提升全国公共文化服务体系建设的科学发展水平。

对示范区(项目)创建过程中的创新实践进行分析、研究、提炼,可以看出,示范区(项目)的创新实践主要涉及经费保障、人才队伍建设、管理体制、设施体系、资源供给等方面内容。从政府的组织管理方面,首批 31 个示范区创建城市均成立了由市委、市政府领导,文化、发改、财政、人事等多部门参与的创建领导小组,其中 23 个创建示范区由市委书记、市长任组长,8 个创建示范区由宣传部长、副市长等市委、市政府分管领导为组长,为创建工作提供了强有力的组织保障。示范区(项目)创建城市还大幅增加了文化事业费投入。仅以首批示范区为例,粗略估算,第一批中央财政 3.05 亿元的示范区创建补助资金带动了 31 个示范区创建城市财政资金投入超过 100 亿元。通过开展创建工作,还有许多示范区(项目)创建城市将重大公共文化设施项目列入"十二五"规划并加快施工建设,公共文化设施建设实现了大提速。同时,不少示范区创建城市还按照创建指标要求,采取了一系列"固强补弱"的措施,优化公共文化设施空间布局,提高设施体系化水平。在解决公共文化服务人才队伍方面,基层公共文化人才匮乏的问题得到空前重视。同时,各创建示范区还广泛开展文化队伍培训,提升公共文化队伍从业水平。而基层公共文化资源分散、功能得不到充分发挥的问题在示范区(项目)创建过程中备受瞩目。不少创建地区通过多部门协调联动和政策配套,推动跨区域、跨部门、跨系统文化资源的整合和优化配置,提高了公共文化资源的使用效率。公共文化服务社会力量参与、建立公共文化服务绩效考核评估机制等问题也成为示范区(项目)创建过程中关注的焦点(具体内容详见第二、三、四、五、六章)。

2. 公共文化服务制度发展要素

将示范区(项目)创建工作形成的大批创新成果结合起来总结,从综合的角度进行考量,强调公共文化事业发展所需的制度发展要素,形成公共文化服务体系制度发展要素的整体框架(见图1-1)。

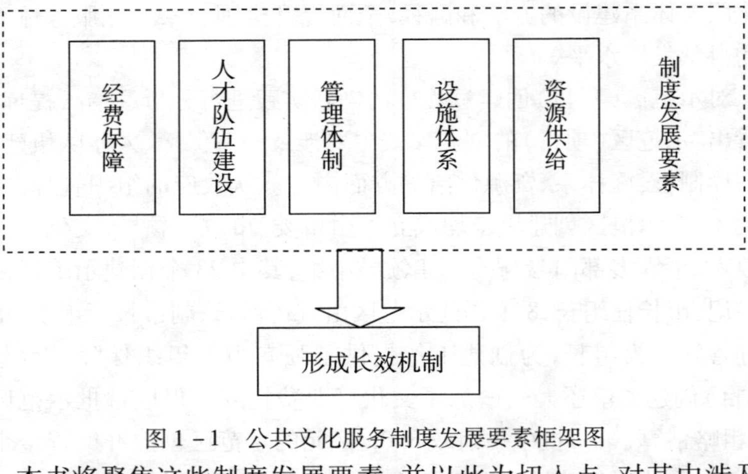

图1-1 公共文化服务制度发展要素框架图

本书将聚焦这些制度发展要素,并以此为切入点,对其中涉及的问题、实践探索及制度实现的长效机制等在以下各章节中进行详细论述和深入探讨。

第二章 经费保障的实践探索与政策引领

经费保障是公共文化服务体系建设的重要支撑要素,在整个公共文化服务体系建设的制度安排中具有基础性、全局性和决定性地位。要建立起公共文化服务长效和可靠的经费保障机制,必须首先明晰各级政府在公共文化服务体系建设,特别是经费保障方面的主体地位和主体责任,坚持党委领导、政府负责、社会协同、公众参与的公共文化服务经费保障格局,积极构建以政府集成为核心的公共文化服务经费保障模式,统筹规划、分类指导,面向基层、惠及全民,逐步建立起适应经济社会发展水平、适应文化自身发展规律和适应公众基本文化权利要求的公共文化服务经费保障机制。

第一节 面临的突出问题

改革开放以来,我国文化事业费投入迅速增加。党的十七大以来,随着国民经济的持续快速增长,各级政府不断完善财政政策保障机制,加大文化事业经费投入,全国文化事业费呈现持续增长的态势。文化事业费由 2007 年的 198.96 亿元增至 2013 年的 530.49 亿元,连续多年保持了年均超 10% 的增长速度。伴随着文化事业费总量的不断增加,全国人均文化事业费也快速提升。2013 年,全国人均文化事业费达 38.99 元,比上年同比增长 10%,与比 2007 年相比,更是同比增长一倍还多。同时,按照构建公共文化服务体系,满足人民群众基本文化权益的思路,文化事业费的增量部分主要用于基层、农村,并向老少边穷地区倾斜，有效改善了文化民生，促进了文化权益均等化[①][②]。“十二五”的前四年(2011—2014 年)，中央财政通过一般公共预算安排用于公共文化服务体系建设的支出更是达到了 705 亿[③]。投入的增长为公共文化事业的繁荣发展奠定了良好基础。但必须清醒地认识到，我国文化事业和公共文化服务领域依然面临以下突出问题。

一、投入显不足

近年来，各级政府对文化的投入逐步加大，但由于长期以来欠账太多，基数较低，文化投入所占财政支出的比重仍然非常低。2013 年，全国文化事业费总计 530.49 亿元，仅占文化体育与传媒支出的 2520 亿元中的 21.05%，在整个 13.97 万亿元的财政总支出中所占比重不足 0.38%[④]。另一方面，2013 年的全国图书馆人均藏书量为 0.55 册，远远低于国际图联组织发布的《公共图书馆服务发展指南》(2001 版)中指出的人均 1.5—2.5 册的标准[⑤]；全国公共图书馆人

① 文化部：2011 年全国人均文化事业费达 29.14 元[EB/OL].(2012－06－25)[2012－12－26]. http://news.xinhuanet.com/fortune/2012-06/25/c_112286639.htm.

② 中华人民共和国文化部 2013 年文化发展统计公报[EB/OL].(2014－05－15)[2015－01－18]. http://zwgk.mcprc.gov.cn/auto255/201405/t20140516_30294.html.

③ 财政部：2014 年全国财政一般公共预算文化体育与传媒支出 2753 亿元[EB/OL].(2015－01－21)[2015－01－21]. http://news.xinhuanet.com/fortune/2015-01/21/c_1114081494.htm.

④ 中华人民共和国文化部 2013 年文化发展统计公报[EB/OL].(2014－05－15)[2015－01－18]. http://zwgk.mcprc.gov.cn/auto255/201405/t20140516_30294.html.

⑤ 菲利普吉尔领导的工作小组代表公共图书馆专业委员会.公共图书馆服务发展指南[M].林祖藻，译.上海：上海科学技术出版社，2002：63.

均购书费1.22元，而美国在经济危机的影响下，其2010年人均购书费有所下降，但仍超过4.23美元[①]，差距明显。这一局面相对于人民群众精神文化需求的快速增长，维护自身文化权益的意识逐渐增强，以及巨大的文化消费潜力来说，人均不足40元的文化事业费投入明显不足。

二、结构欠合理

从全国来看，文化事业费的投入结构近年来有所调整。2013年，全国文化事业费中，县及县以下文化单位257.82亿元，占48.6%，比重较2007年提高了20.4%；东部地区文化单位文化事业费231.41亿元，占43.6%，比重下降了0.5个百分点；西部地区文化单位152.16亿元，占28.7%，比重较之2007年提高了7.2%[②]。尽管如此，东部地区财政对文化投入仍占到全国四成以上的格局仍未发生变化。以2013年为例，全国人均文化事业费为38.99元，其中，位列第一的上海市人均文化事业费为121.96元，是全国平均水平的3倍多；中部地区由于文化事业费投入不足，人口数量众多，导致人均文化事业费与东部地区，甚至与西部不少地广人稀地区还有差距，其中，位列最后的河南省人均文化事业费仅为17.15元，为全国平均水平的43.99%，上海市的14.06%[③]。可见，在文化事业费投入结构开始有所调整的情况下，各地人均文化事业费的差距还很大；并从近年来县公共图书馆和文化馆部分指标占全国的比重情况也可以看出，城乡文化发展差距依旧明显。再考虑到中西部地区和

① Public Libraries in the United States Survey: Fiscal Year 2010[EB/OL].[2013-01-29]. http://www.imls.gov/assets/1/AssetManager/stla2010.pdf.

② 中华人民共和国文化部2013年文化发展统计公报[EB/OL].(2014-05-15)[2015-01-18]. http://zwgk.mcprc.gov.cn/auto255/201405/t20140516_30294.html.

③ 数据来源于《中国文化文物统计年鉴2014》。

县及县以下地区原有文化基础较差的状况,现有投入不能摆脱城市与农村、东部与中西部、发达地区与欠发达地区之间公共文化服务不均衡、结构不合理的困境。

三、经费使用效率仍偏低

经费管理是一项非常严谨的工作,可谓牵一发而动全身。目前,很多公共文化机构不重视制定经费使用规划,在一些重大问题上没有专业的决策指导,更对财务状况不甚了解,造成经费使用效率不高。2013 年,全国执行事业会计制度的文化文物机构中,在年度开展业务活动中购买商品和服务的支出为 328.59 亿元,占年度总支出 1141.57 亿元的 28.78%;2013 年,全国公共图书馆商品和服务支出为 25.18 亿元,占公共图书馆年度总支出 113.00 亿元的约 23%,而年度支出中的工资福利是购书费的一倍有余;2011 年,全国群众文化机构开展业务活动中购买商品和服务的支出为 25.67 亿元,占总支出 126.75 亿元的 19.87%[①],全国公共文化机构业务开展经费的比例仍较低。另一方面,我国财政体制还呈现出财政层级越低,财力越困难的现象,县乡财政困难的情况比较普遍,这与财政资金在划拨过程中逐层漏损有关。此外,截至 2011 年年底,全国 34 139 个乡镇综合文化站中仅有 1067 个乡镇综合文化站为独立核算单位,仅占 3.1%,这种情况就造成乡镇综合文化站经费全部依托于乡级政府,资金难以有效监管,导致部分地区存在挤占和挪用情况[②]。同时,由于文化事业管理体制上的原因,多头管理、条块分割依然存在,公共文化资源存在地方化、部门化、行政固化的现象,造成资源分散、重复建设、效益难以发挥[③]。相

① 数据来源于《中国文化文物统计年鉴 2014》。

② 全国乡镇综合文化站建设和发展情况分析. 文化部,2012 年 11 月发布.

③ 文化部计财司. 近几年我国文化投入情况及对策建议[EB/OL]. (2011-08-23)[2012-12-20]. http://www.ccnt.gov.cn/sjzznew2011/cws/whtj_cws/201111/t20111128_153324.html.

关各公共文化资源建设项目若不能将经费进行合理统筹与管理，势必造成资源购置内容重复率高，导致原本十分有限的资源浪费，经费投入利用率不高①。

第二节　经费投入制度的新变化

针对当前文化事业费投入面临的境遇，各地纷纷开展制度探索，公共文化服务投入方式日趋多样化。尤其是示范区（项目）创建以来，文化事业投入的力度更是超过以往。除中央对示范区（项目）的投入外，湖南省长沙市创建期间仅区（县）级财政文化基础设施建设投入就达 20 亿元；北京市朝阳区建立健全公共文化建设财政保障机制，确保每年文化财政投入的增幅不低于当年区财政收入增幅，为示范区创建工作投入财政资金达 4 亿元；四川省成都市、重庆市渝中区、青海省格尔木市、内蒙古鄂尔多斯市等地认真落实“保证公共财政对文化建设的增长幅度高于财政经常性收入增长幅度”的政策要求，部分创建城市 2011 年比 2010 年文化事业费投入实现了翻一番，经费投入相关制度设计成果层出不穷。

一、细化经费项目，纳入财政预算

将公共文化服务经费纳入地方年度财政预算，是确保公共文化服务事业经费投入实现制度化、法制化的有效方式。示范区（项目）创建过程中，各地进行了积极尝试。安徽省马鞍山市根据《马鞍山市“十二五”时期文化发展规划纲要》，把公共文化服务体系建设纳

① 我国农村公共文化服务体系财政保障机制研究报告. 我国农村公共文化服务体系财政保障机制课题组，2009 年印行.

入经济社会发展的总体战略[①];江西省赣州市将建设新的市级公共文化设施项目纳入《赣州市城市总体规划(2006—2020年)》[②];湖北省黄石市建立公共文化服务体系建设投入机制,将文化建设投入纳入财政预算[③];贵州省遵义市建立文化事业发展专项资金,并将文化事业建设费纳入财政预算管理,专门用于发展公益性文化事业[④]。在将文化经费纳入地方财政预算的具体操作过程中,各地还细化了文化经费预算。

1. 各级经费投入细化

在细化各级经费投入的示范区(项目)中,对本级财政经费投入的预算规定是最为基本的内容,有些地方更是将经费投入细化到了村(社区)一级(见表2-1)。这种做法在很大程度上确保了创建工作顺利实施以及基层公共文化服务体系建设的日臻完善,保障了基层公共文化服务设施建设资金和运营经费。但仍应当注意,尽管细化到各级的文化经费已经纳入地方财政预算,但依然需要与之相配套的更为细化的投入指标出台,才能切实保障经费的落实。

① 马鞍山市创建国家公共文化服务体系示范区评审材料. 文化部公共文化司,2011年3月印行.

② 江西省赣州市创建国家公共文化服务体系示范区评审材料. 文化部公共文化司,2011年3月印行.

③ 湖北省黄石市创建国家公共文化服务体系示范区评审材料. 文化部公共文化司,2011年3月印行.

④ 贵州省遵义市创建国家公共文化服务体系示范区评审材料. 文化部公共文化司,2011年3月印行.

表2-1　示范区(项目)各级经费投入细化情况一览表

各级 地区	市	县(区)	乡镇(街道)	村(社区)	备注
四川省成都市①		依据标准，确定文化馆、图书馆常年工作、人员经费标准	公共文化服务经费按常住人口每人每年6—10元标准纳入县级财政预算，市财政按每人每年2元标准转移支付远郊市县	文化活动室建设经费由市县两级财政按比例分担；并从村(社区)公共服务经费中落实一定比例，确保村(社区)综合文化活动室正常运转	县级财政建立与市本级财政收入同步增长的经费保障机制
甘肃省金昌市②	市财政在预算内每年安排公益性文化专项经费人均不低于10元，总额不低于500万，同时，设立文化产业扶持资金500万	县(区)财政在预算内安排各类公益性文化专项经费人均不低于8元，总额不低于200万			各级财政安排文化建设费用5亿元，主要用于公共文化网络设施建设

① 成都村(社区)公共文化服务经费全部纳入市级财政预算[EB/OL].(2012-05-03)[2012-10-27].http://www.sccnt.gov.cn/snwhxw/201205/t20120503_9230.html.

② 甘肃省金昌市创建国家公共文化服务体系示范项目评审材料.文化部公共文化司,2011年3月印行.

续表

各级 地区	市	县(区)	乡镇(街道)	村(社区)	备注
广西河池市罗城仫佬族自治县①		县财政在原有财政拨款基础上安排一定比例资金投入到乡镇公共文化服务体系建设	乡镇公益性文化事业经费纳入县级财政预算		

2. 各类经费投入细化

除细化各级经费投入外,示范区(项目)创建期间,各类公益性文化机构的活动经费投入额度,甚至是业务经费的投入规划也被纳入了地方财政预算(见表2-2),是对经费投入细化的另一种尝试,并且在西部少数民族聚居地区,将公共文化事业费纳入财政预算也成为有效的做法。

① 广西壮族自治区河池市罗城仫佬族自治县创建国家公共文化服务体系示范项目评审材料.文化部公共文化司,2011年3月印行.

表 2－2　示范区(项目)各类经费投入细化情况一览表

地区＼各项	各类列入财政年度预算规定	备注
吉林省松原市①	各县(区)、乡镇(街道)将重大文化活动经费、群众文化辅导培训经费、送文化下乡进社区活动经费、文化信息资源共享工程专项经费、文化遗产保护经费、精品工程创作奖励基金、图书报刊购置经费、电影放映专项经费	
内蒙古鄂尔多斯市②	市群艺馆年活动经费不低于 100 万元，市图书馆年购书经费不低于 300 万元，市博物馆年征集文物经费不低于 1000 万元，各旗区相应落实图书馆、文化馆、博物馆、文化站(文化中心)年业务经费	到"十二五"末，各级财政对文化的投入至少占一般预算支出 5%
江西省南昌市③	新增购书和书架购置经费 50 万元、非物质文化遗产保护工作经费 15 万元	
重庆市大渡口区④	区文图两馆和街镇文化中心人员经费、运行管理经费、业务经费纳入财政统一预算、专项列支	形成上级补助一点、区里预算一点、社会支持一点的资金筹措渠道

① 吉林省松原市创建国家公共文化服务体系示范项目评审材料. 文化部公共文化司，2011 年 3 月印行.

② 内蒙古鄂尔多斯市创建国家公共文化服务体系示范区评审材料. 文化部公共文化司，2011 年 3 月印行.

③ 江西省南昌市创建国家公共文化服务体系示范项目评审材料. 文化部公共文化司，2011 年 3 月印行.

④ 重庆市大渡口区创建国家公共文化服务体系示范项目评审材料. 文化部公共文化司，2011 年 3 月印行.

续表

各项 地区	各类列入财政年度预算规定	备注
河北省秦皇岛市①	公共文化建设资金纳入年度预算，市财政每年在预算中安排300万元文化产业发展资金和300万元的文化事业发展资金及1300万元的支持文化事业改革发展资金	
湖南省长沙市②	文化馆开展活动经费和图书馆购书经费按创建标准列入常年财政预算；乡镇（街道）综合文化站、村（社区）文化活动室（中心）常年公共文化服务经费从2011年起，纳入各县（市）、区财政预算	各种经费随财政经常性收入同步增长
西藏林芝地区③	图书馆、群众艺术馆、文化站等公益文化单位的人员经费、正常业务经费、群众文化活动经费、公益性送文化下乡活动经费、公共图书馆购书经费；各县财政每年安排一定的文化事业经费预算并随着财政收入增加逐年递增；地区财政还安排1200余万元专款用于乡、村文化站（室）的文化设施的配套	

① 秦皇岛市创建国家公共文化服务体系示范区评审材料. 文化部公共文化司，2011年3月印行.

② 湖南省长沙市创建国家公共文化服务体系示范区评审材料. 文化部公共文化司，2011年3月印行.

③ 西藏林芝地区创建国家公共文化服务体系示范区评审材料. 文化部公共文化司，2011年3月印行.

将文化事业费纳入地方年度财政预算，对各级文化事业费以及各类型公益性文化事业机构投入、各种专项经费投入进行细化，并能在具体执行过程中将二者进行有机结合，更加有利于防止经费挪作他用情况的出现，有利于保证经费投入地实施操作与专款专用，有利于文化事业发展所需经费落到实处。除此以外，黑龙江省牡丹江市还考虑到实现公共文化服务均等化，在以往文化事业经费投入的基础上，明确建立起公共文化服务体系人均经费预算制度[①]，通过先设定一个低一点的人均经费比例，之后逐步提高保障比例和水平，并根据不同地区的特点，将文化活动量化，促使人均预算和文化活动有机结合起来[②]，成为较好地解决文化事业费投入及活动开展不均衡问题的有益尝试，值得推广。

二、文化事业费增幅提升

示范区（项目）创建近两年来，各地深化“中央和省级财政每年对文化建设的投入增幅不低于同级财政经常性收入的增幅”[③]基础上，进一步加大文化事业费投入力度。湖北省文化厅对黄石市示范区创建工作给予了500万元资金支持；云南省保山市每年安排320万元用于公共文化服务体系建设；西藏林芝地区每年安排150万元文化事业发展专项基金，并要求在上年专项基金的基础上，每年递增20%；苏州市文化事业经费在“十一五”拨款基础上，年均增长15%—20%，增长

① 黑龙江省牡丹江市创建国家公共文化服务体系示范项目评审材料. 文化部公共文化司，2011年3月印行.

② 周宇. 关于建立农村公共文化服务体系财政保障机制的几点思考[N]. 中国文化报，2009-06-21(004).

③ 国务院办公厅、中共中央办公厅关于加强公共文化服务体系建设的若干意见[EB/OL]. (2007-08-21)[2012-12-29]. http://www.pkulaw.cn/AD6C5C1FF672CD01D4CAFDB6E5DD7E21__F12CB654EEF4818E042F77FE6E221A61BF5ABF6FEBEF17922C2CBF96917120F04D1BF952BBCE3DEB.html.

幅度不低于经常性财政支出的增长幅度；辽宁省大连市多年来保证了财政文化体育与传媒支出均不低于同级财政经常性收入的增长幅度，人均年文化支出 64.18 元，远远高于辽宁省人均年文化支出 40 元；2011 年和 2012 年，海南省澄迈县本级财政预算分别投入资金 8000 万元和 10 000 万元；宁夏银川要求各级财政每年对文化事业经费的增长不低于当地财政收入增长幅度①。

此外，北京市朝阳区按照中央和市委提出的“财政对文化的投入增幅不低于同级财政经常性收入增长幅度、不低于 GDP 增长幅度”的要求，建立稳定的公共文化建设投入机制。在创建周期内，通过中央财政补助和奖励的 400 万元引导资金，带动北京市政府投入 4000 万，朝阳区政府投入 4 个亿②。上海市徐汇区构建了财政经费、民间资金、社会捐助的“三位一体”投入机制，并为确保财政投入，要求区公共文化投入每年增幅高于区财政经常性收入增幅，将全区公共文化设施免费开放经费纳入财政预算。2012 年，徐汇区财政经常性收入增幅 7.92%，文化建设投入增幅为 8.10%。“十二五”期间，徐汇区还设立了区文化发展专项资金，每年拨付不少于 2000 万元用于支持区域文化事业和文化产业的建设与发展（不包含基础建设和预算单位年度项目）③。江苏省连云港市不断加大财政投入力度，全市文化事业经费投入增幅于 2009 年就超过 GDP 增长幅度。尤其在 2009 年市、区两级财政对社区文化建设投入 600 余万元的基础上，基本保持了 66.7% 的

① 第一批创建国家公共文化服务体系示范区（项目）、“三馆一站”免费开放督查工作正式启动[EB/OL].（2012-02-28）[2012-09-08]. http://www.cpcss.org/_d273806153.htm.

② 北京市朝阳区创建国家公共文化服务体系示范区评审材料. 文化部公共文化司，2011 年 3 月印行.

③ 中国文化传媒网. 上海市徐汇区创建国家公共文化服务体系示范区[EB/OL].（2012-09-28）[2012-12-27]. http://www.ccdy.cn/wenhuabao/bb/201209/t20120928_412209.htm.

增长幅度[①]。浙江省宁波市鄞州区 2010 年的公共文化事业经费投入为 19 731 万元，区财政还确保财政对公共文化事业经费投入不低于财政经常性收入的增长幅度，逐年增加对公共文化事业的资金投入，保证公共文化事业发展专项资金每年有 10%—15% 的增幅[②]。陕西省宝鸡市按照示范区创建要求提出，市群众艺术馆的财政拨款总数不低于全市人均 0.8 元的标准，县（区）文化馆不低于全县（区）人均 0.6 元的最低标准，市县两级财政分别按所辖人口人均 0.6 元的标准拨付公共图书馆购书经费，县（区）财政安排的乡镇（街道）文化站每年的业务活动费不低于所辖人口人均 0.3 元的标准，实现了文化、体育和传媒总投入高于每年市财政收入增幅的目标[③]。可见，全国上下，从东到西、由南至北，为保证文化事业经费大幅增加，除对文化事业逐步增加经费投入外，确保文化事业经费的增长幅度不低于当地经常性财政收入增长幅度，是各地积极探索文化事业经费投入增加方面最常采用且最有效的做法。这一做法切实为地方公共文化事业的蓬勃发展提供了有力的财政支持。

三、文化支出所占比重加大

在文化事业费逐年增加的基础上，各地还着眼当前、兼顾长远，对文化事业费支出占财政总支出比重提出了符合本地实际的目标。尽管各示范区（项目）所在地的新闻、出版、广播影视、音响、文化艺术、体育、娱乐业隶属部门不尽相同，导致各地对文化事业费的统计渠道和统计口径不相一致，难于进行比较，但不少地方都对文化事业经费拨

---

① 连云港市公共文化服务体系建设回眸[EB/OL].（2010 - 08 - 24）[2012 - 06 - 27]. http://www.lygwh.gov.cn/Item/Show.asp? m = 1&d = 23599.

② 宁波市鄞州区创建国家公共文化服务体系示范区评审材料. 文化部公共文化司，2011 年 3 月印行.

③ 宝鸡市创建国家公共文化服务体系示范区评审材料. 文化部公共文化司，2011 年 3 月印行.

款占统计财政支出比例做出了明确的要求，确保了文化事业经费的投入力度，不能不说是在保证文化事业经费因时因地合理拨付方面的一种突破。

黑龙江省牡丹江市不断加大财政投入，落实《中共中央办公厅、国务院办公厅关于加强公共文化服务体系建设的若干意见》，从城市住房开发投资中提取1%用于社区公共文化设施建设，保证了文化事业费占财政预算总支出的比重不低于1%[①]。重庆市渝中区从2009年起，全面实现了区级财政每年对文化事业经费投入不低于同级财政经常性收入1%的目标，并据不完全统计，2009年和2010年全区文化事业总投入分别达到当年财政收入的1.3%和1.5%[②]。陕西省宝鸡市要求县以上每年文化事业经费"不低于财政总支出的1.5%"[③]。安徽省马鞍山市要求市、县(区)按照每年文化事业经费"不低于财政总支出的1.5%"，加大对公共文化的财政投入，确保文化基础设施建设项目经费纳入年度财政预算，切实保障实施重大公共文化服务工程、购买重要公共文化服务产品、开展重要公共文化服务活动所必需的资金[④]。广东省东莞市计划从2011年起，连续五年由市财政每年安排10亿元的文化名城建设专项资金，文化事业费支出占财政总支出的比例达3%以上[⑤]。更为值得一提的是，内蒙古鄂尔多斯市2011年的文化事业发展资金投入达9.21亿元，占全市财政总支出的3.55%，基本形

① 黑龙江省牡丹江市公共文化服务体系建设概况[EB/OL].[2012-08-28].http://www.cpcss.org/_d271541182.htm.

② 示范区文件汇编.文化部公共文化司，2012年2月印行.

③ 宝鸡市创建国家公共文化服务体系示范区评审材料.文化部公共文化司，2011年3月印行.

④ 马鞍山市创建国家公共文化服务体系示范区评审材料.文化部公共文化司，2011年3月印行.

⑤ 广东省东莞市创建国家公共文化服务体系示范区评审材料.文化部公共文化司，2011年3月印行.

成了具有地方特色的市、旗(区)、苏木乡镇、社区(嘎查、村)、文化户和“文化独贵龙”五级公共文化服务网络和具有民族和地方特色的群众文化活动体系①。而以湖北省黄石市为代表,将文化事业经费与文化产业经费投入相归并,通过降低准入门槛、加大财政投入、落实财税政策、加大金融支持的方式,推动文化产业的大发展、大繁荣,切实落实“从城市住房开发投资中征收1%用于社区公共文化设施建设”的规定,将征收的专项资金用于支持文化产业和公共文化事业的发展②。

第三节　资金管理模式的新探索

公共财政是与社会主义市场经济相匹配,弥补市场不足、市场缺陷和市场失灵,为满足公共需要为目的的财政运行模式。由“公共财政”体制框架支撑的公共文化服务体系,决定了政府公共文化服务主体定位是服务型政府而非管制型政府。由于中国现阶段处于社会主义市场经济初级阶段,基于利润最大化考虑,很多产品是企业不愿意提供的,就需要服务型政府向公民提供平等的公共产品和公共服务,公共文化服务理当属于此。因此,政府必须占有一定的资源,用以提供公共产品和服务,并对其进行宏观调控,维护经济健康运行。党的十八大把基本建成公共文化服务体系作为2020年全面建成小康社会的重要目标,强调“要加强重大公共文化工程和文化项目建设,完善公

① 鄂尔多斯市创建国家公共文化服务体系示范区评审材料.文化部公共文化司,2011年3月印行.

② 黄石市创建国家公共文化服务体系示范区评审材料.文化部公共文化司,2011年3月印行.

共文化服务体系，提高服务效能”[①]。因此，在示范区（项目）创建过程中，诸多制度设计成果聚焦于此。

一、特殊群体保障项目的资金管理

1. 面向农村人口

截至2013年年底，我国农村人口总数为6.2961亿人，占全国13.61亿总人口比重的近50%[②]。为使广大农村人口切实享受到公共文化服务，云南省楚雄州级财政坚持推行每年按照农民人均1.00元的标准安排220万元的文化惠农活动补助经费，用于农民享有文化基本权益的活动补助。各县（市）结合本地实际确定年人均文化惠农活动补助经费标准，并纳入财政预算，对州级非物质文化遗产项目传承人每月给予300元的传承工作补助经费[③]。广东省中山市实施了《资助业余文化团体开展公益文化活动试验性计划》，全市各业余文艺团队向市级文化部门申报活动内容、节目构成、演出地点，市级文化部门成立评审委员会审查各团队的申报活动，按节目质素和演出水平不同，每场分别资助2000—4000元，鼓励各级业余文艺团队开展文化下乡或文化农村巡演[④]。河南省郑州市政府每年拨出专项资金用于采购大戏，让“舞台艺术送农民”活动覆盖全市农村的每一个角落，让农民

---

① 十八大授权发布：胡锦涛提出，扎实推进社会主义文化强国建设[EB/OL].(2012-11-08)[2012-12-28]. http://news.xinhuanet.com/18cpcnc/2012-11/08/c_113637858.htm.

② 中华人民共和国国家统计局数据[EB/OL].[2014-12-29]. http://data.stats.gov.cn/workspace/index? m=hgnd.

③ 云南省楚雄市创建国家公共文化服务体系示范项目评审材料. 文化部公共文化司，2011年3月印行.

④ 广东省中山市创建国家公共文化服务体系示范项目评审材料. 文化部公共文化司，2011年3月印行.

不出家门就能免费看到好戏①。四川省攀枝花市为了使基层公共文化设施建设能够更快、更好地为基层群众提供服务，通过“大地书香新农村家园工程”确定了“养事不养人”和“政府购买公共文化服务”的原则，从确保正常运转和建立长效机制、可持续发展的角度，出台了《攀枝花市公共文化服务体系基层站点运行管理试行办法》等一系列文件，建立了明确的经费保障制度：按照每年每村 6000 元标准，将农村公共文化服务站点日常活动及运行管理经费纳入公共财政预算安排，市、县（区）两级财政各承担 50%；两级财政还专项安排了同级公共文化服务体系运行管理领导小组办公室的工作经费，并纳入财政预算，即：每月每村图书室辅导员工作补贴 400 元，工作经费 100 元②。

福建省为把城市文化资源无偿输入偏远农村，由省级财政对福建艺术扶贫工程采取拨补方式，投入经费近 200 万元。尤其是创建示范项目以来，艺术扶贫工程二期经费实施更为科学合理（见表 2－3）③，为改善农村公共文化服务最薄弱环节的探索和实践正在进行，切实保障了农村人群文化权益经费的落到实处。

表 2－3　福建艺术扶贫工程实施第二期（2010—2015）经费预算表

项目	数量	金额（万元）	用途
教学设备和用品		300	统一采购日常教学用品，发放全省文化馆使用，如教学音响、舞鞋、宣纸等
交通费补助		240	补助县级文化馆租车费用

① 河南省郑州市创建国家公共文化服务体系示范区评审材料. 文化部公共文化司，2011 年 3 月印行.

② 四川省攀枝花市创建国家公共文化服务体系示范项目评审材料. 文化部公共文化司，2011 年 3 月印行.

③ 福建省艺术馆创建国家公共文化服务体系示范项目评审材料. 文化部公共文化司，2011 年 3 月印行.

续表

项目	数量	金额(万元)	用途
师资培训	6	88	举办3期艺术扶贫师资培训班,培训人数900人次
成果展示	2	40	艺术扶贫成果汇报演出及图片展
评估表彰	2	30	全省艺术扶贫工作评估、召开表彰会
画册出版	1	6	出版艺术扶贫画册,印数3000册
文集出版	1	5	出版《我与艺术扶贫》文集,印数3000册
DVD制作	1	4	影像资料汇集
合计		713	本单位自筹:13万元 申报部门补助:350万元 申请文化部资助:350万元

2. 面向低收入人群

截至2013年年底,我国共有城市低保对象2064.2万人,城市"三无"救济人员8.6万人[①],农村低保对象5388万人,农村五保供养对象551万人[②],四者相加总计8011.8万人[③],占全国总人口的约5.9%。可见,低收入人群在我国仍占有很大比重。示范区(项目)创建地区在面向低收入人群方面也推行了一些制度和做法。安徽省马鞍山市通

① "三无"救济人员指城区居民中无依无靠、无劳动能力、无生活来源的孤寡老人、残疾人和未成年人。

② 农村五保供养对象指无法定抚养义务人,或虽有法定抚养义务人,但抚养义务人无抚养能力;无劳动能力;无生活来源的老年人、残疾人和未成年人。

③ 中华人民共和国民政部. 2013年社会服务发展统计报告[R/OL].(2014-06-17)[2014-12-30]. http://www.mca.gov.cn/article/zwgk/mzyw/201406/20140600654488.shtml.

过实施“文化低保”工程，给低收入群体发放文化消费券，每年安排一定数量面向低收入居民的低价演出或放映活动①。陕西省渭南市的“一元剧场”，每年实施演出 1200 场（其中市级剧团演出 200 场，县（市、区）剧团演出 1000 场），用以拓展和丰富当地人民群众，特别是低收入人群的艺术文化生活，使得当地群众仅用一元钱就能欣赏到地地道道的秦腔传统剧。市级演出每场成本 10 000 元，其中门票、市场运作 2500 元，市级财政补贴 3000 元，申请中央、省补贴 4500 元；县（市、区）剧团演出每场成本 8000 元，其中门票、市场运作 1500 元，市级财政补贴 2000 元，申请中央、省补贴 4500 元。项目每年总演出成本为 1000 万元，其中门票及市场运作 200 万元，市、县（市、区）两级财政补贴 260 万元，申请中央、省财政补贴 540 万元②，满足了低收入人群享受高水平文化的需求。

3. 面向未成年人

关爱未成年人成长，提高少年儿童素质，历来备受关注，未成年人也因此成为公共文化服务的一类重要群体。安徽省淮南市在“十一五”期间，由市各级公共财政对少儿文化设施建设、少儿文化活动举办、少儿艺术素质教育、少儿艺术创作等方面的投入 2540 万元，设立了少儿艺术专项经费。其中，2010 年度的“少儿艺术精品工程”专项资金为 100 万，纳入财政预算，此后每年按 10% 的幅度逐年增加，年度节余转下年度使用，其主要用于：资助基层少儿文化活动开展，举办全市性重要少儿文化艺术活动，补贴精品节目库的节目排练、演出、推广，表彰奖励在少儿艺术工作中取得成绩、做出贡献的单位、个人，资助重要题材少儿艺术创作项目，培养少儿艺术工作人才，扶持少儿艺

① 马鞍山市“十二五”时期文化发展规划纲要（征求意见稿）[EB/OL].（2010－10－08）[2012－10－29]. http://www.maswhw.gov.cn/UploadFiles/2010/10/20101008114648l153.doc.

② 陕西省渭南市创建国家公共文化服务体系示范项目评审材料. 文化部公共文化司，2011 年 3 月印行.

术服务设施建设，扶持以少儿艺术为内容的文化产业发展等。同时，为加强“少儿艺术精品工程”专项资金的使用和管理，淮南市还设立专门的资金管理账户，由市文广新局负责管理、使用，市财政、审计部门监督使用，各县区人民政府配套建立“少儿艺术精品工程”专项资金，用于繁荣发展本地区的少儿艺术工作①。

在推进公共文化服务体系建设中，重视农村人口、低收入人群及未成年人等特别关注群体的文化权益，无疑是构建更加完善的公共文化服务体系的应有之义，对于营造良好的社会文化氛围意义重大。

二、各类专项资金的管理

为促进公共文化服务事业的健康发展，进一步规范和完善文化经费的投入与利用，切实提高资金使用效率，推行文化专项资金管理的做法被不少示范区和示范项目所采纳，成为近年来的一种趋势。

1. 文化设施设备专项资金

文化设施设备经费通常是文化事业费的重头，应明确专项资金的使用，便于进行有效管理。甘肃省金昌市专门拿出文物保护和文物设施建设专项补助经费 50 万、乡镇文化站补助 50 万、农家书屋补助资金 50 万投入文化设施设备建设②。湖南省常德市鼎城区，2010 年以来用于农村文化建设的综合投入达 3000 多万元，使 28 个乡镇综合文化站建设全部达标，2011 年更是投入 1500 多万元改建社区文化中心③。广东省佛山市南海区由区、镇（街道）、村（社区）三级财政逐年加大文化事业费投入，针对文化馆改造、博物馆迁建等重大文化工程，区财

① 安徽淮南市：少儿艺术发展项目[EB/OL].(2011-06-03)[2012-12-30]. http://www.cpcss.org/_d271554996.htm.

② 甘肃省金昌市创建国家公共文化服务体系示范区评审材料.文化部公共文化司，2011 年 3 月印行.

③ 催生农村文化市场[EB/OL].(2012-11-10)[2012-12-30].http://roll.sohu.com/20121110/n357203991.shtml.

政安排专项经费1.5亿元确保工程顺利推进;2011年到2013年,区财政计划安排不少于5亿元用于文化建设,确保文化事业的繁荣发展①。广东省东莞市还设立了每年“图书馆之城”“博物馆之城”和“广场文化之城”建设发展专项资金,为公共文化服务的开展提供了平台②。

在对原有公共设施改造与利用的经费管理方面,浙江省温州市苍南县在祠堂所有权不变的情况下,政府对农村祠堂改建以或奖或补的形式提供一定经费。县政府依据规模和层次,对整治宗祠给予3万—5万元奖励的基础上,设立宗祠改建专项经费,按照“政府出资、乡镇配套、村居扶持”的模式,从当地农村实际出发,对已改建宗祠进一步完善文化功能、充实文化内涵③。北京市东城区充分利用首都功能核心区内机关、学校和文化体育单位密集的优势,推动辖区机关、学校等社会单位文化体育场地设施、礼堂、多功能厅、剧场、操场、广场向广大居民免费开放,每年投入500万专项补贴资金,用于以上场地水电气热运营费、设施设备维护费及工作人员加班费等,具体补贴标准情况见表2-4④。开放单位全年开放时间低于50小时或接待人次低于500人次的,专项补贴资金不予补贴,由街道与开放单位自行协商解决。区和各街道以接待人次、群众满意度、开放时间及开放面积为标准,每年从专项补贴资金中,按开放单位比例的20%给予每个单位1万—2万元奖励,主要用于组织文化活动,奖金由区、街两级财政各负

① 广东省佛山市创建国家公共文化服务体系示范区评审材料. 文化部公共文化司,2011年3月印行.

② 东莞倾力建设全国公共文化服务示范区[EB/OL].(2011-02-21)[2012-09-28]. http://www.cpcss.org/_d271318406.htm.

③ 浙江省温州市创建国家公共文化服务体系示范项目评审材料. 文化部公共文化司,2011年3月印行.

④ 北京市东城区:公共文化资源分类供给[EB/OL].(2011-06-03)[2012-11-29]. http://www.cpcss.org/_d271555036.htm.

担50%[①]。江西省南昌市西湖区通过政府拨款、社会集资等方式筹措资金新建、改建或扩建了一大批社区文化设施,投资总额达1785万元,其中社会集资203万元。仅2010年区政府采取下拨一点、街道投入一点、社区自筹一点、共建单位赞助一点的办法,社区文化建设活动资金投入就达821万元,其中街道一级投入113万元[②],并将有偿使用和无偿使用相结合,有力地保证了社区文化建设经费的投入。

表2－4　北京市东城区设施开放补贴标准一览表

全年累计接待人次	补贴金额(单位:元)
500—800	4000
800—1000	6000
1000—1500	9000
1500—2000	12 000
2000(含)以上	15 000

2. 文化艺术创作专项资金

为使公众能够享受到更为贴近生活的高质量文化作品,各地纷纷采取专项经费方式鼓励优秀作品的创作,推动了地方文化艺术创作的繁荣发展。宁波市鄞州区坚持"年年都有大突破",近年来安排2000万元专项资金,加大文艺精品创作扶持力度,突出国家级重大奖项的主攻方向[③]。北京市东城区通过文化发展专项资金用以支持全区文化创新项目,经评审被确定为重点支持的区创新项目,给予5万—10万元的资金补助,重要文化创新项目最多可给予20万元资助;经评审被确定为街道或地区的文化创新发展项目,给予1万—5万元的资金补

① 公共文化法规规章文件汇编(修订版). 北京市东城区社会文化工作委员会,2010年1月印行.

② 江西省南昌市创建国家公共文化服务体系示范项目评审材料. 文化部公共文化司,2011年3月印行.

③ 宁波市鄞州区创建国家公共文化服务体系示范区评审材料. 文化部公共文化司,2011年3月印行.

助，重要创新项目可给予最高10万元资助[1]。重庆市渝中区制定专项资金管理和使用办法，每年设立1000万元的文化发展专项资金（包括文化艺术创作、贡献奖200万元、大型文化活动资金300万元、文化产业资金500万元），采取事前帮扶、事中支持、事后奖励的形式扶持精品创作和重大群文活动[2]。河北省秦皇岛市特别建立300万元的文艺创作基金，对获得国家级、省级"五个一工程奖""文艺振兴奖"、全国"群星奖"等优秀作品，给予重点奖励[3]。湖南省常德市鼎城区自2007年以来，区财政每年拿出100万元作为支持农村文化品牌建设的导向资金；2012年，区政府更是拿出200万元的扶持资金，用于全区文化品牌建设[4]。甘肃省金昌市在文化专项基础上，分别设立艺术创作专项经费50万、文化艺术专项奖励经费20万、舞台艺术精品工程50万、书画名家名作工程30万，并设立"群众文化引导专项资金"20万，用于组织重要群众文化活动及文化艺术精品创作奖励[5]。

3. 文化人才队伍建设专项资金

经费保障制度是切实保障基层文化活动顺利展开和人才队伍稳定的有效手段，各示范区（项目）积极推行。广东省佛山市南海区财政每年投入经费支持群众艺术团队，积极推荐优秀文艺团体代表南海外

---

① 公共文化法规规章文件汇编（修订版）. 北京市东城区社会文化工作委员会，2010年1月印行.

② 重庆市渝中区创建国家公共文化服务体系示范区评审材料. 文化部公共文化司，2011年3月印行.

③ 秦皇岛市人民政府办公厅. 秦皇岛市创建国家公共文化服务体系示范区支持政策，2011年12月1日印行.

④ 催生农村文化市场[EB/OL].（2012－11－10）[2012－12－30]. http://roll.sohu.com/20121110/n357203991.shtml.

⑤ 甘肃省金昌市创建国家公共文化服务体系示范区评审材料. 文化部公共文化司，2011年3月印行.

出参加交流活动和赛事并给予资金扶持①。宁波市鄞州区突出文化在基层生根发芽的终极目标，引导鼓励群众自办文化，培育壮大特色文艺团队，每年安排 100 万元专项资金，采取业余团队等级评定、专项经费补助奖励、菜单式系统培训等措施，全面激发群众"种文化"热情②。福建省确定由省级财政安排每年 2000 万元专项经费，对村级文化协管员给予每人每年 1200 元的服务性津贴（各地还根据当地的实际，配套不同额度的津贴标准）③。河北省秦皇岛市设立文化志愿服务队伍和服务基金，对在当地定居并购买住房的高层次文化人才给予 50% 的经费补贴④。甘肃省金昌市设立文化市场监督管理专项经费 20 万，用于改善各级文化市场执法装备和办公条件，培训管理与执法人员⑤。此外，苏州市增设文化领军人才专项资金等，推动当地文化服务事业的蓬勃发展⑥。

4. 文化工程与活动专项资金

在各类专项资金的管理实施中，最为普遍的尝试当属各类文化工程及文化活动的经费管理。东方市民音乐会作为上海市浦东新区首个系列公益性普及型音乐会，当地政府及文化主管部门，为每场演出补贴 4 万元，实施全国统一票价 30、50、80 元，学生票 15 元，并推出各

① 广东省佛山市创建国家公共文化服务体系示范区评审材料. 文化部公共文化司，2011 年 3 月印行.

② 宁波市鄞州区创建国家公共文化服务体系示范区评审材料. 文化部公共文化司，2011 年 3 月印行.

③ 福建省福州市创建国家公共文化服务体系示范项目评审材料. 文化部公共文化司，2011 年 3 月印行.

④ 秦皇岛市人民政府办公厅. 秦皇岛市创建国家公共文化服务体系示范区支持政策，2011 年 12 月印行.

⑤ 甘肃省金昌市创建国家公共文化服务体系示范区评审材料. 文化部公共文化司，2011 年 3 月印行.

⑥ 江苏省苏州市创建国家公共文化服务体系示范区评审材料. 文化部公共文化司，2011 年 3 月印行.

类套票，力争让更多的普通老百姓走进艺术殿堂①。广东省东莞市重点实行文化补贴惠民举措，实施“市民购书、财政补贴”项目，凡是参与东莞社保的所有人员都可以享用到购书补贴，市政府大幅提高公共文化艺术领域的采购与资助（2011 年起投入 8100 万元），设立涉及基层群众切身利益的公益文化项目，通过文化名城专项资金优先支持，实行文化补贴惠民，提高公共文化服务的受众率和群众参与度②。湖南省常德市鼎城区建立了民间艺术团体惠民送演机制，采取“政府买单，农民看戏”的形式制定送演场次，每场补贴 1500 元③。“武汉之夏”作为湖北省武汉市政府兴办的一项重要文化惠民活动，各级文化、财政部门将活动纳入年度工作目标，要求承担活动组织工作的各级公益性文化事业单位每年拿出全年 30% 的业务经费④。云南省楚雄市每年向每个文化站农文网培学校拨付 1 万元的运行经费，向每个文化室农文网培学校拨付 2000 元运行经费，保障正常运行⑤。广东省中山市开展“爱心电影卡”试点工程，采取“政府补贴 + 企业购卡”的形式，“爱心电影卡”象征性收费 1 元/张，由企业统一购买，面向企业员工免费发放，企业员工凭卡到规定的电影院免费观看电影⑥。

山西省太原市通过活动专项经费拨付的方式，真正实现了政府购

① 上海浦东新区：高雅艺术走近百姓的运作模式[EB/OL].（2011 – 06 – 03）[2012 – 10 – 28]. http://www.cpcss.org/_d271555009.htm.

② 广东省东莞市创建国家公共文化服务体系示范区评审材料. 文化部公共文化司，2011 年 3 月印行.

③ 催生农村文化市场[EB/OL].（2012 – 11 – 10）[2012 – 12 – 30]. http://roll.sohu.com/20121110/n357203991.shtml.

④ 湖北省武汉市创建国家公共文化服务体系示范项目评审材料. 文化部公共文化司，2011 年 3 月印行.

⑤ 云南省楚雄市创建国家公共文化服务体系示范项目评审材料. 文化部公共文化司，2011 年 3 月印行.

⑥ 广东省中山市创建国家公共文化服务体系示范项目评审材料. 文化部公共文化司，2011 年 3 月印行.

买文化、百姓就近看戏的目标。在晋商文化艺术周、春节、元宵节及法定节假日期间，太原市委、市政府连续多年由市财政拨付出专项经费，用于支付专业剧团、民间文艺团体和各影剧院的成本，每年拨付经费近千万元。上演剧目全部低票价运作，全市人民拿本人身份证，到市指定的剧院、影剧院等场所，限购领取指定演出门票和电影票；并为全国劳模、残疾人、军人、老年人等特殊人群提供减免门票等多种形式的门票优惠政策（具体实施规划见表2－5）[①]。

表2－5　山西省太原市2011—2015文化精品惠民基层行项目建设经费实施规划表

时间	金额（万元）	用途
2011年	700	挖掘、收集、整理一批太原民间文化艺术作品（200万元）； 在各大电视台、媒体进行广泛宣传（100万元）； 组织现有精品节目在节日期间低票价演出5—6场节目（剧）（400万元）
2012年	1550	组织有关专家编创一批太原文化艺术精品（800万元）； 完善晋商文化艺术周、春节、元宵节等传统节日低票价运作、“文化惠民基层行”“欢乐下基层”等送戏下乡、下企业、下部队、下基层等活动方式（350万元）； 组织精品节目在节日期间低票价演出5—6场节目（剧）（400万元）
2013年	500	制作太原文化艺术精品宣传光盘（100万元）； 组织精品节目在节日期间低票价演出5—6场节目（剧）（400万元）

① 山西省太原市创建国家公共文化服务体系示范项目评审材料. 文化部公共文化司，2011年3月印行.

续表

时间	金额(万元)	用途
2014 年	200	举办多种形式、风格不一的晋商文化艺术周论坛会,研讨其精髓,打造更具特色的晋商文化艺术周活动(200 万元)
2015 年	300	开展各种培训班,培养传承人,培养民间艺术人才和民俗方面专业人才(300 万元)
总计	3250	

5. 其他各类专项资金

除上述各类专项资金管理方式外,各地还纷纷探索并制定了与公共文化服务发展密切相关的其他专项资金管理制度。在文化宣传方面,吉林省长春市设立每年 1000 万元的宣传文化发展专项资金,并视财力状况逐步予以增加,支持公益文化艺术活动政府专项采购、文化信息资源共享工程、基层文化建设工程及艺术创作、文化艺术专项奖励等文化建设①。重庆市大渡口区在创建“文化馆和图书馆总分馆制”期间,新设立了每年 1000 万元的宣传文化发展基金②。北京市朝阳区设立了宣传文化建设专项资金,加强科技文化融合,有力助推文化发展③。此外,江苏省南通市设立“环濠河博物馆群社会教育奖励基金”,对从事公益性服务,举办展览、积极开展社会教育的单位,进行

① 吉林省长春市创建国家公共文化服务体系示范区评审材料. 文化部公共文化司,2011 年 3 月印行.

② 重庆市大渡口区人民政府关于大渡口区“文化馆图书馆总分馆制”创建国家公共文化服务体系示范项目的情况报告. 文化部公共文化司,2013 年 5 月印行.

③ 公共文化四级服务网络形成照亮百姓生活[EB/OL]. (2012 - 10 - 18)[2012 - 12 - 30]. http://bj.wenming.cn/chy/yw/201210/t20121018_894404.html.

业绩考核和社会考评，一年评定一次，或半年初评、年终总评，根据考评情况，实行以奖代补①。甘肃省金昌市则专门设立了10万元的“金昌文化发展研究专项经费”，提升文化发展的科学性②。

可见，文化专项资金管理的范围涉及公共文化服务体系的方方面面，保证了公共文化服务经费从活动策划、实施、参与、宣传推广、发展研究等各个环节都有据可循，为公共文化服务经费的有效运作和管理提供了保障。

三、资金的市场运作

资金市场化运作是要根据消费者的需求来确定发展方向与方式，也就是在运作中找到需求点，以满足需求为目的进行的一种运作方式。对公共文化产品资金进行市场化运作是传统公共产品资本运作管理的有益补充，适时地将公共文化投入资金转为市场化运作，往往能够使经费使用效率得到明显提升，并产生较为可观的社会和经济效益。

1. 政府为主体直接参与

以政府为主体直接参与市场运作是资金市场化运作方式的一种尝试。广西河池市罗城仫佬族自治县通过出台扶持措施，对大型公益性文化活动和农村文化事业专项建设项目，并通过政府“一事一议”的办法，定向购买文化站的服务③。江西省根据自身实际，在制度设计上，为保证演出市场的有序发展，按照“政府出资、市场运作、乡镇搭台、农民看戏”的思路，大力创新农村文化三项活动资金运作模式，改

① 江苏省南通市创建国家公共文化服务体系示范项目评审材料. 文化部公共文化司，2011年3月印行.

② 甘肃省金昌市创建国家公共文化服务体系示范区评审材料. 文化部公共文化司，2011年3月印行.

③ 广西河池市罗城仫佬族自治县创建国家公共文化服务体系示范项目评审材料. 文化部公共文化司，2011年3月印行.

变了原来财政资金从文化部门逐级下拨的传统模式，由乡镇政府根据所辖行政村农民的需求和喜好，自主选择向文艺团体和电影公司直接购买文艺演出、电影和组织有地方特色的文化活动。全省统一制定文艺演出和电影放映的最高限价：省级文艺团体每场演出最高不得超过4000 元；市级文艺团体每场演出最高不得超过 3000 元；县级文艺团体每场演出最高不得超过 2000 元；且每放映一场电影不得超过 200 元。各演出团体、电影放映单位凭乡镇政府、农场（含华侨农场）、林场、垦殖场和开发区、学校开具由省财政厅统一印制的报账票据，由乡镇财政所根据年度文化活动方案进行审核，签盖审核章后，由区市或县文化行政部门审核报账①，既保证了满足受众需求，又保证了资金得到规范、有效的管理。

2. 政府采购或业务外包

政府采购或业务外包是示范区（项目）创建过程中实现资金市场运作的另一种实现方式。北京市朝阳区采取政府采购或者服务外包等方式，向社会购买优秀文化产品或服务②。安徽省铜陵市在民俗文化节创办过程中，通过全国招标形式进行市场化运作，委托国内知名策划公司，拿出包括活动开展、宣传推广、市场营销、效果反馈、经费预算在内的一揽子方案，主管部门从中筛选出优秀方案加以执行，主管部门只负责监督和把关，以及必要的协助③。四川省泸县为了满足农村群众日益增长的文化需求，切实保障农村群众的基本文化权益，县

① 江西省文化厅“社会文化活动机制研究——以江西省农村文化三项活动为例”课题研究汇报[R/OL].(2011 - 03 - 03)[2012 - 09 - 20]. http://www.cpcss.org/_d271342384.htm.

② 北京市朝阳区创建国家公共文化服务体系示范区评审材料. 文化部公共文化司，2011 年 3 月印行.

③ 章礼华. 积极采用市场化运作模式[N]. 铜陵日报，2010 - 05 - 19(A2).

委、县政府下发了《关于泸县112农村文艺演出服务工程实施意见》[①]。文艺演出任务交由原80多家农村演出队整合组建而成的演艺中心完成,县文体广电局对演艺队伍加强公益性指导,演艺中心对各团队实行免费服务,各演艺团队按县上统一布置实施免费演出服务,充分发挥他们走村串户的演出特性,演出经费由县、镇两级财政负担[②]。宁波市鄞州区坚持用产业化思维加快公共文化建设,积极推进公共文化服务外包,对部分公共文化产品、文化服务项目、大型文化活动等,采取政府采购、项目补贴、定向资助等市场化方式;对文化艺术中心、体育中心等大型文化设施,委托企业进行经营管理[③],切实提高了管理水平和综合效益。

3. 服务主体的市场运作

服务主体进行自主管理且争取社会投入参与也是实践过程中实现资金市场运作的一种有效方式。湖北省荆州市的"小太阳读书节暨全民阅读活动"中,图书馆争取企业资金支持,建立鼓励社会资金支持读书节活动的政策机制,并通过市场运行,确保读书节活动能够可持续开展下去[④]。广西河池市罗城仫佬族自治县落实文化经营政策,创造公平竞争环境,按照"谁投资,谁所有"和"政府投入,群众受益"的原则,产权管理由投资者负责;当地文化站通过市场化运作方式,工作人员的工资和福利待遇均由文化站自行解决,确保文化站资产保值、

① 112农村文艺演出服务工程,即在全县实施每年每村两场文艺节目演出服务工程。

② 四川省泸州市创建国家公共文化服务体系示范项目评审材料. 文化部公共文化司,2011年3月印行.

③ 宁波市鄞州区创建国家公共文化服务体系示范区评审材料. 文化部公共文化司,2011年3月印行.

④ 湖北省荆州市创建国家公共文化服务体系示范项目评审材料. 文化部公共文化司,2011年3月印行.

增值,确保文化站的服务功能①。河南省邓州市乡(镇)政府大力支持文化茶馆建设,每个茶馆每年补助 1000 元,市直各部门提供资金、设备等物质帮助,社会有关部门提供资金资助文化茶馆经营者。通过茶馆的自主经营管理,全市文化茶馆年经营收入 3000 余万元,带动相关产业 10 多种类,经济效益达上亿元,发布科技信息 10 余万条,化解各类矛盾纠纷 2 万余起,使村级信访量下降 74%,违纪违法案件下降 25%,有近 40 万人次直接在茶馆分享到文化发展成果,全市有百余万人次得到文化娱乐,有 10 余万人次通过交流、学习获得致富信息,走上致富道路。文化茶馆成为群众休闲娱乐、学习科技、信息交流、情绪倾诉的有效场所②。服务主体自主管理的方式更加体现了管理多样化与灵活性,显示出极强的市场活力和生命力。

① 广西河池市罗城仫佬族自治县创建国家公共文化服务体系示范项目评审材料. 文化部公共文化司,2011 年 3 月印行.

② 河南省南阳市创建国家公共文化服务体系示范项目评审材料. 文化部公共文化司,2011 年 3 月印行.

第三章　人才队伍建设的实践探索与制度支撑

构建公共文化服务体系，归根到底是人的问题，要有人抓、有人管、有人干。当前，群众精神文化需求日益旺盛，群众文化工作对公共文化机构从业人员的文化素质、专业水平、知识结构提出了新的要求。非物质文化遗产保护、公众教育培训、大型群众文化活动的组织等，都需要既有业务专长又掌握现代化技能手段，还有一定管理经验的专业人才。因此，文化事业的发展，从某种意义上说，决定于文化专业人才、管理人才和经营人才的数量与质量①。党的十七届六中全会指出，推动社会主义文化大发展大繁荣，队伍是基础，人才是关键。要坚持尊重劳动、尊重知识、尊重人才、尊重创造、深入实施人才强国战略，牢固树立人才是第一资源的思想，加快培养造就德才兼备、锐意创新、结构合理、规模宏大的文化人才队伍②。因而，公共文化服务人才队伍建设作为公共文化服务体系建设研究中亟待解决的制度要素之一，是构建公共文化服务体系、实现文化大发展大繁荣的必备条件。

第一节　现状与问题

示范区（项目）创建以来，各城市按照创建工作要求，并结合本地

① 王蓉. 我国公共文化服务体系晋升的财政投入问题研究. 北京大学中国教育财政科学研究所，2012 年 12 月印行.

② 新华社. 中共中央关于深化文化体制改革推动社会主义文化大发展大繁荣若干重大问题的决定[EB/OL]. (2011－10－18)[2012－10－28]. http://www.gov.cn/jrzg/2011-10/25/content_1978202.htm.

实际，就公共文化人才队伍准入制度的实现方式、公共文化机构领军人物的职业素养和专业要求、基层公共文化服务活动的领军人物遴选及任命、公共文化服务领域志愿者制度以及基层公共文化服务人才的吸引、教育培训等保障激励措施等进行了研究与实践探索，对于解决公共文化服务人才队伍建设的突出问题做出了有益尝试。但长期以来，公共文化服务领域人才队伍建设中的弊病依然存在。

一、人才队伍专业化程度偏低

公共文化服务机构既需要文化领军人物具有较高的专业素养，还需要基层人才队伍具有一定的专业化水准。2013 年，全国文化文物机构从业人员总数为 215.99 万人，而专业技术人才数量为 333 677 人，仅占从业人员总数的 15.45%[①]。县级公共文化服务机构都有专门的工作人员，且专业也相对对口。但是乡镇及以下层次的文化队伍人员问题较大。进入乡镇文化站队伍的人员业务素质参差不齐，再加上日常业务培训不够，全国乡镇文化站从业人员中专业人员缺乏问题异常突出。截至 2011 年年底，在全国乡镇综合文化站从业人员 78 148 人中，高级职称人员 951 人，中级职称人员 7587 人，分别仅占到从业人员总数的 1.2% 和 9.7%[②]。且乡镇一级的文化员一般是兼任的，往往也担任党政办公室、工会、团委和妇联等机关的职务。即便如此，目前的专职和兼职文化员其实并不懂文化工作[③]。村级文化活动的开展主要依靠村里个别文化骨干的积极性。第三次县级以上文化馆评估定级工作同样也显示出，公共文化人才队伍的专业水准状况不容乐观：青海省 7 个州地市级文化馆、44 个县级文化馆大中专以上人员占职工

---

① 数据来源于《中国文化文物统计年鉴 2014》。

② 全国乡镇综合文化站建设和发展情况分析. 文化部，2012 年 11 月发布.

③ 刘明兴. 浙江温州乐清文化事业发展现状调查报告. 北京大学中国教育财政科学研究所，2010 年 7 月印行.

总数的比例及职工教育和岗位培训的比例均未达到评估标准底线[①]。培训机制不健全、培训经费匮乏、没有资格准入制度,成为人才队伍专业化程度不高的重要因素。

二、基层队伍稳定程度不高

文化人才队伍建设是公共文化服务活动正常有效运行的基础和保证。长久以来,由于待遇问题、工作平台问题,部分优秀人才流失,队伍不稳定,高素质文化人才缺乏,基层文化单位缺乏稳定的专业化队伍,能力和素质难以适应新时期基层文化建设的需要。在乡镇综合文化站,无编制、无人员、无经费的"三无"现象较为严重。受编制制约,公共文化服务机构人才断档情况普遍存在,极大地制约了公益性文化服务能力的发挥。如四川全省县级文化馆人员编制普遍在10人以下,23.8%的市级文化馆编制未到达20人,其中广安市文化馆编制仅6人,其所服务的区域人口却达到470余万人[②]。而截至2011年年底,在全国乡镇综合文化站的从业人员78 148人中,在编人员38 337人,仅占49.1%[③]。大部分乡镇文化站仅由一些临时聘用人员具体负责乡镇综合文化站的日常管理。因为没有编制,使他们壮有所用、老无所养,思想动荡、人心浮动,难以有效开展文化活动。另据2010年初文化部调研统计,2007年至2009年间,全国24.27万名县乡两级专业文化队伍接受培训达25.15万人次,人均受训1.04次;366.85万名业余文化队伍接受培训82.63万人次,培训比例仅为22.52%。另一方面,基层文化队伍的培训层次主要在县一级,2007年至2009年间,县级培训66.24万人次,占培训总数的61.45%,培训内容以上岗培

① 第三次县级以上文化馆评估定级工作总结.文化部公共文化司,2011年印行.

② 四川省文化厅第三次文化馆评估定级报告[EB/OL].(2011-11-28)[2012-12-28]. http://www.ccnt.gov.cn/sjzz/shwhs/tsgwhgpg/201111/t20111128_166536.html.

③ 全国乡镇综合文化站建设和发展情况分析.文化部,2012年11月发布.

训、技术培训为主，缺乏系统性、综合性的能力培训，基层文化队伍培训整体水平不高，效果不明显。同样在此期间，东、中、西部县级公共文化机构（包括文化馆、图书馆和剧团）人员中接受培训的比例分别为164.79%、59.42%和64.06%，差距较大[①]。各类因素导致的基层人才队伍，尤其是中西部地区的基层人才队伍难以持续稳定下去，成为当前基层文化发展的障碍。

三、人浮于事与人手紧缺并存

我国文化事业单位绝大部分依靠财政拨款，在原有文化事业支出固定预算模式下，预算与人员编制挂钩。在一些人看来，文化事业单位的职位无疑是清闲又端着政府财政供给的“铁饭碗”，自然就成为照顾关系的首选单位。仅以公共图书馆为例，2005 年 7 月，北京大学信息管理系与湖南省图书馆组织了一个调研小组，在两周内对衡阳市 10 个县区图书馆进行了深入调研。调研显示，冗员过多是公共图书馆普遍存在的问题，时任湖南省图书馆副馆长雷树德认为，图书馆是个“清水衙门”，难以吸引真才实学的专业人才，却成了部分人心目中安置工作的好去处，不少专业军人、职工家属找关系挤进图书馆，导致人员严重超编[②]。而海口万宁图书馆有 17 个人，实际定编的却只有 7 个人，冗员严重超编导致该图书馆工作人员从 2005 年开始，人员分两班，每月每班人员连续上班两个星期，休息两个星期[③]。可见，长期以来形成

① 王珊珊. 全国基层文化队伍培训工作概述[R]//中国公共文化服务发展报告(2012). 北京：社会科学文献出版社，2012：237 - 238.

② 贺广华，王伟. 十几年没买过书图书馆何以成“空壳”[N/OL]. 人民日报. (2006 - 06 - 07)[2013 - 03 - 29]. http://news.xinhuanet.com/book/2006-06/07/content_4656274.htm.

③ 王晓樱，魏月蘅. 基层图书馆为何离读者越来越远[N/OL]. 光明日报. (2006 - 07 - 13)[2013 - 03 - 29]. http://www.gmw.cn/content/2006-07/13/content_448837.htm.

的政府拿钱养“闲人”的人浮于事局面在文化事业单位已司空见惯。

另一方面,在免费开放制度不断推进的情况下,博物馆、美术馆、公共图书馆、文化馆(站)等公益性文化机构的服务量大幅增加。重庆市渝中区图书馆2011年到馆读者人次同比增长98.9%,新办读者证同比增长651.3%,文化馆到馆人次同比增长44%,公益性培训人次同比增长180%;山东省青岛市2011年到文化场馆参与各类文化活动的人次同比2010年增加了4倍[①]。另据不完全统计,仅2011年3月至10月间,全国各级文化馆免费开放服务514.45万人次,比2010年全年429.8万服务人次的数量增长19.7%,各级公共图书馆到馆人次4.27亿,比2010年全年3.28亿人次的数量增长30%[②]。相应地,2011年,全国各级文化馆从业人员数量为52 004人,较之2010年的51 160人相比,增幅仅为1.6%;2011年,图书馆从业人员数量为54 475人,与2010年的53 564人相比增幅仅为1.7%。文化馆、图书馆从业人员1.6%与1.7%的增幅较之服务人次19.7%和30%的增幅,相去甚远[③]。可见,免费开放后,面对公共文化服务需求的愈加繁重,从业人员并未随之大幅增加,人手相对短缺成为免费开放后的又一新问题。

四、职业准入门槛欠缺

在我国,公共文化服务机构,特别是农村基层公共文化服务机构

① 国家公共文化服务体系示范区(项目)创建工作领导小组关于第一批创建国家公共文化服务体系示范区督查情况的通报[EB/OL].(2012-12-16)[2012-12-29]. http://www.ndcnc.gov.cn/gjszwhw/sfqtzgg/201212/3f7c2444afe84c229a4edf8c22d5e1df.shtml.

② 第一批创建国家公共文化服务体系示范区(项目)、“三馆一站”免费开放督查工作正式启动[EB/OL].(2012-02-28)[2012-09-08]. http://www.cpcss.org/_d273806153.htm.

③ 文化馆、乡镇文化站及公共图书馆从业人员数据来源于《中国文化文物统计年鉴》(2010)和《中国文化文物统计年鉴》(2012)。

提供的文化服务活动难以满足公众需求，无准入门槛是一大诱因。2002 年 1 月 30 日，国务院办公厅转发的文化部、国家计委、财政部《关于进一步加强基层文化建设的指导意见》中明确提出：建立健全群艺馆、文化馆、图书馆和乡镇（街道）文化机构的工作岗位规范，逐步实行工作人员从业资格制度。2004 年 7 月 27 日，国家劳动和社会保障部与文化部联合颁布了《图书资料馆员》《古籍馆员》和《文献修复师》三个国家职业标准并开始试行①。2006 年 9 月 21 日，中国劳动保障部正式向社会发布的第七批 12 个新职业中，“社会文化指导员”作为一种新职业得到国家认可，是指“在群众性社会文化活动中从事文化艺术专业技能传授、文艺表演、艺术作品展示及创作指导、组织文艺活动，收集、整理、研究、开发民族民间文化艺术的人员”。根据发布新职业的活动特点及其对从业人员的技术技能要求，“社会文化指导员”作为新发布职业中技术含量较高和从业人员素质要求较高的职业，由劳动保障部制定并颁布职业标准②。但随着 2014 年，国务院先后两次发布《国务院关于取消和调整一批行政审批项目等事项的决定》，取消共计 78 项职业资格许可和认定事项③④，2015 年 1 月，由国务院审议通过的《博物馆条例（草案）》，也删除了原征求意见稿中“博物馆工作人员实

① 肖维平. 公共图书馆工作人员保障机制研究[J]. 中国图书馆学报，2010(4)：10 - 16.

② 劳动保障部发布第七批新职业[EB/OL]. [2012 - 05 - 10]. http://www.molss.gov.cn/gb/news/2006-09/21/content_135289.htm.

③ 国务院关于取消和调整一批行政审批项目等事项的决定（国发〔2014〕27 号）[EB/OL]. [2014 - 12 - 29]. http://big5.gov.cn/gate/big5/www.gov.cn/zhengce/content/2014-08/12/content_8974.htm.

④ 国务院关于取消和调整一批行政审批项目等事项的决定（国发〔2014〕50 号）[EB/OL]. [2014 - 12 - 29]. http://www.gov.cn/zhengce/content/2014-11/24/content_9238.htm.

行资格管理制度,博物馆工作人员资质管理制度”[①]的内容,迫使业已实施的职业资格认证制度在具体实施过程中要进行相应的调整、另辟蹊径,为各地文化从业人员职业准入方式和手段提出了新的要求和挑战。

这些都表明,我国职业准入已逐步纳入法制化轨道。但公共文化领域的职业准入现状仍不乐观,长期以来,农村等基层地区公共文化服务机构中,文化专干不专职、不专业、不专心的“三不专”现象依然十分突出,文化活动难以组织开展。如广西壮族自治区的柳江、靖西、都安、资源、苍梧等21个县级文化馆尚无本科以上学历的业务人员,有的文化馆甚至没有一个人能评上职称[②]。这种状况严重制约了和阻碍了公共文化服务水平的提升,因而需要职业准入门槛制度来带动公共文化事业的全面发展。

第二节　人才队伍制度建设的新进展

一、从业人员职业准入制度

目前,公益性事业单位进人机制已经普遍建立,但如何结合工作特点和岗位需求,建立更加科学合理的人才选聘制度,把最需要的人才选进来,示范区(项目)创建工作正着手进行着有效地探索和实践。

1. 职业培训、持证上岗制度

在地方公共文化从业人员职业培训制度研究方面,江苏省苏州市进行了系统的探索与尝试。苏州市根据《姑苏人才计划》,培养和引进

① 单霁翔. 博物馆应设立职业资格认证制度[N]. 中国文化报,2010-03-10(6).

② 张永新. 第三次县级以上文化馆评估定级工作总结. 文化部公共文化司,2011年印行.

文化高层次人才、领军人才和重点人才，当地人事与文化主管部门特别制定了面向全市从事或准备从事公共文化工作人员的，以“统一培训、统一考试、持证上岗”为主要内容的基层文化从业人员准入制度①，将培训工作纳入制度化、规范化轨道，在全市范围逐步推行了持证上岗②。为了保证基层文化从业人员准入制度实施良性效果的产生以及制度的可持续发展，苏州市将是否参加培训、通过考试，作为已经在岗工作人员技术职称评审的必要条件与依据；同时，苏州市人社局与文广新局鼓励全社会有志于从事文化工作的人员参加培训，将考试合格者作为苏州市文化岗位初聘的先决条件。从 2010 年 1 月起，在全市全面实行基层文化从业人员持证上岗制度，乡镇机构不再任命、录用未取得证书者担任乡镇文化站负责人或工作人员；乡镇、街道不再任命、录用未取得证书者在社区和行政村负责或分管文化工作；基层文化机构向社会招聘工作人员，在同等条件下，持有证书者优先录用。与此相适应，苏州市还建立了培训年度培训登记注册制，要求自取得培训考试合格证书的下一年起，每年必须参加市（县）、区文化部门或上级有关部门举办的业务培训，每年培训时间不少于 20 课时，并列入本人年度学习培训记录；且两年内须参加各级、各类继续教育、培训（含在岗、脱产培训），累计时间不少于 80 课时，方可登记注册；对于工作变动后仍从事基层文化工作者，当年仍继续参加业务培训并达到相应学时的，可以重新办理登记注册手续。苏州市文化从业人员准入制度还推动了公共文化人才队伍结构的优化与改善，仅以 2008 年以来苏州文化馆参加培训人员情况来看（见表 3 - 1），培训对象覆盖整

① 苏州市文化广电新闻出版局. 关于进一步落实《苏州市基层文化从业人员资格认证制度》的意见［EB/OL］.（2011 - 11 - 10）［2013 - 01 - 02］. http://www.suzhou.gov.cn/bmdw/swgxj/xxgk_1118/kjww_2192/whzccsjssqk_2193/201111/t20111110_77440.shtml.

② 苏州市创建国家公共文化服务体系示范区评审材料. 文化部公共文化司，2011 年 3 月印行.

个苏州全市,学历覆盖初中到高中等阶段,其中,2008 年与 2009 年学历分布人数多为大专水平,2010 年与 2013 年为本科及以上水平,尤其是 2012 年 12 月份的培训中,本科及以上学历的人员占到培训总人数的 76%,说明文化馆从业人员的整体学历水平在逐步提升。此种做法对于提高文化从业人员的整体专业素质与知识素质具有重要意义[①]。此外,四川省成都市也通过实施文化服务队伍建设行动,依托党校、高等院校、科研机构等,组织各级文化干部和各类文艺骨干培训,重点帮扶一批民办艺术院团[②]。青海省格尔木市推行创新和规范文化演出行业从业人员准入和持证上岗等管理制度[③]。

表 3-1　2008 年以来苏州文化馆从业人员参加培训情况一览表

时间	培训地点	培训对象	人数	来源	专业	学历
2008-08 至 2009-06	苏州大学	苏州市、区文化馆站工作人员	124	文化馆:34% 文化中心:27% 文化站:19% 街道:18% 文广新局:2%	文艺类:48% 语言文学类:12% 档案管理:3% 技术:8% 财会:5% 其他:24%	本科及以上:34% 大专:43% 中专:9% 高中:12% 初中:2%

① 朱荀. 苏州基层文化从业人员职业资格认证制度研究. 北京大学课题组,2013 年 3 月印行.

② 第一批构建国家公共文化服务体系示范区(项目)、"三馆一站"免费开放监督工作正式启动[EB/OL]. (2012-02-28)[2012-12-27]. http://www.cpcss.org/_d273806153.htm.

③ 青海省格尔木市创建国家公共文化服务体系示范区评审材料. 文化部公共文化司,2011 年 3 月印行.

续表

时间	培训地点	培训对象	人数	来源	专业	学历
2009-03-04至2009-06-16	昆山、太仓、吴江、常熟、张家港培训点	五县市文化馆、站工作人员	362	文化站:72% 文化馆:14% 街道:9% 文化科:5%	文艺类:44% 图书管理:10% 技术:10% 财会:10% 其他:26%	本科及以上:26% 大专:38% 中专:8% 高中:16% 初中:12%
2010-04-19至2010-07-03	昆山、张家港、吴中区、常熟市以及市区(含吴江和太仓)等培训点	苏州市、区、各县市文化工作者	1040	文化站:21% 文化馆:12% 社区街道:30% 村委:27% 文化中心:10%	文艺类:44% 图书管理:10% 技术:10% 财会:10% 其他:27%	本科及以上:39% 大专:38% 中专:10% 高中:11% 初中:2%
2012-12	苏州市公共文化中心、昆山、相城、园区、常熟、张家港培训点	苏州市、区、各县市文化工作者	916	文体站:42% 社区街道:30% 文体中心:21% 文化科:7%	文艺类:42% 图书管理:12% 技术:15% 财会:9% 其他:22%	本科及以上:76% 大专:3% 中专:9% 高中:3% 初中:9%

2. 其他选聘方式

除将职业资格认证作为职业准入制度的有效尝试外，其他一些人员选聘方式也在各地推广开来，使得文化人才队伍选聘过程真正做到了有章可循、有据可依。广东省东莞市公共文化人才招聘从2004年开始，实行文化系统所有单位的所有空缺岗位一律面向全国招考的制度。招聘工作中，立足把好信息发布关、笔试关、面试关、考核关、试用关这五关，保证招考工作公开、公平、公正。几年来，共向全国推出364个岗位，招聘了217人，其中研究生30人，本科生179人，高级职称10人，文化人才不断充实①。

广西河池市罗城仫佬族自治县建立县级乡镇公共文化服务专业人员的从业资格条件与聘任制度。在人事制度方面，加大"人编分离、人员聘用、人事代理"三位一体的改革力度，逐步建立起符合文化事业单位特点的自主用人、人员自主择业、政府依法监督、配套措施完善的人事管理制度。文化站管理人员实行公开选聘，政府制定用人条件，竞争上岗。强化从业人员资格认证，对有政治头脑、有经济意识、有业务技能、有创新精神的"复合型"人才通过聘用制，给他们施展才华的舞台，为农村文化建设出力。同时，还在乡镇文化站建设过程中将"引进来"和"请出去"有机结合。一方面积极引进大学生，鼓励他们到乡镇综合文化站工作，为他们解决必要的工作生活问题，使他们愿意去，留得住。另一方面，加大优化现有乡镇文化干部的力度，探索提前退休、拿基本工资退职等分流办法②，让乡镇文化干部进一步年轻化、知识化。

为提高农村公共服务水平，福建省于2004年在全国率先建立农村管理员制度，并于2006年增设村级文化协管员。其选聘主要由县

① 广东省东莞市公共文化服务体系建设概况[EB/OL].[2012-09-28].http://www.cpcss.org/_d271541097.htm.

② 广西河池市罗城仫佬族自治县创建国家公共文化服务体系示范项目评审材料.文化部公共文化司,2011年3月印行.

级业务主管部门制定聘任条件、程序、期限等具体规定，发布选聘公告；选聘对象一般为常驻本村村民；原则上一人一岗；村主要干部原则上不兼任“六大员”[①]；有专长的村两委干部可以参加选聘，但两委干部聘任数额不得超过该村“六大员”总数的一半；选聘推荐名单由公开报名和村级党组织推荐相结合产生；推荐人数应多于聘用人数一倍以上；乡镇对推荐名单进行资格审查；县级业务主管部门和乡镇联合组织统一公开考试；根据考试成绩确定考核对象，由乡镇考核后提出初选名单；初选名单在本村张榜公示；公示期后，由乡镇确定拟聘名单，报县级业务主管部门审批；审批合格者签订聘用合同；约定双方的权利义务、聘任期限、管理目标与考核办法等。与此同时，省政府批准了省委农村工作领导小组各成员单位联合制定的《农村“六大员”管理办法》，依照此项管理办法，在已完成的第二轮村级文化协管员选聘工作中，全省共聘用村级文化协管员 14 771 名（其中党团员占总数 60.66%，45 岁以下人员占 68.3%，高中以上学历占 63%，具备一定专业技能者占 39.2%），成为农村文化建设的重要力量[②]。这种自愿参选，并由政府把关、考核的基层文化工作者选聘方式，在实践层面具有可操作性，有推广意义。

二、村级文化管理员制度

建立统一管理的基层文化队伍，一直是基层文化建设的难题。尤其是村级文化管理员作为最基层的文化工作者，直接面对广大农村群众，其素质对活跃农村群众精神文化生活、加强农村文化市场管理、保护农村文化遗产、管理农村文化信息资源共享服务点、实现农村群众

① “六大员”指农民技术员、社会治安综合治理协管员、计划生育管理员、国土资源和规划建设环保协管员、乡村医生、文化协管员。

② 福建省福州市创建国家公共文化服务体系示范项目评审材料. 文化部公共文化司，2011 年 3 月印行.

的基本文化权益等方面起着至关重要的作用[①]。村级文化管理员熟悉农村群众的文化需求,是推进农村基层公共文化服务体系建设的主要力量。吉林省长春市从全市公益岗位中拿出 1000 个指标充实到基层,确保每个社区(村)文化室有至少 1 名财政补贴的文化管理员[②]。海南省澄迈县要求行政村和社区有至少 1 名财政补贴的文化管理员(文化指导员),全县村级宣传文化员达 176 人[③]。内蒙古鄂尔多斯市大力扶持一批农牧民群众兴办各种类型的文化户,全市示范文化户达到 800 户[④]。广东省中山市实行文化辅导员制度,让群众艺术馆、图书馆中一些有经验的干部、工作人员、专家下到基层文化室辅导并组织各项基层文化活动[⑤]。云南省保山市建设一支专兼职结合的村级文化工作队伍,规定每个行政村和社区有至少 1 名财政补贴的文化管理员(文化指导员),2—4 名社会兼职文化辅导员[⑥]。四川省成都市发展城乡文化辅导员队伍,加强全市文化辅导员的资源整合,市一级组成不少于 150 人的文艺骨干辅导员队伍;区(市)县形成不少于 1000 人的二级辅导员梯队;乡镇(街道)形成不少于 4000 人的三级辅导员梯队;

---

① 陈彬斌. 村里有了不走的文化队伍——福建深入推动村级文化协管员制度建设[EB/OL]. (2011 - 05 - 10) [2012 - 09 - 28]. http://www.ccnt.gov.cn/sjzz/shwhs/gzdt/201105/t20110510_89698.html.

② 长春市每年设立 1000 万元文化发展专项基金[EB/OL]. (2012 - 03 - 20) [2012 - 10 - 28]. http://www.jlradio.cn/contents/4145/169583.html.

③ 海南省澄迈县创建国家公共文化服务体系示范区评审材料. 文化部公共文化司,2011 年 3 月印行.

④ 内蒙古自治区鄂尔多斯市创建国家公共文化服务体系示范区评审材料. 文化部公共文化司,2011 年 3 月印行.

⑤ 我市农村文化室全覆盖项目首批入选国家公共文化服务示范项目[EB/OL]. [2012 - 09 - 29]. http://www.zsnews.cn/Column/2011/06/27/1756639.shtml.

⑥ 云南省保山市创建国家公共文化服务体系示范区评审材料. 文化部公共文化司,2011 年 3 月印行.

村(社区)形成不少于8000人的四级辅导员梯队[①]。

具体做法上,以福建省为例,福建省为了加强农村基层文化队伍的建设,从2006年开始,由省委、省政府根据省文化厅调查研究后的建议,决定在全省近1.5万个行政村设立村级文化协管员,确定由省级财政安排2000万元专项经费,对村级文化协管员给予每人每年1200元的服务性津贴(各地还根据当地的实际,配套不同额度的津贴标准)。此后每年都由省市县三级文化馆对村级文化协管员进行轮训,并在挂钩学校所在村,每年举办培训班10期,乡镇文化站还对村级文化协管员进行不间断培训。其中,省市两级侧重于综合素质方面的提高,县乡两级结合具体的工作任务侧重于业务能力的训练。主要开设了新农村文化建设形势与任务、农村文化建设的现状分析、农村非物质文化遗产的保护、农村文化市场的监管、农村群众文化活动的组织和开展、农村文化信息共享工程建设等课程,采取电脑多媒体教学、实物鉴别、案例分析、图片展示、座谈、到示范村实地参观学习、问卷调查、测试等多种教学方式,充实提高乡村文化活动内容,帮助组织、开展农村文化活动。根据农村文化建设实际,福建省还组织力量编写《福建省村级文化协管员工作手册》,既作为村级文化协管员培训的基本教材,也作为村级文化协管员开展工作的政策性指导[②]。北京市大兴区建立文化组织员制度,在注重发挥大学生村官"管理主力军"作用基础上,根据他们综合素质高、领悟能力强的特点,在文化阵地管理上推出"1+1"的管理模式,即1名村官带1名村民,日常由村官负责设施设备运行维护,同时负责教会1名村民,保证节假日村官休息的情况下,文化阵地也能正常开放。大兴区文委还制定了《大兴区行政村(社区)文化组织员聘用管理办法》等规章制度,整合现有的人力

---

① 四川省成都市创建国家公共文化服务体系示范区评审材料.文化部公共文化司,2011年3月印行.

② 福建省福州市创建国家公共文化服务体系示范项目评审材料.文化部公共文化司,2011年3月印行.

资源,同时争取和协调市、区财政资金,实现制度落实、资金落实、人员到位、服务到位,选取50个村、社区作为试点,从中评选出最优秀的文化组织员50名,成为全区文化组织员的典型,有效提升基层文化活动的水平①。

村级文化管理员的选聘对象,是当地的农民群众或与农民群众生活息息相关的村官。如何提高村级文化管理员的业务能力和综合素质,是有效使用并充分发挥村级文化管理员功能和作用的迫切问题。示范区(项目)制度上的一些做法对稳定农村基层文化队伍,建立驻村(社区)不走的文化队伍有极大的现实意义。

三、文化志愿者队伍建设

"志愿者"和"志愿者组织"等外来词在我国出现的时间不是很长,但志愿精神早就扎根于悠久的中国传统文化。无论是儒家的"仁者爱人",还是墨家的"兼爱",无论是道教的"功过格",还是佛教的"慈悲为怀",其都拥有浓厚的爱人济世色彩,其济人、利人、惠人的思想与志愿精神是一致的②。脱胎于传统慈善文化的志愿者,被赋予了帮助他人、完善自己、服务社会的时代意义,尤其将志愿者队伍建设用制度的形式规定下来,其产生的社会价值不言而喻,文化志愿者队伍建设亦是如此。

1. 国家制度

早在20世纪80年代,我国中央各部委已有关于志愿者服务相关的政策法规,特别是21世纪以来,各种政策法规更如雨后春笋般涌现。截至2014年年底,中央层面与志愿者活动相关的政策法规多与具体某一活动或某一项目相关,普适性规章寥寥无几,而涉及文化领

① 北京大兴区:公共文化设施空间拓展方式[EB/OL].(2011-06-03)[2012-09-28].http://www.cpcss.org/_d271555035.htm.

② 我国志愿服务概况[EB/OL].(2012-06-18)[2012-08-11].http://zyz.cdwb.com.cn/n/a99.html.

域志愿者的政策法规基本是在2010下半年才开始出现（见表3－2），此时也正是示范区（项目）创建工作萌生孕育之际，陆续出台的相关政策法规，也在一定程度上反映了示范区（项目）创建推进了文化志愿者工作。其中，文化遗产保护和博物馆领域走在了各公共文化服务机构的前列。

表3－2　我国中央有关文化志愿者服务政策法规状况一览表①

政策法规名称	颁布时间
国家文物局关于进一步发挥文化遗产保护志愿者作用的意见	2010－07－20
中央文明办、共青团中央、文化部、教育部关于向内蒙古、四川部分乡镇文化站选派百名志愿者开展西部文化建设志愿服务活动的通知	2010－09－20
文化部、中央文明办关于组织开展“春雨工程”——全国文化志愿者边疆行工作的通知	2011－04－22
文化部、中央文明办关于开展2012年“春雨工程”——全国文化志愿者边疆行工作的通知	2012－02－02
文化部关于印发《“春雨工程”——全国文化志愿者边疆行工作实施方案》的通知	2012－04－10
国家文物局关于委托开展《博物馆志愿者管理规范》行业标准研究制定工作的函	2012－06－12
文化部、中央文明办关于广泛开展基层文化志愿服务活动的意见	2012－09－12
文化部办公厅关于召开全国文化志愿服务工作会议的通知	2012－11－15

① 表中法律法规信息均来自北大法宝 http://www.pkulaw.cn/。

续表

政策法规名称	颁布时间
文化部关于表扬全国文化志愿服务组织工作成绩突出单位、全国基层文化志愿服务活动优秀项目和2012年“春雨工程”——全国文化志愿者边疆行示范项目的通报	2012－11－30
文化部、中央文明办关于开展“文化志愿者基层服务年”系列活动的通知	2013－05－02
中央文明办、共青团中央、文化部、教育部关于开展2013年西部文化建设志愿服务活动的通知	2013－09－02
文化部办公厅关于推行使用“中国文化志愿者”标识和“文化志愿者注册服务证”有关事宜的通知	2014－04－24

2. 地方制度

1999年，广东省第九届人大常委会通过《广东省青年志愿服务条例》，这是我国第一部志愿者相关的地方性法规。该条例明确规定了青年志愿者及其组织的权益保障、青年志愿者的条件、青年志愿者享有的权利、考核以及所要承担的责任等。条例颁布后，在国内产生了较大反响，各地纷纷出台相应的服务条例，标志着我国志愿者服务工作开始步入地方先行的法制化、规范化轨道。截至2014年年底，我国已有20个省（自治区、直辖市）、18个地市相继出台了志愿者服务条例（见表3－3），但至今尚无一部专门的文化志愿者服务政策法规出台。尽管如此，这些志愿者政策也必将对文化志愿者工作产生一定的指导和影响力。

表 3-3　我国地方志愿者服务条例状况一览表①

条例名称	颁布时间	备注
广东省青年志愿服务条例	1999-08-05	被《广东省志愿服务条例(2010 修订)》取代
山东省青年志愿服务规定	2001-08-18	
宁波市青年志愿服务条例	2002-12-20	
福建省青年志愿服务条例	2003-04-02	
黑龙江省志愿服务条例	2003-06-20	
杭州市志愿服务条例	2003-11-21	
抚顺市志愿服务条例	2004-05-29	
银川市青年志愿服务条例	2004-09-16	
成都市志愿服务条例	2005-05-06	
南京市志愿服务条例	2005-06-01	
吉林省志愿服务条例	2005-11-24	
宁夏回族自治区志愿服务条例	2006-05-12	
湖北省青年志愿服务条例	2006-05-26	
济南市志愿服务条例	2006-07-28	
江苏省志愿服务条例	2007-03-30	
北京市志愿服务促进条例	2007-09-14	
浙江省志愿服务条例	2007-11-23	
江西省青年志愿服务条例	2007-12-14	
天津市青年志愿服务条例	2007-12-19	
青岛市志愿服务条例	2008-05-29	
广州市志愿服务条例	2008-12-15	

① 表中法律法规信息均来自北大法宝 http://www.pkulaw.cn/。

续表

条例名称	颁布时间	备注
淄博市志愿服务条例	2009 - 01 - 09	
新疆维吾尔自治区志愿服务条例	2009 - 03 - 27	
上海市志愿服务条例	2009 - 04 - 23	
海南省志愿服务条例	2009 - 05 - 27	
四川省志愿服务条例	2009 - 09 - 25	
唐山志愿服务条例	2010 - 03 - 26	
汕头市青年志愿服务促进条例	2010 - 06 - 23	
广东省志愿服务条例(2010 修订)	2010 - 07 - 16	
昆明市志愿服务条例	2010 - 08 - 16	
陕西省志愿服务促进条例	2010 - 11 - 25	
宁波市志愿服务条例	2012 - 04 - 09	
湖南省志愿服务条例	2012 - 09 - 27	
珠海经济特区志愿服务条例	2012 - 11 - 29	2012 年 12 月 5 日起实施
合肥市志愿服务条例	2012 - 12 - 21	2013 年 3 月 1 日起实施
山西省志愿服务条例	2013 - 11 - 28	2014 年 3 月 1 日起实施
大连市志愿服务条例	2014 - 06 - 18	2014 年 8 月 1 日起实施
福州市志愿服务条例	2014 - 09 - 26	2014 年 12 月 1 日起实施
包头市志愿服务条例	2014 - 10 - 11	2014 年 11 月 1 日起实施

注:表中灰色标注部分为省级政策法规,白色未标注部分为地市级政策法规。

示范区(项目)创建期间,各地文化志愿者制度也不断在摸索中推进。云南省保山市、宁夏银川市、上海市徐汇区、河北省邯郸市等地积极发展文化志愿者队伍，促进了民间文化队伍的快速发展[①]。北京市朝阳区推广奥运志愿模式，扩大朝阳区文化志愿者协会的影响，完善文化志愿活动管理服务的长效机制[②]。山东省青岛市鼓励和引导各方人才，特别是有文化专长者成为文化义工，充分发挥义工在公共文化服务领域的重要作用，积极参与企业文化、乡村文化、校园文化、社区文化、广场文化等公益文化活动[③]。广东省东莞市启动文化志愿者服务计划，鼓励和引导离退休文化工作者、艺术院校学生以及其他热心公益事业的人员作为志愿者进入公共文化服务领域[④]。安徽省马鞍山在其市级文化场馆均建立了文化志愿者队伍，三个城区已分别组建了文化志愿者服务队，成立了市文化志愿者协会和服务总队，协会挂靠市文化馆[⑤]。广东省佛山市南海区成立区文化义工服务总队和文化义工分队，发展注册文化义工3500多人。文化义工在引导、辅助村居开展群众文化活动的同时，还在重大节庆活动、文化共享工程中承担了引领、解说、秩序维持等工作。为推动文化义工的制度化、专业化建设，南海区还制定了《南海区文化义工管理办法》《南海区文化义工奖励方案》，建立“星级义工”服务制度，全面推广文化义工服务，积极发

---

① 国家公共文化服务体系示范区（项目）创建工作领导小组关于第一批创建国家公共文化服务体系示范区督查情况的通报[EB/OL].（2012－12－16）[2012－12－29]. http://www.ndcnc.gov.cn/gjszwhw/sfqtzgg/201212/3f7c2444afe84c229a4edf8c22d5e1df.shtml.

② 北京市朝阳区创建国家公共文化服务体系示范区评审材料.文化部公共文化司，2011年3月印行.

③ 青岛市人民政府办公厅关于印发《青岛市创建国家公共文化服务体系示范区建设规划》的通知[EB/OL].[2012－10－29]. http://www.fsou.com/html/text/lar/173498/17349853_5.html.

④ 广东省东莞市公共文化服务体系建设概况[EB/OL].[2012－09－28]. http://www.cpcss.org/_d271541097.htm.

⑤ 安徽省马鞍山市创建国家公共文化服务体系示范区评审材料.文化部公共文化司，2011年3月印行.

展文联会员、学校文艺教师、业余文艺爱好者成为文化义工，在各村居、社区组建一支3人以上的文化义工分队，文化义工成为带领社区群众开展文化活动、协助群文作者进行文艺培训和科普教育的一支庞大力量①。

为使文化志愿者队伍建设更加系统化、规范化、制度化，山东省肥城县于2009年3月制定了《关于实施公共文化服务志愿者递进培养工程的意见》，力争通过3—5年的努力，使县域内所有社区、村居全部配备2—3名思想觉悟高、业务素质强、具有组织协调能力、传播先进文化的公共文化服务志愿者。工程实施过程中建立了注册登记、教育培养、管理监督、考核激励等机制，创造性地实现了社会文化工作的三个转变：一是对文化工作者个体而言，实现了由利己到利他的转变。过去社会上的文化爱好者仅仅满足于参与活动，展示自我，满足个人娱乐需要，经过递进培养起来的文化服务志愿者，既是文化的参与者、传播者，又是群众文化活动的策划者、组织者，不仅提升了志愿者个人的道德水平和服务能力，而且通过志愿精神的内化，激发了志愿者参与志愿文化建设的愿望和意识，在志愿服务活动过程中能够更深刻地了解和认识社会文化，多方面地参与到社会公共生活中来，担负起更多的社会公共责任。二是就文化行政部门而言，实现了由政府包办文化向全民共建共享文化的转变。递进培养的过程也是公共文化服务工作者网络建设的过程，从发现人才、培养人才，到调动他们的积极性为群众文化服务，挖掘调动起全市各个行业、各个层次的文化资源，使过去屈指可数的文化馆、文化站少数工作人员孤军作战，变成了文化志愿者队伍的全方位、立体式覆盖。三是公共文化的工作内容实现了由简单的群众文化活动向弘扬先进文化、促进社会和谐的转变。递进培养工程培养出来的志愿者在志愿者俱乐部统一指挥协调下，开展的

① 广东省佛山市创建国家公共文化服务体系示范项目评审材料．文化部公共文化司，2011年3月印行．

长期性活动内容丰富,阶段性活动主题鲜明①。使得文化志愿者工作真正体现了志愿者服务社会、传播文明的应有之义。

3. 专项文化志愿者制度

重点培育青年文化志愿者队伍不仅能够使参与者终身受益,更能有利于保证志愿服务工作的持续展开。2012 年 3 月,金昌市共青团下发了《关于组建青年文化志愿者服务队的通知》(金团发〔2012〕13 号),对招募者的要求是:年龄在 18 周岁以上、40 周岁以下,文艺爱好者、热心公益事业人员,身体健康,具有一定社会实践经验和生活阅历;具有助人为乐、吃苦耐劳的志愿精神,热爱文化事业,有一定文艺特长,有开展文艺辅导、进行文艺创作等方面的经验,能在文化服务活动中发挥作用;不依靠行政手段组织发动,完全体现自愿精神,且保证每周有 1 小时(全年不少于 48 小时)的时间参与志愿服务工作。招募按照自愿申请、登记注册的原则,成立金昌市青年志愿者协会直属的金昌市青年文化志愿者服务队②,可谓是文化志愿者队伍制度化、长效化的创新之举。而针对服务对象的特殊性,安徽省淮南市还特别探索少儿艺术工作志愿者队伍建设:制定专门操作办法,通过完备的考核措施,在高等院校、教育系统、文化部门、机关厂矿、社会组织中选拔优秀文艺骨干和热心热爱少儿艺术事业的人员,组建少儿艺术工作志愿者队伍,有组织、有计划、有目的地组织志愿者开展少儿文化艺术服务和公益活动。实施文化银发人才工程,组织文化系统退休老专家老演员,建立少儿艺术文化辅导员人才库,开展少儿文化艺术人才培养和少儿文化艺术服务工作③。

---

① 山东省泰安市肥城县创建国家公共文化服务体系示范项目评审材料. 文化部公共文化司,2011 年 3 月印行.

② 关于组建青年文化志愿者服务队的通知[EB/OL]. (2012－03－08)[2012－09－29]. http://www.jcgqt.gov.cn/Article/ShowArticle.asp? ArticleID＝1849.

③ 安徽省淮南市创建国家公共文化服务体系示范项目评审材料. 文化部公共文化司,2011 年 3 月印行.

可见，文化志愿活动的展开，不仅有利于协助公共文化服务活动的顺利举办，必然还在扶助弱势群体、缓解社会矛盾、增强社会互信、促进道德进步、提升社会风尚等方面发挥积极作用，各地应当不断探索并完善文化志愿服务的社会化、常态化、规范化机制，创新各类文化志愿服务的模式，并逐步推广。

四、优秀文化人才带动策略

人才乃成事之本，古今中外皆是如此。“得人者强，失人者亡”，即是指一个国家、一个行业、一个单位，能够不断培养、吸引大量优秀人才，很大程度上决定着这个国家、这个行业、这个单位的兴衰成败。公共文化服务同样需要一批优秀人才的带动，方能蓬勃发展。

1. 实施文化人才战略工程

各示范区（项目）特别重视文化人才。河北省霸州市委、市政府有个不成文的规定，凡是宣传文化工作需要的人才，随时可调入宣传文化系统工作，先后有 35 名同志从不同的工作岗位充实到宣传文化系统。同时，霸州市着力实施“万千百十”人才战略工程，在全市建立起万人文化大军、千名文化骨干、百位文化明星、十个文化门类的浩荡队伍。到目前，在市文联十大协会的引领带动下，民间涌现出 78 道花会、267 个文艺社团，参加人员 16 000 余人。此外，霸州市还聘用退居二线、责任心强、有文化特长的老领导、老同志管理文化场馆。先后引进 10 余名国宝级文化精英做政府文化顾问，组建了一支 4500 人的面向农村、扎根基层、市场化运作的“文艺轻骑兵”；并将德艺双馨的霸州籍书画家和在国家级大赛中获奖者聘为市政府文化顾问，给予适量津贴或补助。对成绩突出的拔尖人才特事特办、大开“绿灯”，先后为戏曲专业人才安排正式工作。市财政安排专项资金，重奖文艺精品和创作精英,营造了崇文重才的良好环境①。广东省东莞市实施文化人才"三个100"工程。从2011年开始,在全市相关企事业单位、社会团体中选拔100名优秀人才充实文化人才队伍;在文化系统中选拔100名优秀干部到先进地区挂职锻炼;在全国范围内公开招聘100名文化优秀人才。又以此为契机,大力引进、培养公共文化服务人才,特别是加大骨干人才和领军人物的引进力度,聚集一批高素质人才,充实队伍数量,改善队伍结构②。安徽省马鞍山市于2011年,制定《马鞍山市优秀文化人才奖励实施办法》,建立人才引进制度,重点引进管理人才、策划人才、专业艺术人才、文化科技人才;鼓励和支持文化单位,通过邀请、聘任、兼职、讲学和项目合作等形式,多层次、多渠道引进高层次文化人才③。各地通过实施文化人才战略工程,巩固和提升了优秀文化人才在队伍建设中的重要作用。

2. 培育引导文化骨干

一批优秀人才骨干的出现和利用,往往能够带动一个单位,振兴一个行业,开创一个新局面,也即要"人尽其才,才尽其用"。各示范区(项目)创建城市,充分意识到了这一点。福建省厦门市近年来,由市、区两级文化部门组织文化馆(站)、社区、农村等各类基层文化骨干培训班和研讨会数百场次,培训5万多人次,并通过全市大型群众文化活动,组织业务人员深入社区、农村、企事业单位举办各艺术门类的辅导培训,并组建民间艺术团、中老年艺术团等艺术团队,打造民俗表演基地、农村文化活动示范点等10个基层文化活动基地(示范点)和少儿文艺活动示范点、闽南童谣表演基地等10个未成年人文化活动基

① 杨杰. 河北霸州挖掘特色资源坚持"文化兴市"[M]//中国公共文化服务发展报告(2012). 北京:社会科学文献出版社,2012:146－147.

② 广东省东莞市创建国家公共文化服务体系示范区评审材料. 文化部公共文化司,2011年3月印行.

③ 安徽省马鞍山市创建国家公共文化服务体系示范区评审材料. 文化部公共文化司,2011年3月印行.

地(示范点),出现了一批群众文艺骨干基础队伍[①]。山东省肥城县采取集中培训与具体指导相结合的方式,下发菜单式培训目录,让文化骨干根据自身需求,参加不同专业的培训,成为一专多能的公共文化辅导员;并按照职业、特长和业务能力对公共文化辅导员评定星级,引导他们把文化活动与精神文明、移风易俗、弘扬新风正气结合起来,全面提升公共文化辅导员的品质和品格[②]。广西河池市罗城仫佬族自治县在文艺人才的使用上,打破身份限制,不分地域、部门、单位,"不求所有,但求所用",形成谁能干就让谁干、能者上庸者让的工作机制[③]。新疆生产建设兵团农八师石河子市为更好地提升广场文化活动水平,由群艺馆举办社区文艺骨干培训班,使其成为广场文体活动的领头人;同时,通过街道社区工作人员深入居民群众中调查摸底,挖掘社区文化活动的积极分子和骨干分子,并把他们组织起来进行文化管理、文艺编导理论、文化活动组织等方面的培训,组建了几十支社区业余文体小组[④]。同样,北京市朝阳区也大力培育群众性文艺协会,充分挖掘居民中的文化能人和文化热心人的作用,逐步建立健全引导有力、激励有效、不同主体踊跃参与创造的文化管理机制,鼓励吸引离退休文化专业人才充实到基层文艺队伍中,逐步实现每个街乡至少有一支有影响、有特色的品牌队伍。此外,朝阳区还加强了对驻区文化专家的统筹,充分发挥区文联下设各专业协会的人才智力和组织网络优势,进一步扩大联络、协调、服务范围;积极开展文化专家库建设和文

① 福建省厦门市创建国家公共文化服务体系示范区评审材料. 文化部公共文化司,2011 年 3 月印行.

② 山东省泰安市肥城县创建国家公共文化服务体系示范项目评审材料. 文化部公共文化司,2011 年 3 月印行.

③ 广西河池市罗城仫佬族自治县肥城县创建国家公共文化服务体系示范项目评审材料. 文化部公共文化司,2011 年 3 月印行.

④ 新疆建设兵团农八师创建国家公共文化服务体系示范项目评审材料. 文化部公共文化司,2011 年 3 月印行.

化名人的认定、评选工作，成立“朝阳区文化艺术专家指导中心”，组建“朝阳艺术团”，加强对区域内专业文艺院团、学校企业文艺团队资源整合[①]。这些做法不仅提高了优秀文化人才辐射带动群众开展文化活动的能力，更使其成为活跃公共文化服务中的一支中坚力量。

第三节　教育培训制度的新举措

随着文化体制改革的不断深化，基层文化事业要跟上时代发展步伐，必须加强公共文化服务从业人员的专业知识与技能培训。中央及各示范区（项目）创建城市无不把人才队伍的教育培训作为人才队伍建设的重点工作来抓，出现了许多制度设计成果，促进了人才队伍的培养。

一、全国基层文化队伍培训项目

加强基层文化队伍培训，建设一支素质强、业务精、作风正的文化工作者队伍，是推动文化大发展大繁荣，开创中国特色社会主义文化建设新局面的根本保证。而当前，基层文化队伍专业化程度不高，不可避免地受到普遍存在的对培训工作重视程度不够、经费投入不足、师资匮乏、内容针对性不强、形式单一等问题的影响。又随着文化工作开始被提到议事日程上来，在专职文化队伍培训逐步加强的同时，业余队伍培训仍然相对薄弱。基于此，全国基层文化队伍培训项目应运而生。

1. 项目介绍

为加大基层文化队伍培训工作力度，2009 年，文化部出台了《关

---

① 北京市朝阳区创建国家公共文化服务体系示范区评审材料. 文化部公共文化司，2011 年 3 月印行.

于开展全国文化站长轮训工作的实施意见》;2010 年,文化部又出台了《关于开展全国基层文化队伍培训工作的意见》(文社文发〔2010〕33 号);2011 年,文化部启动“全国基层文化队伍培训项目”[①],该培训项目的主要内容是:十二五期间,对全国现有 24.27 万名县乡专职文化队伍和 366.85 万名业余文化队伍进行系统培训,包括县级文化馆、公共图书馆、艺术表演团体和乡镇文化站(街道文化站)工作人员,以及基层文化单位指导的村(社区)文化活动室、农村文化中心户、群众业余文艺团队等业余文化工作者和社区文化志愿者等。每年由中央文化管理干部学院以及四家培训基地[②]师资班和示范班负责,直接受训学员达千人以上,学员回到各省后继续开展培训,间接受训人员达万人以上;培训内容以政策法规、业务知识、文化素质培训、能力建设等为基础,根据基层文化工作需要设计培训课程,不断丰富和完善培训内容,形式上采取集中培训、上门培训、对口支援、远程培训和脱产研修等,依托现有各级文化干部培训机构、全国文化信息资源共享工程各级中心和图书馆、文化馆等文化单位,由文化部负责为各省(区、市)培训骨干师资,各级文化行政部门组织优秀师资到高等院校和上级培训机构进行学习,切实提高教师理论水平和业务能力。

2011 年开始,中央财政每年投入 450 万元专项资金,支持开展全国基层文化队伍培训工作;同年,文化部还组织编写全国基层文化队伍培训系列教材,并结合示范班教学,截止到 2012 年年底,已出版《公共图书馆业务培训指导纲要》《文化馆(站)业务培训指导纲要》《社区文化服务》等教材,公共文化通论、公共图书馆系列教材、文化馆站系

---

① 刘婵. 全国基层文化队伍培训工作稳步推进[EB/OL]. (2011-03-28)[2012-10-28]. http://www.ccnt.gov.cn/xxfb/xwzx/whxw/201103/t20110328_88396.html.

② 浙江艺术职业学院、山东大学艺术学院、湖南艺术职业学院、重庆艺术学校等四家单位为全国基层文化队伍培训基地,负责开展区域基层文化队伍培训。

列教材正在编纂过程中[①]。可以说,“全国基层文化队伍培训项目”的实施从基层着眼,取得了一定的成效,成为有史以来规模最大、最成体系的基层文化培训项目。

2. 项目影响与带动

各地文化部门认真贯彻落实文化部的队伍培训文件精神,尤其是示范区(项目)将加强基层文化队伍培训作为工作重点,进一步深入开展各具特色的培训工作,积累了丰富的经验。山东省文化厅制订了乡镇综合文化站站长轮训计划,计划用 3 年时间将全省 1388 名乡镇综合文化站站长轮训一遍。山西省文化厅全面开展基层文化队伍培训,2011 年度,市、县两级文化行政部门和公共文化服务单位逐级开展相应培训工作,共举办培训班 18 期,参训人员 6000 余人次。辽宁省文化厅针对本省基层文化生活现状,从 2009 年起开展“百馆千站辅导培训工程”,截至 2011 年年底,共培训学员 1800 余人。河南省文化厅于 2011 年举办各类基层文化队伍培训 16 期,培训学员 400 余人,内容涉及群艺馆、图书馆、非物质文化遗产等相关业务知识。郑州市政府连续五年将千名文艺骨干队伍纳入市委、市政府为民办实事内容,每年投入培训资金 100 万元,共培训基层文化骨干 15 000 多人次;郑州市群众艺术馆每年举办 3 次以上免费培训班,每班 40—60 人,每期 3—5 天,请省、市有关专家授课,对全市基层文化干部进行轮训;市群艺馆、县(区)文化馆的专业干部,还根据需要,定期不定期地到现场,对农村、社区、企业、部队、学校的文艺队伍进行培训辅导[②]。而四川省文化厅明确基层文化队伍分级培训原则,由省、市、州级文化行政部门负责培训县(区)图书馆长、文化站长(包括乡镇文化站中心文化专干)、乡

① 王珊珊. 全国基层文化队伍培训工作概述[M]//中国公共文化服务发展报告(2012). 北京:社会科学文献出版社,2012:236.

② 文化部公共文化司. 河南省郑州市国家公共文化示范区创建情况汇报[EB/OL]. (2012 - 10 - 08)[2012 - 12 - 28]. http://www.ccnt.gov.cn/sjzznew2011/shwhs/shwhs_ggwhfwtxjs/201210/t20121008_264959.html.

级专业文化队伍，由县级文化部门负责培训业余文化队伍，着力推进基层文化队伍培训规范化、系统化、常态化①。

通过示范区（项目）创建工作，目前，上海市徐汇区、辽宁省大连市、福建省厦门市、湖南省长沙市、内蒙古鄂尔多斯市、广西来宾市、湖北省黄石市、云南省保山市、陕西省宝鸡市、青海省格尔木市等数十个示范区（项目）所在地的县（区）级文化单位在职员工均达到了《关于开展全国基层文化队伍培训工作的意见》中所规定的参加脱产培训时间每年不少于 15 天，乡镇（街道）、村（社区）基层文化专兼职人员参加集中培训时间每年不少于 5 天的要求②。安徽省马鞍山市更是按照分级分类培训原则，要求县区级文化单位在职员工参加脱产培训时间每年不少于 20 天，乡镇街道、社区、村基层文化专兼职人员参加集中培训时间每年不少于 10 天。市、区县文化部门每年举办多次业务培训班，市文化馆每年组织文化辅导员下基层进行辅导，全面提高了乡镇综合文化站（街道）、社区（村）文化工作者的工作能力和综合素质③。

全国基层文化队伍培训项目的系统性无疑从制度层面强化了基层文化队伍的培训，并随着培训要求写入《国家公共文化服务体系示范区（项目）创建标准》《创建国家公共文化服务体系示范区督导检查重点项目和指标》以及《创建国家公共文化服务体系示范区验收标准》，该项目的影响带动力与辐射力得到充分提升，基层文化队伍整体水平也必将得以提高。

---

① 王珊珊. 全国基层文化队伍培训工作概述[M]//中国公共文化服务发展报告(2012). 北京：社会科学文献出版社，2012：242－243.

② 文化部关于开展全国基层文化队伍培训工作的意见[EB/OL]. (2010－10－25)[2012－10－28]. http://www.ccnt.gov.cn/sjzznew2011/shwhs/shwhs_zyzcwj/201111/t20111128_159271.html.

③ 安徽省马鞍山市创建国家公共文化服务体系示范区评审材料. 文化部公共文化司，2011 年 3 月印行.

二、专项人才培养制度

公共文化服务人才资源是构建公共文化服务体系、实现文化大发展大繁荣的第一资源。示范区(项目)创建以来,各地大力实施人才战略,并结合本地特色和群众文化需求,将专项人才培养,尤其是地方特色人才培养作为人才队伍建设的亮点与突破口。

1. 文化人才整体队伍培养制度

不少地方从文化人才整体着手,湖北省黄石市逐步完善任职培训、全员轮训、委托培养、自我培训等公共文化服务人才培训长效机制,量化分级分类培训指标,制定考核激励措施,建立起类别分明的公共文化服务人才队伍资源库①。山东省青岛市建设由优秀文化人才与骨干组成的公共文化人才库,充分发挥其在公共文化建设中的作用②。甘肃省金昌市把文化人才队伍建设纳入全市干部培训计划和人才队伍建设规划,依托高校和专业培训机构举办文化人才专题培训班,有计划地选派各类文化人才到文化发达地区学习,逐步形成公共文化专业人才、志愿者、业余文化骨干等多层次的文化队伍③。海南省澄迈县每年选派文化骨干外出学习充电,并积极引进高级文化人才,采取传、帮、带的方式,培养文化活动积极分子④。广东省佛山市南海区实施名人名家工程,建立全区文化人才数据库,开辟文化人才引进绿色通道;两年内引进、培养历史文化研究、传统文化传承、公共文化管理、文艺

---

① 湖北省黄石市创建国家公共文化服务体系示范区评审材料. 文化部公共文化司,2011 年 3 月印行.

② 山东省青岛市创建国家公共文化服务体系示范区评审材料. 文化部公共文化司,2011 年 3 月印行.

③ 甘肃省金昌市创建国家公共文化服务体系示范区评审材料. 文化部公共文化司,2011 年 3 月印行.

④ 海南省澄迈县创建国家公共文化服务体系示范区评审材料. 文化部公共文化司,2011 年 3 月印行.

创作表演等高端人才30名,充分发挥他们在各自领域的领军作用;通过签约制、客座制、工作室制、项目总包制等形式,积极吸纳各类文化人才[①]。这些培养方式能够不断壮大和活化文化工作者队伍,充分调动文化人才的积极性。

2. 人才分类培养制度

一些地市将公共文化人才分门别类,采取不同的方式进行培育。宁波市鄞州区建立了全区视觉、表演、创作等公共文化各个领域的人才数据库,每个领域选拔1—2名领军人物,着重培养和打造;并定期对人才库进行更新,及时发现人才,培养人才[②]。江苏省苏州市积极实施"姑苏文化人才"计划,按文艺团体、图书馆、博物馆、文物保护、书画创作、工艺美术、文艺创作、文化研究、艺术教育、非遗保护等十个类别,每个类别每两年重点培养(或引进)1—2名"文化艺术名家"(领军人才),5—10名重点人才,并研究制定较为科学、合理的苏州重点人才评价标准[③]。这种做法摒弃了原有的盲目培养(或引进)人才的方式,在充实地方文化人才队伍同时,更利于各类文化活动的开展。

新疆维吾尔自治区喀什地区针对当地各类公共文化服务人才,在提高队伍素质方面采取了一系列措施:①千名文化干部和专业人员培训。从2010年起,用三年时间,将全地区1000名文化工作者全部轮训一遍。地、县(市)级文化行政部门和地、县(市)直属文化单位负责人、乡镇文化站站长、地区直属文化事业单位的专业及管理人员,由自治区文化厅负责培训;县(市)直属事业单位的专业及管理人员、乡镇

---

① 广东省佛山市创建国家公共文化服务体系示范项目评审材料. 文化部公共文化司,2011年3月印行.

② 浙江省宁波市鄞州区创建国家公共文化服务体系示范区评审材料. 文化部公共文化司,2011年3月印行.

③ 江苏省苏州市创建国家公共文化服务体系示范区评审材料. 文化部公共文化司,2011年3月印行.

文化站的一般工作人员，由地区文化行政部门会同人事部门、地委党校和行政学院负责培训。②万名文化市场从业人员培训。从2010年起，用三年时间，将全地区1.3万多名文化市场经营从业人员全部轮训一遍。文化市场经营业主和法人代表，由地区文化行政部门负责培训，其他从业人员由县（市）文化行政部门负责培训。③300名非遗传承人培训。为加强非物质文化遗产传承队伍建设，对已列入国家和自治区非物质文化遗产名录的项目代表性传承人、地区命名的民间艺术大师进行培训，为他们开展传习活动、传授艺术和技能，培养后继人才创造条件。④2500名基层文化指导员培训。为管好用好行政村和社区文化设施，切实发挥作用，在全区聘请一批思想好、有文化、身体好、热心为群众服务的村干部、农村党员、青年积极分子、社区退休干部职工担任基层文化指导员，作为基层文化骨干，由国家发给工资报酬，负责行政村和社区文化室的管理及日常工作。三年内，对所有文化指导员进行一次轮训，以提高他们运行基层文化设施及开展群众文化活动的素质。⑤万名"农村文化大户暨农家书屋"户主轮训。喀什地区有1.2万个自然村（村民小组），乡村分布广，群众居住分散。到2015年，每个自然村建设一家农民文化大户，全地区建成农民文化大户（书屋）一万户。按照思想好、有文化、庭院房屋条件较好、热心为群众服务等标准，考察选定农户，抓好培训管理，并由国家给予适当补助，发挥农民文化大户在基层一线传播先进文化，普及科技知识，丰富群众文化生活的作用①。

3. 专项人才培养制度

针对某一具体专业人才培养，各地也有一些不同的做法。江西省赣州市赣南采茶歌舞剧院作为地方戏剧专业剧团，承担了国家级非物质文化遗产——赣南采茶戏的保护、传承任务，该院积极开展采茶戏

① 新疆维吾尔自治区喀什地区创建国家公共文化服务体系示范区评审材料. 文化部公共文化司，2011年3月印行.

理论研究，培养采茶戏剧人才，推广和普及赣南采茶戏，2007 年至今已招收培养 11 名采茶戏定向生，出版采茶戏理论专著 10 余部（本），每年送戏下乡 100 余场次①。宁夏回族自治区银川市开展评选"星级"民间文艺团队活动，大力扶持、培养和发展民间文化队伍，发挥文化示范户、民间艺人在城乡文化活动中的组织、示范、引领作用②。湖南省常德市鼎城区提高专业艺术的"帮""辅""带"，加强对民间职业艺术团体的指导与辅导。鼎城区丝弦艺术团、花鼓戏剧团、文化馆等一批专业艺术人员，以及一批专业素养好、热心农村文化事业的乡镇文化专干，通过送戏下乡、文化进社区以及每两年一届的全区民间职业剧团大赛等活动③，带动民间文化的发展。

在农村文化基层人才队伍培养的制度方面，浙江省温州市苍南县建立农村"乡土"文化人才库，深入挖掘、积极培养农村乡土文化干部、文化骨干、文化示范户和文化志愿者，充分引领、指导农村文化能人开展文化活动并使其发挥辐射作用，巩固农村文化建设的群众基础④。江西省宜春市上高县文化局每年举办文化骨干培训班 2 次以上，培训人员 100 余人次，各乡镇每年举办 1—2 期特色文化培训班，培训乡土特色人才⑤。四川省攀枝花市图书馆每年定期举办"农村基层图书管理员培训班"，把各区县图书馆馆员、乡镇村文化专干、乡村文化、图书

① 吴迪. 由"闲"到"忙"的变奏——赣南采茶歌舞剧院文化体制改革纪实[EB/OL]. (2010 - 11 - 18)[2012 - 09 - 25]. http://gz.jxcn.cn/news/2010-11/18/content_441044.htm.

② 宁夏回族自治区银川市创建国家公共文化服务体系示范区评审材料. 文化部公共文化司，2011 年 3 月印行.

③ 湖南省常德市创建国家公共文化服务体系示范项目评审材料. 文化部公共文化司，2011 年 3 月印行.

④ 浙江省温州市创建国家公共文化服务体系示范项目评审材料. 文化部公共文化司，2011 年 3 月印行.

⑤ 江西宜春市："一乡一色"、"一村一品"特色文化建设[EB/OL]. (2011 - 06 - 03)[2012 - 10 - 29]. http://www.cpcss.org/_d271554991.htm.

辅导员统一进行培训，重点讲解图书分类、图书借阅、图书维护、读者活动、共享工程等内容，让乡、村图书工作人员交流经验，互相学习，取得了比较好的效果[①]。

重视少儿艺术人才队伍建设，是安徽省淮南是少儿艺术工作的一项基础工程。2006 年起，少儿艺术工作人才培养就被纳入全市特色人才培养规划，实施了"淮南市优秀少儿歌舞编创人才培养计划"，每年安排 10 至 15 万元专项培养经费，采取"请进来""送出去""走出去"的办法，先后共有 300 多名少儿艺术教师、编导、管理人员参加培训。从 2009 年开始，淮南市与中央文化管理干部学院合作，举办淮南市少儿舞蹈培训班，全面开展少儿文艺人才培养工作[②]。多年来，采用学校输送、文化部门培养、工作锤炼等多种途径，培养造就了一大批骨干艺术教师、优秀编导、优秀创作人员，少儿艺术工作人才成为当地文化事业发展的一大特色。

第四节　管理考核标准的新尝试

公共文化人才队伍构建起来后，还应对其进行有效管理，并将教育培训、持证上岗、职称评定、职务晋升等相关内容挂钩，作为绩效考核的重要方面，定期督察，保证人才队伍带动作用的充分发挥。如，上海市徐汇区将公共文化人才的建设列入了区人才队伍建设的中长期规划，并把每年公共文化人才培养、培训、交流、考核和任用工作列入

① 四川省攀枝花市创建国家公共文化服务体系示范项目评审材料. 文化部公共文化司，2011 年 3 月印行.

② 安徽淮南市：少儿艺术发展项目[EB/OL].（2011 - 06 - 03）[2012 - 10 - 29]. http://www.cpcss.org/_d271554996.htm.

了年度考核目标①。贵州省遵义市通过注册登记方式，不断壮大基层文化体育工作者队伍，注册登记的社会文化体育指导员达4168人②。天津市和平区和广东省东莞市实行了公共文化服务证书管理制度，探索建立包括专兼职公共文化队伍的分级和分类培训、培训与上岗挂钩的激励机制，试行公共文化服务证书管理制度，逐步推行持证上岗，不断提升公共文化服务人员队伍的水平和层次③。与此同时，天津市和平区还向社会广泛征招志愿者，试行注册登记制度，让所有社区都有业余群众文化辅导员④。北京市建立了严格的志愿者淘汰制度，由北京市文化志愿者服务中心对所有培训学员进行笔试考核，通过笔试的学员参加由群众文化专家、志愿服务专家担任评委的面试，合格者才由北京市文化志愿者服务中心和北京市志愿者联合会共同颁发证书⑤。各示范区（项目）实施的考核、注册登记以及证书管理等做法，作为文化人才队伍管理考核制度的尝试，有效确保了人才队伍的稳定高效。

一、岗位责任考核

岗位责任制以规章制度的形式明确规定每个工作人员的岗位，以及应该达到的基本要求和应负的责任，并据此进行考核和奖惩。其核

---

① 上海市徐汇区创建国家公共文化服务体系示范区评审材料. 文化部公共文化司，2011年3月印行.

② 遵义市“十二五”文化体育事业及文化体育产业发展专项规划[EB/OL]. (2011-01-25)[2012-09-27]. http://www.zunyi.gov.cn/ch6983/ch160/ch167/2011/01/25/content_2011091181.shtml.

③ 关于印发《东莞市创建国家公共文化服务体系示范区创建规划（2011—2012）》的通知. 东莞市人民政府办公室，2011年印行.

④ 天津市和平区创建国家公共文化服务体系示范区规划（2011—2012）. 和平区创建国家公共文化服务体系示范区工作领导小组，2011年印行.

⑤ 北京建立文化志愿者培训师队伍[EB/OL]. (2011-03-24)[2012-11-12]. http://www.cpcss.org/_d271391472.htm.

心内容有:确定岗位,明确岗位的工作范围;明确各岗位的责任和具体任务;规定每项工作质与量的指标;规定工作人员处理工作问题的权限;关于工作人员职业道德的规定;每项责任有严格赏罚规定①。岗位责任制的深化落实有利于公共文化服务工作岗位与职责的明确、调动工作人员的积极性、组织管理工作顺利完成。

1. 岗位考核与评聘挂钩

实践证明,将岗位考核与单位评聘以及工资绩效相挂钩,能有效激发单位活力,持续释放内部工作潜力。福建省特别重视文化协管员的管理考核,通过建立村民评议监督制度,文化协管员"一年一考评,三年一聘用",县级文化行政主管部门制定考核标准,乡镇根据考核标准,日常考核与年度考核相结合、村两委评议和权重测评相结合。考核结果分为优秀、称职、不称职三档,不称职的予以解聘,并在一个月内重新选聘②。江西省赣州市赣南采茶歌舞剧院从 2001 年起已实行了五轮全院考试竞聘上岗,按照全员聘用和公开、平等、竞争、择优的原则,实行优胜劣汰、择优聘用。该剧院同时还推进了改革收入分配制度,拿出工资的 30% 实行浮动工资制,视各人考勤、演出场次、工作量、工作表现予以发放。在具体分配上向一线的演职员倾斜,做到演多演少不一样,有效地调动了广大演职员的积极性。在加大人事、分配制度改革力度的同时,剧院还严格实施一系列的工作、考勤、考评、奖惩等管理规章制度,艺术创作、生产、经营及人才的培养步入良性循环③。广东省佛山市南海区探索建立公益性事业单位竞争激励机制、

① 吴慰慈,董焱. 图书馆学概论(修订二版)[M]. 北京:国家图书馆出版社,2008:226 - 227.

② 福建省福州市创建国家公共文化服务体系示范项目评审材料. 文化部公共文化司,2011 年 3 月印行.

③ 吴迪. 由"闲"到"忙"的变奏——赣南采茶歌舞剧院文化体制改革纪实[EB/OL]. (2010 - 11 - 18)[2012 - 09 - 25]. http://gz.jxcn.cn/news/2010-11/18/content_441044.htm.

项目负责制等新机制。根据“效率优先，兼顾公平”的原则，实行按岗位定酬、按任务定酬、按业绩定酬的分配办法，将职工的工资收入与岗位职责、工作业绩、实际贡献以及成果转化中产生的社会效益和经济效益直接挂钩，实施目标管理责任制和工资、奖金分配的激励机制。通过实施中层领导轮岗、竞争上岗、公开竞聘等系列人事工作，激活文化管理干部的活力。职称采取评聘分开的办法，允许高职低聘，打破专业技术岗位聘用终身制，逐步形成重实绩、重贡献，向优秀人才和关键岗位倾斜的分配激励机制①。上述做法打破了论资排辈的传统，使得大批拥有较强能力的文化工作者脱颖而出，有效改善了基层文化服务的能力和水平。

2. 明确工作内容与岗位职责

对各项工作内容和具体职责做出明确规定，有利于管理与考核。江苏省连云港市适应加快公共文化服务体系建设的需要，配齐配好社区文化工作人员的同时，规定城市各社区明确相关人员负责组织协调文化工作，要求有1—2名工作人员负责文化工作②。山东省肥城市建立了全市公共文化服务队伍管理体系，形成“总分相联、条块结合”的服务网络，在市文化馆成立公共文化服务志愿者俱乐部，负责全市公共文化服务志愿者队伍的注册登记、日常管理、活动规划和协调运作。根据地域区划、工作单位分组，相应成立文化志愿者服务支队，设在各街道文化站以及重点企业、社区，负责管辖范围内的文化服务志愿者管理。志愿者俱乐部定期召集文化志愿者，安排编创计划，结合不同时期群众要求，确定多种形式的活动内容和主题。另一方面，肥城市政府还建立考核督导机制，将基层文化队伍建设列入为民要办的民生实事，纳入经济社会发展整体规划，把群众对文化活动的满意度作为

① 广东省佛山市创建国家公共文化服务体系示范项目评审材料. 文化部公共文化司，2011年3月印行.

② 江苏省连云港市创建国家公共文化服务体系示范项目评审材料. 文化部公共文化司，2011年3月印行.

考核文化工作业绩的重要依据，列入街镇党委、政府年度考核目标；成立领导小组，出台了实施方案，明确了责任主体和形象进度，一月一汇报、两月一调度、一季度一检查，严格督导①。

二、人事编制与基础补贴

针对当前基层公共文化人才队伍不稳定的现状，《国家公共文化服务体系示范区（项目）创建标准》要求在人才保障措施落实方面，乡镇（街道）综合文化站的人员编制 3 名以上，行政村和社区有至少 1 名财政补贴的文化管理员（文化指导员）②。各创建城市纷纷响应，河北省秦皇岛市、山西省长治市、海南省澄迈县、山东省青岛市③、湖南省长沙市④、福建省厦门市⑤、河南省郑州市⑥、辽宁省大连市⑦、宁夏回族自

① 山东肥城：实施"递进培养"工程建设高素质文化志愿者队伍[EB/OL].(2012-07-27)[2012-11-12]. http://www.ccnt.gov.cn/sjzznew2011/shwhs/shwhs_ggwhfwtxjs/201207/t20120727_260279.html.

② 关于开展国家公共文化服务体系示范区（项目）创建工作的通知[EB/OL].(2010-12-31)[2012-08-28]. http://jkw.mof.gov.cn/zhengwuxinxi/zhengcefabu/201102/P020110214316250039975.doc.

③ 山东省青岛市创建国家公共文化服务体系示范区评审材料. 文化部公共文化司，2011 年 3 月印行.

④ 湖南省长沙市创建国家公共文化服务体系示范区评审材料. 文化部公共文化司，2011 年 3 月印行.

⑤ 福建省厦门市创建国家公共文化服务体系示范区评审材料. 文化部公共文化司，2011 年 3 月印行.

⑥ 河南省郑州市创建国家公共文化服务体系示范区评审材料. 文化部公共文化司，2011 年 3 月印行.

⑦ 辽宁省大连市创建国家公共文化服务体系示范区评审材料. 文化部公共文化司，2011 年 3 月印行.

治区银川市[①]、甘肃省金昌市[②]等地切实采取有效的措施，达到创建要求[③]，并在制度上有所拓展。

广东省东莞市在全国率先将文化站和广播电视站进行合并，组建成集文化、广电、体育等职能为一体的文化广电服务中心，并将其升格为副科级事业单位，配备编制801个，平均每个中心配备编制25个；逐步在较大的村（社区）设立综合文化站，要求配备专职站长1名和文艺辅导老师3—5名[④]。安徽省马鞍山市要求每个乡镇综合文化站配备5名大专以上学历的专职人员，按照逢进必考的原则，乡镇综合文化站人员录用，由组织、人事部门统一进行笔试（占60分），面试由文化部门负责（占40分）。每个行政村配备政府补贴的文化管理员和文化指导员；全市88个社区，平均每个社区配备1名专职文化管理员，工资和生活补贴由区县、街道、乡镇共同承担，人均月工资2500元（含“五险一金”）。同时，马鞍山市聘任基层文化骨干、文化能人、文化名人等兼职人员担任公共文化服务志愿者，招聘录用的专职文化协理员和公共文化服务志愿者的工资和福利待遇按市相关统一规定标准执行[⑤]。四川省成都市贯彻落实乡镇文化管理人员待遇，每个乡镇（街道）使用乡镇（街道）配备的事业编制，配备1名专职站长（主任），同

① 宁夏回族自治区银川市创建国家公共文化服务体系示范区评审材料. 文化部公共文化司,2011年3月印行.

② 甘肃省金昌市创建国家公共文化服务体系示范区评审材料. 文化部公共文化司,2011年3月印行.

③ 国家公共文化服务体系示范区（项目）创建工作领导小组关于第一批创建国家公共文化服务体系示范区督查情况的通报[EB/OL].（2012 - 12 - 16）[2012 - 12 - 29]. http://www.ndcnc.gov.cn/gjszwhw/sfqtzgg/201212/3f7c2444afe84c229a4edf8c22d5e1df.shtml.

④ 广东省东莞市创建国家公共文化服务体系示范区评审材料. 文化部公共文化司,2011年3月印行.

⑤ 安徽省马鞍山市创建国家公共文化服务体系示范区评审材料. 文化部公共文化司,2011年3月印行.

时面向社会聘用1—2名专门工作人员。综合文化站（中心）站长（主任）享受乡镇（街道）中层干部待遇，其任命和变动征求区（市）县委、政府分管文化工作领导和文化主管部门的意见[①]。四川省攀枝花市为“大地书香新农村家园工程”顺利实施，两级财政专项安排了同级工作经费，并纳入财政预算，即每月每村图书室辅导员工作补贴400元，工作经费100元。同时，攀枝花市还建设了一支乡镇文化专干队伍，解决了全市乡镇46名文化专干的编制、待遇问题，稳定了文化、图书服务骨干力量[②]。重庆市渝中区科学核定区文图两馆和区属文艺院团人员编制；落实地区文化中心正式在编的专业技术人员，确保各街道、社区有1名专职文化工作者；加强社区文化志愿者队伍培训，实行持证上岗制度，确保每个社区都有1名合格的群众文化辅导员[③]。重庆市大渡口区由区编委会统一核定区文图两馆和街镇文化站（中心）人员编制，区文化馆的43个编制中有16个面向全国公开招考，有效解决了基层文艺专业人才匮乏的问题；2011年，区图书馆将13个编制增至15个；街镇各分馆分别配备3—5名人员，接受总馆和街镇双重管理，全区街镇、社区（村）文化专干82人，其中专职管理人员24人，兼职管理人员58人，全区每个农家（社区）书屋，村、社区文化活动室均配有专兼职管理工作人员[④]。云南省保山市加强乡镇（街道）综合文化站人员队伍建设，要求乡镇（街道）综合文化站的人员编制3名以上，服

---

① 四川省《政府公共文化服务主体地位研究》课题组课题汇报[R/OL].(2011-03-03)[2012-09-18]. http://www.cpcss.org/_d271342008.htm

② 四川省攀枝花市创建国家公共文化服务体系示范项目评审材料. 文化部公共文化司,2011年3月印行.

③ 关于重庆市渝中区创建公共文化服务体系国家级示范区的报告[R/OL].(2012-03-12)[2012-10-28]. http://www.yzwx.gov.cn/yz_2012ggwh/2012-03/12/content_2093766.htm.

④ 重庆市大渡口区创建国家公共文化服务体系示范项目评审材料. 文化部公共文化司,2011年3月印行.

务人口大的乡镇不少于5人；乡镇（街道）综合文化站实行职业资格制度，实行聘用制和岗位目标管理责任制，专业技术人员纳入职称评聘范围①。陕西省宝鸡市健全乡镇综合文化站组织机构，截至2012年，在每乡镇1名文化专干基础上，再配备1名文化站长，1名网络多媒体技术人员；为每个行政村和城市社区配备1名财政补贴的文化专干，彻底解决公共文化机构无编制，非文化工作人员占编、文化专干不专现象②。

新疆喀什地区针对目前基层文化事业单位特别是乡村文化站室现有编制存在严重缺编缺员的问题，充实加强文化工作队伍：①2349个行政村和151个社区文化室，每个文化室再增加1名文化指导员，负责行政村和社区文化室的管理及日常工作。行政村和社区文化室共增加2500人，每人每月工资1000元，全地区每年文化室人员工资计3000万元。②167个乡镇综合文化站，在现有274个编制基础上，按大乡每乡4人，小乡每乡2人，一般的乡每乡3人，共增加事业编制227个。③加强各级文艺表演团体建设，人口在30万人以上的县市，核定文工团编制70个，人口不足30万人的县，核定文工团编制50个。县市和地区文工团（歌舞剧团）纳入财政全额预算管理，人员工资及运行经费由国家财政拨给。④地区和各县市设立非物质文化遗产保护机构，增加非遗工作力量。地区非遗中心15人、县（市）非遗中心4—6人，平均5人，共解决事业编制75人。⑤增加地区和各县市文化出版物市场监管人员编制，地区增加编制6个，县（市）平均增加4个事业编制，参照公务员管理，共增加事业编制54个。⑥地区增加20

---

① 云南省保山市创建国家公共文化服务体系示范区评审材料. 文化部公共文化司，2011年3月印行.

② 宝鸡市人民政府关于印发创建国家公共文化服务体系示范区规划及相关工作方案的通知[EB/OL].（2011－09－21）[2012－09－28]. http://zwgk.baoji.gov.cn/0/103/8673.htm.

个编制、县(市)平均增加 10 个编制,共增加行政编制 140 个[①]。

上述各种措施,不仅确保编制落实到位,还充分调动和发挥了广大基层文化工作者的积极性和创造性,有效稳定了基层文化队伍,为基层文化活动的组织开展提供了保证。

① 新疆维吾尔自治区喀什地区创建国家公共文化服务体系示范区评审材料. 文化部公共文化司,2011 年 3 月印行.

第四章　管理体制创新的实践探索与制度推进

党的十六届三中全会明确指出，完善政府社会管理和公共服务职能，为全面建设小康社会提供强有力的体制保障[①]。党的十七大召开以后，文化建设进入了良好的发展机遇期。同时，随着政治体制改革的发展、政府职能的转变，公共服务被确定为政府的基本职能，政府职能由管理向服务的转变，逐渐在全社会形成共识。公共文化服务体系作为近年来文化部门研究和探索的新课题，在构建公共文化服务体系的过程中，政府是主体，要发挥主导作用，但单纯依靠政府力量是有限的，还必须发动社会力量积极参与，逐步扩大城乡文化事业、文化产业等领域的社会化范围，健全和完善各类社会文化组织和中介组织，弥补政府职能转变而带来的管理缺位，并积极调整文化职能结构，在统筹社会管理和公共服务关系的基础上，建立有效的管理机制，逐步完善公共文化服务体系[②]。随后的党的十八届三中全会更是进一步指出，构建现代公共文化服务体系，要完善文化管理体制，明确不同文化事业单位功能定位，建立法人治理结构，完善绩效考核机制，引入竞争机制，推动公共文化服务社会化发展[③]。这些都为文化体制改革提供良好的环境和机遇，但同时，也应当正视目前阶段文化管理体制改革

① 曹爱军，杨平．公共文化服务的理论与实践[M]．北京：科学出版社，2011：89.

② 坚持政府主导社会参与构建公共文化服务体系[EB/OL]．(2007－04－25)[2012－08－28]．http://www.ccdy.cn/xinwen/pinglun/201109/t20110926_36601.htm.

③ 中共中央关于全面深化改革若干重大问题的决定[EB/OL]．2013－11－15)[2014－12－18]．http://news.xinhuanet.com/politics/2013-11/15/c_118164235.htm.

存在的问题。

第一节　文化管理体制改革的发展障碍

我国公共文化服务体系建设在各级政府的高度重视下，在“以人为本，服务为先”的原则下，随着财政支持的不断增强、管理方式的不断完善，正在从过去的“传统管制”向“现代服务型”悄然发生着转变。但面对新的文化发展形势和要求，在公共文化服务体系尚未成熟的情况下，原有的“强政府、弱社会”的现象仍普遍存在，管理体制不断暴露出种种不适应性，在一定程度上影响甚至阻碍了文化发展的应有进程①。

一、事权责任不清晰

文化事业发展要坚持“以政府为主导，以公共财政为支撑，以公益性文化事业单位为骨干，以基层为重点，鼓励全社会积极参与，创新公共文化服务体系”的方针②。政府公共文化主体地位是相对公民被接受、被施加、被影响的客体地位而言的，在整个公共文化服务过程中，政府发挥主导性、支配性、决定性作用③。而处于主导地位的各级政府在公共文化服务体系创建的许多方面还存在着职能削弱甚至缺失的问题，主要表现在：一些地区和部门之间缺乏有效的职能整合和资源

① 范建华. 中国文化宏观管理体制改革建议[EB/OL].(2012－05－24)[2012－09－18]. http://theory.people.com.cn/GB/17977587.html.

② 贯彻落实十七届五中全会精神推动文化大发展大繁荣[EB/OL].(2012－12－01)[2012－10－27]. http://www.ccnt.gov.cn/xxfb/xwzx/whxw/201012/t20101201_85219.html.

③ 赵萍萍. 政府公共文化服务主体地位的构成要素研究[J]. 中华文化论坛，2011(6):29.

共享机制,各自为政、分割管理现象突出,造成政府投入成本以及公共文化资源浪费,从而导致行政管理职能最弱的乡级政府难以承担为广大农村提供公共文化服务的职能,造成基层公共文化服务质量较差;而在实行文化、体育、新闻出版、广播电视、旅游、文物等各部门职能整合的一些地方政府,文化主管部门的职责与其他行政职能部门之间存在交叉、混同、模糊的问题,部门之间缺乏有机协调、配合和衔接,文化部门在公共文化服务建设工作中的管理、协调、统筹等职能被削弱,出现政出多门、职权脱节、多龙治水、部门职责界定不清等状况,这些都严重阻碍了公共文化服务体系建设工作的推进。

二、社会参与不充分

社会广泛参与公共文化服务体系建设,将通过不同方式补充政府公共文化直接提供的不足。但我国行政化的公共文化管理体制在一定程度上限制了社会力量参与公共文化服务体系的建设,尤其是基层政府对社会力量和民间资本的利用和使用机制管理尚不规范,没有足够吸引力的政策法规支持,没有形成拓宽融资的渠道,致使社会力量和民间资本难以发挥作用。另外,当前民间非营利性文化机构的兴办需要文化主管部门和民政部门的双重审批,即便得到批准,也只能以“民办非企业机构”的名称登记,并没有对其性质进行正面界定,不少地方对非营利组织的基本体制缺乏政策措施。同时,社区文化发展还不够充分,没有形成一套完善的社区文化服务体系,社区中出现的“官”办文化开展得很热闹,而居民喜闻乐见的“民”办文化却被挤到了边缘,甚至开展不起来①。

特别值得关注的还有民办博物馆,民办博物馆常被误认为是私人财产,而非公认的非营利性社会服务机构。民办博物馆基本局限于个

① 政府公共文化服务主体地位研究. 四川省成都市《政府公共文化服务主体地位研究》课题组,2012 年印行.

人的收藏展示场所，博物馆的藏品等财产权与其创办者的财产混淆不清，博物馆的法人权利得不到有效保障。“重建设，轻功能”现象较为普遍，缺乏长效的建馆机制。不少民办博物馆主要定位于较为单一的行业发展历史、企业文化、个人收藏展示，除了行业内部的重要接待外，亟待通过政府的助推作用，使其作为博物馆应当承担的藏品保管、陈列展览、科学研究、社会教育、公众服务等活动项目积极开展起来。

三、约束与监督机制不健全

在我国公共文化服务体系建设中，现有政策大多集中在图书馆、文化馆、博物馆领域，其他方面还存在政策和立法空白，如文化志愿者组织管理、民间博物馆建设、各地资源联动整合等，即使已出台的一些政策，由于缺乏监管体系，政策举措一时难以发挥实效。此外，我国公共文化事业主要依靠政府单向投入，总体投入规模过小，仍然按照传统行政管理的“条条”“块块”模式发展公共文化事业。同时，按照行政系统和过分依赖地方的投入模式使得公共文化财政投入分散化，既容易在经济发达地区出现重复建设，也容易导致不发达地区产生资金短缺、效益不佳。这些问题的出现都是因为缺乏有效的监管机制，体现了管理上的漏洞，导致很多具体工作有规划难落实，公共文化服务体系建设难以顺利实现。

第二节　政府事权责任落实政策的新举措

各级政府拥有人民赋予的公共权力，掌握和控制着大量的公共资源，处于国家和社会生活决策者、管理者的特殊地位，在经济社会发展进程中承担着无可替代的重要职责①。但由于各级政府权力级别和管辖范围不同,其在公共文化服务体系建设过程中发挥着不同的职能。尤其是改革开放后,我国地方政府属地化管理程度较高,从中央政府与地方政府"府际关系"决定的权力与职能分工来看,文化部作为中央部门与地方政府之间的纵向关系主要体现在,文化部负责对地方文化部门(省文化厅)进行行业指导,地方文化部门则在贯彻落实中央文化政策方针、接受文化部指导的同时,接受本级人民政府的直接领导和管理。换言之,文化部并不拥有对地方政府文化部门(省文化厅)人、财、物的直接行政管理权,也不负有直接行政责任②。在理顺这一关系、明确地方政府责任的基础上,各示范区(项目)在制度层面针对政府文化职能弱化而导致的服务质量差、政府职责分工不明确的状况,积极应对。

一、联席领导小组制度

政府为文化大发展大繁荣创造了氛围并提供了机遇,其在公共文化服务体系建设中的关键作用毋庸置疑。因此,为加强创建示范区(项目)的过程管理,示范区(项目)创建工作领导小组办公室要求:各创建示范区成立由党委、政府主要领导牵头,发改、财政、人事、编制、文化等相关部门参加的示范区创建工作领导小组,各创建示范项目建立由当地文化行政部门主要领导牵头,相关部门和单位参加的示范项目创建工作领导小组,明确职责,落实分工;设立创建工作领导小组办公室,办公室设在当地文化行政部门,在领导小组的领导下具体承担日常工作;实行领导小组定期例会制度和重大事项会商制度,专题研究创建示范区和示范项目各项工作,落实任务和具体措施,并形成会

---

① 行政管理体制改革的"关键意义"[EB/OL].(2007-12-25)[2012-08-28].http://www.ccmedu.com/bbs35_56279.html.

② 毛少莹.我国地方政府公共文化服务绩效评估指标体系研究.深圳市特区文化研究中心,2012年12月印行.

议纪要备查[①]。各示范区（项目）创建城市着手执行，并实现了制度上的创新。

1. 总体协调领导小组

成立创建联席工作领导小组，对创建工作进行全面统筹协调规划，是示范区（项目）创建城市较常采用的做法。北京市朝阳区充分发挥区文化工作领导小组的作用，完善基层文化联席会制度；通过建立健全基层文化建设管理机构，鼓励推进基层文体协会及各种行业协会的建设，充分发挥驻区文化机构的作用，构建党委政府统一领导、宣传部门协调指导、行政主管部门组织实施、有关部门密切配合、社会团体积极参与的管理机制和工作机制；街乡一级政府具体抓好各项政策、措施的落实推广工作，抓好设施建设、队伍培养、活动组织等基础性工作，积极筹措经费、科学使用文化专项资金，确保财政资金落实、使用到位[②]。山西省长治市由市长担任创建示范区领导小组组长，市委副书记担任常务副组长，市委常委、宣传部长及副市长共同担任副组长，成员为文化、财政及相关部门领导，形成了党委政府统一领导、文化财政部门组织协调、各级各部门齐抓共管、社会各界群众广泛参与的工作格局[③]。陕西省宝鸡市成立的创建工作领导小组，负责统筹协调全市示范区创建工作，领导小组组长由市长担任，副组长由分管文化的副市长担任；领导小组成员由市文广局、财政局、发改委、国土资源局、住建局、规划局、民政局等相关部门领导组成，具体负责落实示创建工

---

① 文化部办公厅关于印发《创建国家公共文化服务体系示范区（项目）过程管理的几项规定》（暂行）的通知[EB/OL].（2011－11－18）[2012－08－28]. http://www.ccnt.gov.cn/xxfb/zwxx/ggtz/201111/t20111118_133549.html.

② 北京市朝阳区创建国家公共文化服务体系示范区评审材料. 文化部公共文化司，2011 年 3 月印行.

③ 山西省长治市创建国家公共文化服务体系示范区评审材料. 文化部公共文化司，2011 年 3 月印行.

作各项职责。领导小组下设办公室，文广新局局长兼任办公室主任[①]。上海徐汇区则建立了区政府、区文化局专家咨询机制，形成了由区委宣传部长和分管区长牵头的宣传文化工作会议、群文（文管）联席会议、专题调研等多项会议制度，区委、区政府主要领导不定期听取公共文化工作汇报，统筹公共文化发展规划，协调推进公共文化建设重大项目[②]。西藏林芝地区由地委、行署牵头，并由7县县政府和地区文化广电新闻出版文物局、发改委、财政局、建设局、工信局、教育局、民政局、环保局、民宗局、旅游局等部门主要领导共同组成创建工作领导小组；领导小组下设办公室，并成立了相应机构。领导小组定期召开联席会议、设立项目专项资金管理办法、监督公共文化服务体系建设规划实施、采取必要措施确保各属地公共文化服务体系工作得以较好落实、支持并指导当地制定和实施科学有效的公共文化服务体系研究方案。领导小组办公室负责组织实施创建工作操作层面事项，确保领导小组决定的执行、起草创建示范区相关文件及会议议程、开展单位间协调联络与交流工作、对创建工作执行提供具体的指导[③]。统筹协调领导小组的设立，使得职能部门分工清楚，职责明确，为有效实现各部门之间的沟通协调提供了有力的制度保障。

2. 具体项目领导小组

在公共文化服务的具体工作领域中，联席工作领导小组的机制同样被建立起来。陕西省铜川市针对“公共图书馆服务一体化建设”项目，成立主管市长为组长，各相关部门、县（区）主管领导为成员的创建领导小组，负责项目的建设规划、资金统筹、重大问题的研究解决等；

---

① 陕西省宝鸡市创建国家公共文化服务体系示范区评审材料. 文化部公共文化司，2011年3月印行.

② 上海市徐汇区创建国家公共文化服务体系示范区评审材料. 文化部公共文化司，2011年3月印行.

③ 西藏自治区林芝地区创建国家公共文化服务体系示范区评审材料. 文化部公共文化司，2011年3月印行.

铜川市还组建以市文化广电局主管局长为组长的工作小组，各县（区）文化广电局局长，市、县图书馆馆长为成员的工作机构，负责创建规划的落实和工作的正常开展，以及日常事务的处理等[①]。安徽省淮南市各级党委、政府始终高度重视繁荣少儿艺术工作，在《“十一五”淮南市社会事业发展规划》《政府工作报告》《淮南市2006—2010年文化建设规划纲要》《淮南市建设文化强市实施意见》等文件中，均明确提出繁荣少儿艺术的目标任务，将少儿艺术工作纳入各级党委、政府的重要议事日程，形成了少儿艺术工作组织领导机制。人大、政协还多次对繁荣少儿艺术工作进行考察调研，形成了在党委、政府领导下，宣传、文化、教育、共青团、妇儿等部门通力合作、共办少儿艺术的工作机制[②]。湖北省荆州市的“小太阳读书节暨全民阅读活动”在市委、市政府领导下，由荆州市委宣传部、市文化局、市教育局、团市委、市妇联组织专人成立读书节活动领导小组，荆州市图书馆具体承办，下设办公室，负责策划、组织、协调和推动全市读书节活动的开展。为扩大活动的社会影响力，领导小组还邀请荆州日报、晚报、商报、电视报、电台、电视台、新闻网等主流媒体制作专题，宣传报道；利用荆州各网络平台转载；在荆州市图书馆三大网站上建立小太阳读书节网，具体详细地宣传、报道活动近况，时时更新活动内容，设专家论坛辅导读者阅读，与读者沟通，通过网络与兄弟图书馆和其他地区交流，探讨思路，使得活动成果得以共享[③]。

可见，各示范区（项目）创建城市的党委、政府均以高度的文化自觉，提出了城市文化发展战略，并把公共文化服务建设工作摆在了全

---

① 西藏自治区林芝地区创建国家公共文化服务体系示范区评审材料. 文化部公共文化司，2011年3月印行.

② 安徽淮南市：少儿艺术发展项目[EB/OL].（2011-06-03）[2012-10-28]. http://www.cpcss.org/_d271554996.htm.

③ 湖北省荆州市创建国家公共文化服务体系示范项目评审材料. 文化部公共文化司，2011年3月印行.

局工作的重要位置，使得党委、政府的主导作用得以充分有效发挥。特别在首批31个示范区创建城市中，均成立了由市委、市政府领导，文化、发改、财政、人事等多部门参与的创建工作领导小组，其中有超过七成的23个创建示范区由市委书记、市长任组长，形成了责任明确、分工负责的组织架构，为创建工作提供了强有力的组织保障；同时，绝大多数创建示范区组织召开了市委常委会或市政府常务工作会议，对示范区创建工作进行专题研究和动员部署，为创建工作理清思路、营造氛围①。各地成立领导小组的制度为公共文化活动顺畅举办解除了后顾之忧，形成了政府主导举办群众文化活动的格局。

三、工作推进机制

任何工作的顺利完成都要靠出色的执行力作保证，没有执行力就谈不上发展力，只有具备了强大的执行力，才能保证每项制度决策的贯彻落实，取得成效。公共文化服务事业的发展同样需要建立完善的工作落实机制。2011年6月1日，创建国家公共文化服务体系示范区工作座谈会议在山东省青岛市召开。会上，国家公共文化服务体系示范区创建工作领导小组办公室与28个第一批创建示范区人民政府、各省（区、市）文化厅（局）签订了创建责任书，明确了各自的创建责任和具体任务②。以此为契机，示范区（项目）创建政府也与属地各相关责任单位或个人签订责任书，明确责任关系，工作执行落实机制开始逐步确立。

---

① 国家公共文化服务体系示范区（项目）创建工作领导小组关于第一批创建国家公共文化服务体系示范区督查情况的通报[EB/OL].(2012－12－26)[2012－12－29].http://www.ndcnc.gov.cn/gjszwhw/sfqtzgg/201212/3f7c2444afe84c229a4edf8c22d5e1df.shtml.

② 文化部、财政部公布第一批创建国家公共文化服务体系示范区（项目）名单部署创建示范区工作[EB/OL].(2011－06－02)[2012－12－29].http://www.ccnt.gov.cn/xxfb/xwzx/whxw/201106/t20110602_125814.html.

1. 整体把控

地市级政府作为创建规划主体，需要在工作实施过程中进行整体规划与把控。苏州市委副书记、市长作为市创建工作领导小组组长，与下辖各市(县)、区人民政府签订了《创建国家公共文化服务体系示范区目标责任书》，对全市创建工作实行年度督查和双年考评①；出台了《关于进一步加强苏州市新农村文化建设和城区基层文化建设的实施意见》，明确提出要做好新农村文化建设和城区基层文化建设的“五件实事”②，并将两个“五件实事”纳入市政府对市(县)、区政府的考核内容，每年签订责任书，对完成情况进行督察③。河北省秦皇岛市按照“固强补弱”的原则，在成立创建工作领导小组、建立工作机构的基础上，制定了《秦皇岛市创建国家公共文化服务体系示范区实施意见》，明确了市、县两级创建目标，制定了“流程图”和“时间表”，与县区签订责任状，由主要领导主抓，分管领导指挥，组成专门督察组督办，确保工作落到实处④。

广西河池市罗城仫佬族自治县另辟蹊径，建立“两线两级”的责任体系。“两线”，指业务指导线和行政管理线；“两级”就是县级和乡

---

① 国家公共文化服务体系示范区创建工作扎实推进[EB/OL].(2011-08-10)[2012-10-28]. http://www.ccnt.gov.cn/xxfb/xwzx/whxw/201108/t20110810_129536.html.

② 新农村文化建设“五件实事”是：①加强农村公共文化设施建设；②丰富农民群众精神文化生活；③推进农村有线电视“户户通”工程和农村广播全覆盖工程；④健全、完善农村文化市场体系；⑤加强农村文化遗产保护。城区基层文化建设“五件实事”是：①完善苏州城区基层公共文化设施建设；②推进文化信息资源共享工程；③活跃基层文化活动；④加强基层文化队伍建设；⑤健全基层文化建设工作机制。

③ 江苏省苏州市创建国家公共文化服务体系示范项目评审材料. 文化部公共文化司，2011年3月印行.

④ 河北省秦皇岛市创建国家公共文化示范区情况汇报[EB/OL].(2012-10-18)[2012-12-28]. http://www.cpcss.org/_d275465028.htm.

级。其关键是要处理好“分”与“合”之间的关系。“分”,即要有效分工,把文化站的日常管理落实到乡镇政府头上去,给予他们充分的自主权,而县文体局则注重业务指导;“合”,即要分工合作,乡镇党委、政府和县文体局要经常沟通,通报情况,交流经验,让文化站的使用既符合政策,又服务地方政府,进一步把文化站使用“活”,使用“实”[①]。

2. 细化分解

在示范项目创建过程中,将责任分解细化到各项目实施机构与个人,更便于操作执行。安徽省铜陵市创建工作领导小组将区县和相关局属单位纳入创建考核体系,签订《铜陵市城市文化社区创建工作目标责任书》,制定示范项目验收标准,适时督导。在创建责任书中,将示范点建设任务分配至各县区,对各社区文化建设情况进行摸排,分别选定 10 个社区作为示范点,使社区特色文化活动项目的参与度明显提高,在全市社区中形成“比帮赶超”的氛围[②]。山东省泰安市肥城县将创建工作列入民生实事,纳入经济社会发展整体规划,列入镇街党委、政府年度考核目标,与各镇街签订目标责任书,明确了责任主体和形象进度,实行一月一汇报、两月一督查、一季度一调度,严格督导[③]。新疆维吾尔自治区喀什地区领导与各县(市)领导签订了创建工作目标责任书,明确创建目标任务和责任分工,将创建具体项目层层落实到各创建单位,目标任务分解到人[④]。四川省攀枝花市针对“大地书香新农村家园工程”,对各图书室运行、服务情况进行层层考

① 广西河池市罗城仫佬族自治县创建国家公共文化服务体系示范项目评审材料. 文化部公共文化司,2011 年 3 月印行.

② 安徽省铜陵市城市文化社区建设项目进展情况汇报. 安徽省铜陵市文化广电新闻出版局,2012 年 11 月印行.

③ 山东省泰安市肥城县级公共文化服务志愿者递进培养工程项目进展情况汇报. 山东省泰安市文化局,2012 年 11 月印行.

④ 喀什地区创建国家公共文化服务体系示范区工作情况汇报. 文化部公共文化司,2012 年 11 月印行.

核，并纳入领导干部目标考核内容；图书室管理员要签订责任书，各县（区）对乡、村图书室开展工作情况进行考核①。云南省昆明市将创建专项工作纳入县市区政府年终考核内容，并针对农民素质教育网络培训学校建设工作，分别与实施单位、各村签订了目标责任书，确保任务分解到人，责任落实到位②。西藏自治区山南地区文化局制定了每年创作 120 个节目、演出 400 场的目标责任，层层签订责任书，将文艺创作演出任务下达到各文艺团体。年终进行考核，对完成任务较好的艺术团体和获得国家和自治区表彰的文艺作品给予表彰奖励，完不成任务的给予处罚③。重庆市南川区对创建重点任务进行细化分解，区创建办与各乡镇（街道）签订了《创建工作目标责任书》，建立横向到边、纵向到底、任务到人的责任网络体系，定责、定岗、定时、到人，强化执行，循名责实④。

明确并细化分解创建责任与任务，通过建立层层签订工作责任书的制度，不仅促进了政府公共文化职能的履行，还有效推动了中央关于示范区（项目）创建的要求落到实处。

三、政策保障机制

《国家公共文化服务体系建设示范区（项目）工作方案》明确指出：示范区（项目）要承担课题研究任务，成为课题研究的实践基地，深化推动课题研究，使之具有实践性和可操作性。课题研究要紧密结合

① 四川省攀枝花市大地书香新农村家园工程进展情况汇报. 四川省攀枝花市文化和新闻出版局，2012 年 11 月印行.

② 云南省昆明市社区文化沟通机制建设项目进展情况汇报. 云南省昆明市文化广播电视体育局，2012 年 11 月印行.

③ 西藏山南地区民族地区公共文化服务体系建设机制项目进展情况汇报. 西藏自治区山南地区文化局，2012 年 11 月印行.

④ 重庆市南川区文化中心户标准化建设项目进展情况汇报. 重庆市南川区文广新局，2012 年 11 月印行.

示范区(项目)建设进行,为示范区(项目)建设提供理论指导和政策支持,推动公共文化服务体系科学发展。同时,示范区(项目)所在地政府要从实际出发,抓住重点、制定并实施具有地区特色的公共文化服务体系建设规划①。创建期间,各地不仅均以市委、市政府文件形式制定下发了《创建规划》和《创建方案》,明确了创建工作的时间表和路线图②,还积极出台了各类配套政策,把公共文化服务体系建设目标转化为党委、政府的决策部署,使公共文化服务体系建设从文化部门行为上升为党委政府行为。

1. 综合性专项政策

综合性的专项政策中以河北省秦皇岛市、江苏省苏州市为代表,对公共文化服务相关各领域进行了规范。2011 年 12 月,河北省秦皇岛市印发了 8 个方面 27 条的《秦皇岛市创建国家公共文化服务体系示范区支持政策》,在公共文化设施网络建设、供给、组织支撑、资金、人才与技术保障措施落实、评估及其他等方面做出了具体而翔实的规定,使公共文化服务体系示范区创建通过制度化、长效化的形式固定了下来③。江苏省苏州市也紧紧围绕创建工作,不断推进,重点进行政策制度建设研究,计划进行(包括已在进行中)的有:《关于进一步加强苏州市公共文化服务体系建设的实施意见》《苏州市"十二五"文化

① 国家公共文化服务体系建设示范区(项目)工作方案[EB/OL]. (2012 - 12 - 16)[2013 - 01 - 02]. http://www. ndcnc. gov. cn/gjszwhw/sfqtzgg/201212/1e4bd7b6d9f14b5abd0dbdc8f1fe5c74. shtml.

② 国家公共文化服务体系示范区(项目)创建工作领导小组关于第一批创建国家公共文化服务体系示范区督查情况的通报[EB/OL]. (2012 - 12 - 16)[2012 - 12 - 29]. http://www. ndcnc. gov. cn/gjszwhw/sfqtzgg/201212/3f7c2444afe84c229a4edf8c22d5e1df. shtml.

③ 国家公共文化服务体系示范区(项目)创建工作领导小组关于第一批创建国家公共文化服务体系示范区督查情况的通报[EB/OL]. (2012 - 12 - 16)[2012 - 12 - 29]. http://www. ndcnc. gov. cn/gjszwhw/sfqtzgg/201212/3f7c2444afe84c229a4edf8c22d5e1df. shtml.

经济政策》等，推动了一系列与之相匹配的规划、政策和指导意见的出台[①]。湖南省长沙市委、市政府先后制定了《关于进一步加强文化建设的意见》《长沙市历史文化名城保护条例》《长沙建设国际文化名城战略纲要》等系列政策文件，既从宏观上把握了发展方向和大势，又从微观上明确了工作内容和重点[②]。

2. 人才队伍建设相关政策

河北省邯郸市以群众文化队伍建设为公共文化服务体系建设的突破口，与市委宣传部联合出台了《关于进一步整合社会文化资源加强群众文化队伍建设的安排意见》(邯市政文〔2010〕1号)[③]，并出台了《关于加强基层文化建设的意见》等文件，着力加强包括人才在内的各类基层文化资源整合[④]。宁波市鄞州区以区委、区政府名义陆续出台加强基层文化队伍建设、鼓励社会力量参与公共文化服务体系建设等保障性文件[⑤]。此外，长沙市还积极参与文化部和省文化厅公共文化服务体系制度设计研究，根据当地区域差异、城乡差异的具体情况，对照创建标准和要求，已经或计划出台《关于进一步加强基层文化建设的实施意见》和《长沙市创建国家公共文化示范区实施方案》，以解

---

① 江苏省苏州市创建国家公共文化服务体系示范区评审材料[A]. 文化部公共文化司，2011年3月印行.

② 湖南省长沙市公共文化服务体系建设概况[EB/OL]. [2012-12-28]. http://www.cpcss.org/_d271541099.htm.

③ 邯郸市以群众文化工作为支点推进社会和谐[EB/OL]. (2010-02-03)[2012-10-29]. http://www.hebei.gov.cn/article/20100203/1383078.htm.

④ 河北省邯郸市创建国家公共文化服务体系示范项目评审材料. 文化部公共文化司，2011年3月印行.

⑤ 第一批创建国家公共文化服务体系示范区(项目)、“三馆一站”免费开放督查工作正式启动[EB/OL]. (2012-02-28)[2012-09-08]. http://www.cpcss.org/_d273806153.htm.

决制约基层文化阵地、人才队伍建设的突出矛盾和困难[1]。

3. 文化设施相关政策

文化设施作为制度设计的重要因素，也得到了各示范区(项目)的高度重视。北京市朝阳区深入贯彻落实中共中央和北京市文化发展的政策精神，加强政策支持力度，完善符合朝阳定位和特色的政策支撑体系，加快制定实施《朝阳区文化基础设施建设总体规划》等。坚持城乡、区域统筹规划、协调发展，研究制定区域内社会文化设施的有效利用、开发、整合以及文化配套设施征缴的实施细则[2]。北京市东城区先后制定了《东城区街道文化服务中心建设指导标准》《东城区社区文化活动室建设指导标准》《优秀文化广场建设指导标准》《东城区优秀文化团队建设指导标准》等政策规范，明确了东城区公共文化服务体系建设的工作重点、具体措施和指导标准，进一步加强了对公共文化设施建设与管理的指导[3]。北京市大兴区根据自身公共文化服务设施体系的特点，出台了《关于农村文化设施设备管理办法》《关于新农村建设整体推进村文化大院建设实施意见》等文件，保证了公共文化服务设施体系的高效能运行[4]。山东省青岛市委、市政府"十一五"以来相继出台了一系列指导性文件，其中，由青岛市规划局编制的《青岛市市区公共服务设施配套标准及规划导则(试行)》于2010年5月10日施行，确定了市级、区级、居住区级、居住小区级、居住组团级公共文

---

① 湖南省长沙市公共文化服务体系建设概况[EB/OL].[2012-12-28]. http://www.cpcss.org/_d271541099.htm.

② 北京市朝阳区创建国家公共文化服务体系示范区评审材料. 文化部公共文化司,2011年3月印行.

③ 北京市东城区创建国家公共文化服务体系示范项目评审材料. 文化部公共文化司,2011年3月印行.

④ 北京市大兴区创建国家公共文化服务体系示范项目评审材料. 文化部公共文化司,2011年3月印行.

化设施用地等配置标准并实施严格的刚性管理等①。江苏省连云港市制定下发的《连云港市新农村建设“五大惠民工程”文化指标考核办法》中，对乡镇文化站、村级文化室和“农家书屋”达标创建工作的目标要求、建设标准等做了进一步明确和细化。除2010年2月份出台的《关于深化文化体制改革加快文化事业和产业发展的决定》《连云港市文化发展规划纲要》等系列政策文件外，连云港市政府还将公益文化设施建设作为一项重要内容列入“十二五”规划，明确提出在“十二五”期间，加快建设一批具有较高水准的标志性文化娱乐设施和基层文化设施。同时，在科学分析市文化设施现状和发展趋势的基础上，结合城区未来空间发展规划，连云港市还制定了《连云港市区文化设施布局规划(2010—2030年)》，对未来20年连云港市区文化设施的建设数量、设施规模、服务范围等做了详细规定②。此外，在示范区(项目)创建期间，省级层面上也先后修订或出台了相应的政策法规，包括《湖南省实施〈公共文化体育设施条例〉办法》《黑龙江省公共文化设施管理规定(2011修改)》和《黑龙江省人民政府关于修改〈黑龙江省公共文化设施管理规定〉的决定(2011)》等，这些都为文化设施的建设发展提供了良好的政策环境。

4. 供给服务相关政策

公共文化资源供给与服务作为公共文化服务体系建设制度设计的重要内容，在各示范区(项目)中也不断得以推进。广东省东莞市根据国家、省市要求，制定出台了《东莞市建设文化名城规划纲要(2011—2020年)》《东莞市公共文化服务名城实施意见(2011—2020)》等有关政策，并在经费上出台了《东莞市重点文学艺术创作项目管理和资金投入办法》《东莞市文学艺术创作和文学艺术奖励专项

① 山东省青岛市公共文化服务体系建设概况[EB/OL].[2012-10-28].http://www.cpcss.org/_d271541104.htm.

② 江苏省连云港市创建国家公共文化服务体系示范项目评审材料.文化部公共文化司,2011年3月印行.

资金使用管理办法》《东莞市文学艺术工作者个人出书、展览和演出资助试行办法》等一系列政策，为公共文化服务提供了经费政策保障。而具体到农村电影放映工程方面，东莞市还以市政府文件形式印发了《关于进一步落实文化惠民做好农村电影工作的意见》，明确要求市、镇财政和村（社区）经费投入，全年放映电影8100多场，确保一村一月放映一场电影，并实现农村电影数字化放映①。2010年6月，湖南省衡阳市委办、市政府办下发了《关于开展"公共服务进社区"活动的通知》，要求用3年时间，将公共文化服务进社区活动按照统一标准，在全市城区每个街道、社区分别建立1个文化站和1个文化活动中心。市文化局印发了《衡阳市"公共文化服务进社区"活动实施方案》，对公共文化服务进社区活动的原则、建设任务、建设标准、建设经费等做出了具体安排部署，制定了"二室一场三配套"的社区文化活动中心建设标准，明确了以人为本、服务居民，因地制宜、分类推进，多元投入、财政支持，资源共享、共建共驻的建设原则②，保障了活动的顺利展开。上海市徐汇区出台了《徐汇区文化遗产保护三年行动计划（2011—2013年）》《徐汇区社区文化活动中心管理办法（试行）》和《徐汇区居委综合文化活动室管理暂行办法及考核细则》等政府文件，从制度上保证了公共文化服务的有效运行③。与此同时，省级层面上也先后出台了《广东省公共文化服务促进条例》《江苏省农村公共文化服务管理办法》《上海市社区公共文化服务规定》《内蒙古自治区人民政府关于进一步推进公共文化服务体系惠民工程的实施意见》等，有效指导并推进了公共文化服务工作的顺利开展。

---

① 广东省东莞市创建国家公共文化服务体系示范区评审材料. 文化部公共文化司，2011年3月印行.

② 湖南省衡阳市创建国家公共文化服务体系示范项目评审材料. 文化部公共文化司，2011年3月印行.

③ 上海市徐汇区创建国家公共文化服务体系示范区评审材料. 文化部公共文化司，2011年3月印行.

5. 其他具体领域政策

除上述制度要素相关领域的政策外，文化馆（站）和图书馆领域的专项政策有：浙江省嘉兴市委、市政府先后制定出台的《嘉兴市构建城乡一体化公共图书馆服务体系的实施意见的通知》（嘉政办发〔2008〕21 号）、《关于深化城乡一体化公共文化服务体系建设服务“两新”工程的实施意见》（嘉委办〔2010〕44 号）等一系列政策。并为切实推进国家公共文化服务体系示范区创建工作，嘉兴市拟制定《嘉兴市城乡一体化公共文化服务基础设施网络建设管理、扶持办法》《嘉兴市城乡一体公共图书馆服务体系村（社区）图书流通站建设实施意见》《嘉兴市城乡一体公共图书馆服务体系图书馆联盟建设实施意见》等配套性政策措施，为进一步完善和推进公共图书馆服务体系建设建立良好的政策保障措施①。重庆市大渡口区也出台了若干制度：《大渡口区文图两馆“总分馆”和社区（村）服务站点运行管理暂行办法（试行）》《大渡口区文、图两馆“总分馆”和社区（村）服务站点考核实施细则（试行）》《大渡口区文化专干管理考核办法》等，进一步健全管理文图两馆的考核奖励体系制度②。天津市和平区下发了《和平区财政保障公共文化事业发展的若干措施》《关于加快和平区宣传文化站建设的实施办法》《关于社区图书站建设的实施办法》等相关制度，形成了政府宏观管理和各文化行业共同参与的文化市场培养、管理模式③。

另外，在加强城市文化软实力方面：江西省赣州市制定了《赣州市“十一五”时期文化发展规划纲要》，确立了“文化强市”发展战略，明确了文化建设目标任务。先后出台了《公共文化服务体系建设意见》

① 浙江省嘉兴市创建国家公共文化服务体系示范项目评审材料. 文化部公共文化司，2011 年 3 月印行.

② 重庆市大渡口区创建国家公共文化服务体系示范项目评审材料. 文化部公共文化司，2011 年 3 月印行.

③ 天津市和平区创建国家公共文化服务体系示范区评审材料. 文化部公共文化司，2011 年 3 月印行.

《赣州市新农村建设创建“百、千、万”文化工程活动方案》《关于赣州市乡镇综合文化站建设的实施意见》《赣州市中心城区公共文化设施布局专项规划(文本)》《赣州市文化产业发展专项规划》等一系列统筹城乡文化发展、加强农村文化建设的政策和措施。同时,赣州市文化部门还精心修订了 88 项文化制度,如:《赣州市市级非物质文化遗产保护与管理暂行办法》《赣州市艺术创作“十一五”及至二〇二〇年规划》《赣州新农村建设文化遗产保护工作制度》《赣州市农村文化建设专项资金管理实施细则等方面的长效管理制度和工作机制》等①,为赣州市文化发展和公共文化服务体系的建立提供了有力的政策支撑。

第三节　社会参与制度的新格局

由于体制关系,公共领域社会力量的影响力较弱,公共文化领域更是如此,十分缺乏能够承担得起公共文化资源生产供给重任的足够多、足够强、信得过、靠得住、用得上、离不开的社会力量,这就迫切需要大力培育与发展一批专业从事公共文化服务的社会力量。十七届六中全会决议也指出,要“引导和鼓励社会力量通过兴办实体、资助项目、赞助活动、提供设施等形式参与公共文化服务”②。对参与公共文化服务供给的社会力量,不但要注重具体业务方面的培育,更要注重

① 江西省赣州市创建国家公共文化服务体系示范区评审材料. 文化部公共文化司,2011 年 3 月印行.

② 中央关于深化文化体制改革若干重大问题的决定[EB/OL]. (2011 - 10 - 25)[2012 - 12 - 28]. http://www.gov.cn/jrzg/2011-10/25/content_1978202.htm.

社会主义核心价值、职业道德方面的素质和能力培育①。有了社会力量的“帮衬”，政府文化主管部门可以腾出精力，更专注于公共文化环境和文化政策的打造，积极谋划文化大发展大繁荣的蓝图。

一、参与管理与建设

为加快解决公共文化服务社会力量参与问题，各示范区（项目）引导并鼓励社会力量参与公共文化服务体系的建设与发展，努力形成以国有公共文化为主体、民间公益文化为补充的发展格局。

1. 参与运营管理

委托管理制度作为社会力量参与管理的一种方式，被示范区（项目）所采用。四川省成都市建立了公共文化设施托管制度，向全社会公开征集文化服务机构，对优先录用有意向合作的各类文化培训、教育机构进行综合评定，并签订合作协议，将文化站部分资源进行有偿托管②。江苏省连云港市通过制度安排、政策引导和感情沟通等途径，争取开发商和物业管理部门的理解、支持、响应，无偿使用相关设施，建设社区文化活动中心。同时，连云港市还积极探索社区文化社会化运作的新思路，通过为社区企业庆典等活动提供全方位服务、以企业冠名等方式联办各类文化活动，既活跃了社区居民的文化生活，又提升了企业形象，逐渐形成社区文化社会办的格局③。上海市徐汇区继续实行基层文化设施委托管理两种方式：一种是在产权不动、公共财政投入不减、公益性服务原则不变的前提下，政府将设施整体委托给

---

① 关于上海市推进国家公共文化服务体系制度设计研究课题工作情况的汇报[EB/OL].（2011－03－03）[2012－09－18]. http://www. cpcss. org/_d271342367. htm.

② 四川省《政府公共文化服务主体地位研究》课题组课题汇报[EB/OL].（2011－03－03）[2012－09－18]. http://www. cpcss. org/_d271342008. htm.

③ 江苏省连云港市创建国家公共文化服务体系示范项目评审材料. 文化部公共文化司，2011年3月印行.

社会非营利组织机构进行管理。此种管理模式突出公共管理理念，提升民主参与程度和群众自治程度，探索公共文化设施精细化管理模式，主要采取委托机构办文化、引进资源办文化、项目合作办文化等多种形式，如在区文图两馆和部分社区文化活动中心试点建立管委会等多种形式的治理结构，打破公共文化资源的垄断与分割，优化文化设施使用效率，提升公共文化设施的服务效能[①]。第二种管理方式是将部分活动或服务项目委托具有专业资质的社会机构管理，最突出的就是社区信息苑（为全市百姓提供公益、绿色、便捷的信息服务）的管理[②]。这两种做法极大地刺激了社会力量参与到公共文化服务中来。

2. 参与文化队伍建设

民间文艺团体与国有院团和群众文艺团体互为补充，是公共文化人才队伍中不容小觑的重要力量，为繁荣公共文化事业、丰富基层文化生活发挥着不可替代的作用。苏州市先后出台《关于支持和服务民营文艺表演团体发展的若干意见》《支持民营文艺表演团体发展奖励办法（试行）》，为民间文艺团体的参演活动提供了政策支持。现有34家民营文艺表演团体，常年扎根基层、服务人民，年演出场次在8800场以上，接待观众超过6000万人次[③]。江西省南昌市积极探索“文化馆引领团队，专业干部融入团队，团队服务社会”的工作模式，加强对社区内各类民间艺术团队的培育和指导：与南昌航空工业大学、南昌师院、江西财经大学等高校合作建立艺术实习基地。在南昌市民政局的支持下，登记成立了南昌市鼓艺团、南昌市好朋友艺术团等民间艺

① 上海徐汇区明确国家公共文化服务体系示范区创建任务和保障措施[EB/OL].(2011-12-26)[2012-12-29]. http://www.ccnt.gov.cn/xxfbnew2011/zxgz/gjggfwtxsfqcjgz/201112/t20111226_226073.html.

② 京津沪渝深：五城区公共文化论坛举办[EB/OL].(2009-11-20)[2012-12-28]. http://www.ccdy.cn/bolan/renwen/201109/t20110927_136579.htm.

③ 江苏省苏州市公共文化服务体系建设概况[EB/OL].[2012-12-29]. http://www.cpcss.org/_d271541113.htm.

术团队，积极参加社会公益事业领域的文化活动，承接政府和基层社区的部分文化服务职能，同时也为基层社区文化活动提供支撑。南昌市西湖区还专门成立了民间组织服务中心和民间团队服务中心，全区各街道（镇）及各系统有重点地组建业余文体活动队和社区文艺辅导队；各社区因地制宜地成立舞蹈队、戏曲队、腰鼓队、秧歌队、晨练队等216支专（兼）职文化活动队伍，重点组建了文艺演出队、电影放映队、科普宣传队、教育宣讲队4支社区文化骨干队伍，这些文化队伍通过“送、引、连”的方式，把文化艺术送到了千家万户；社区“十大”艺术门类（器乐、声乐、舞蹈、曲艺、戏剧、摄影、美术、书法、文学和民俗）人才库中，群众艺术人才占81.8%[①]。在吉林省长春市，一汽集团，欧亚集团，长春网通、移动、电信等大型企业，万达电影城、东北风文化传媒有限公司、和平大戏院等民营文化企业，均主动参与到政府主办的大型公益性文化活动中，驻长各高校、科研院所也充分发挥优势，主动承担文化人才的培训和重大文化课题的研究[②]。河北省霸州市群众乐于参与文化活动、资助文化团体、创造文化产品，现有的几百个文艺、文化团体多由群众自发组织和政府引导扶植逐步发展起来[③]，广泛的社会基础和政策扶持能够有力地推动地方文化活动的日益壮大。

在探索农村民间文艺团队管理制度方面，江西省在鼓励各类文艺演出团体参与农村供给文化活动的同时，为保证活动质量，要求参加活动的各种所有制文艺演出团体必须取得营业性演出许可证。各设区市文化行政部门负责对本辖区内参与活动的文艺团体演出内容进行审核，对演出节目择优推荐，每年初拿出节目单、电影片名，提出文

---

① 江西省南昌市创建国家公共文化服务体系示范项目评审材料. 文化部公共文化司，2011年3月印行.

② 吉林省长春市创建国家公共文化服务体系示范区评审材料. 文化部公共文化司，2011年3月印行.

③ 杨杰. 河北霸州挖掘特色资源坚持“文化兴市”[M]//中国公共文化服务发展报告（2012）. 北京：社会科学文献出版社，2012：145－150.

体活动的具体安排事宜,并出具许可凭证,未经审核不准演出。各乡镇、农场(含华侨农场)、林场、垦殖场和开发区在月末最后一周将演出、放映场次和文体活动次数、参加活动人数和经费使用情况分别报设区市或县文化行政部门和财政部门,设区市或县文化行政和财政部门汇总后逐级上报省文化厅、省财政厅①,切实保证了活动质量。以云南省保山市腾冲县中和乡大村为代表的文化惠民示范村,围绕思路创新、载体创新、组织创新,探索出"文化乐民、文化育民、文化富民"的农村文化建设新路子,首创成立了村级"农民演艺协会",对自发的、分散的农民业余演出队进行有组织的引导和帮助。这些"农民演艺协会"有自己的章程,设有名誉理事长,选举产生了理事长、副理事长、理事等,由自然村农民业余文艺演出队担任理事成员单位(见图 4-1)。在"农民演艺协会"的组织下,许多农民业余文艺演出队走村串寨交流学习、共同提高,一些村寨还开展"星级演员"评选活动,有组织地对农民业余文艺演出队进行培训。全市 500 多支农民业余演出队常年开展各类文化活动,已成为宣传政策法律、倡导文明风尚、抵制落后文化、建设和谐农村的主力军②。

3. 民办博物馆

近年来,民办博物馆热潮涌起,许多城市的角落里开始出现一些别具韵味的小博物馆,这些展馆往往只有几间屋子大小,展品也多专注于某一领域。它们由私人或民营企业设立,不求"大而全",但求"小而精",颇具特色③。然而,民办博物馆在发展中也遇到了资金、运

① 江西省文化厅"社会文化活动机制研究——以江西省农村文化三项活动为例"课题研究汇报[R/OL].(2011-03-03)[2012-09-20]. http://www.cpcss.org/_d271342384.htm.

② 云南省保山市创建国家公共文化服务体系示范区评审材料.文化部公共文化司,2011 年 3 月印行.

③ 民办博物馆路在何方[EB/OL].(2012-08-22)[2012-10-28]. http://news.163.com/12/0822/09/89GHU68U00014AED.html.

营等各种问题。如何使其更好地发展并带来更好的社会效益，一些示范区（项目）尝试进行了探索。

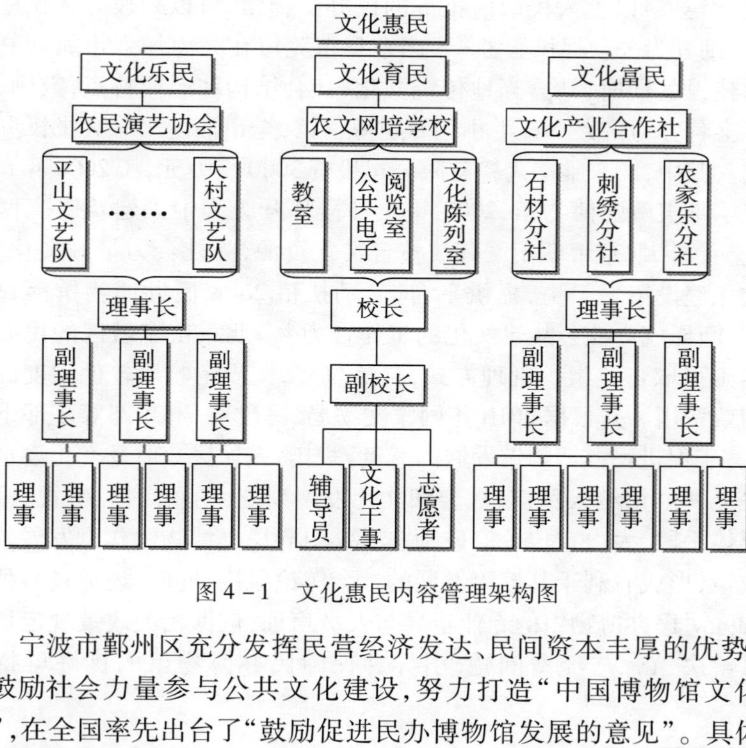

图 4－1　文化惠民内容管理架构图

宁波市鄞州区充分发挥民营经济发达、民间资本丰厚的优势，引导鼓励社会力量参与公共文化建设，努力打造“中国博物馆文化之乡”，在全国率先出台了“鼓励促进民办博物馆发展的意见”。具体执行过程中，一方面突出“民办政扶”，对民办博物馆实施优先供地，价格参照公益类用地标准；按建筑面积、投资额给予建设补助，最高补助额达 400 万元。另一方面是实施“民享政补”，鼓励民办博物馆免费向社会开放，财政按参观人数给予一定补助。截至 2012 年 10 月，已累计发放补助资金 1167 万元，撬动了民间资本近 10 亿元，受惠群众达 350 万人次。三是强化“民营政管”，实施年度考核制，对民办博物馆的基础设施、人才队伍、展览情况等进行综合考评①。四川省成都市也制定了推进民办博物馆发展相关政策，规定对符合国家《划拨用地目录》规定的、经县级以上人民政府批准的民办博物馆，可以划拨方式供应土地，鼓励其为公众提供服务②。广东省东莞市在大力加强市属公有博物馆建设的同时，结合当地传统文化、社会结构和产业特点，鼓励、引导社会各方力量兴办各类小型专题博物馆，全市涌现出一大批民办博物馆。其中，广东唯美陶瓷有限公司投资3000多万元，于2006年6月建成了唯美陶瓷博物馆，2007年4月挂牌升级为中国建筑陶瓷博物馆③。此外，北京市朝阳区有效整合文化资源，为社会力量办文化、参与文化建设拓展渠道，提供平台，鼓励扶植26家民办博物馆落户朝阳，不断形成全社会共建文化的工作合力④。北京市东城区的民办博物馆则采取自我组织管理方式，自负盈亏，按规定收取较低额度的参观门票费用。并根据2010年国家文物局、民政部、财政部等多部下发的《关于促进民办博物馆发展的意见》规定，东城区政府及文化委员会将民办博物馆纳入经济、社会和文化发展规划，利用广播、电视、网络等媒体手段，大力宣传政府鼓励、支持、引导民办博物馆建设发展的相关政策，形成有利于其健康发展的社会舆论氛围；同时，还通过多种形式加强对民办博物馆的专业指导与人员培训，依据相关政策规定切实为其解决馆舍与经费问题，引导并保障民办博物馆的良好可持续

---

① 浙江省宁波市鄞州区国家公共文化服务体系示范区创建工作报告[R/OL].(2012-10-09)[2012-12-28]. http://www.ccnt.gov.cn/sjzznew2011/shwhs/shwhs_ggwhfwtxjs/201210/t20121009_265121.html.

② 四川省《政府公共文化服务主体地位研究》课题组课题汇报[R/OL].(2011-03-03)[2012-09-18]. http://www.cpcss.org/_d271342008.htm.

③ 广东省东莞市创建国家公共文化服务体系示范区评审材料. 文化部公共文化司,2011年3月印行.

④ 北京市朝阳区创建国家公共文化服务体系示范区评审材料. 文化部公共文化司,2011年3月印行.

发展[①]。

二、捐赠与赞助

公共文化服务具有公益性，其投资回报期一般较长，目前投资于公共文化服务的优质社会资本、社会力量还比较稀缺。同时，随着全社会文化自觉的逐步提高，企业社会责任感不断增强，公共文化服务项目将更多出现在各地招商引资项目库中，并成为重点[②]。如宁波市鄞州区充分发挥财政资金“四两拨千斤”的杠杆作用，2010 年全区撬起民间资本投入文化领域达 12 亿元[③]。山东省青岛市在全国率先推出公益文化推介会，积极吸纳社会资本兴办公益性文化事业[④]等。各示范区（项目）积极努力，正在形成政府主导、全社会合力办建公共文化服务体系的局面。

1. 完善设施设备环境

社会捐助完善公共文化设施，在各示范区（项目）创建中颇有成效。对城镇文化设施的捐助制度主要有：上海市徐汇区制定了扶持参与公共文化建设的非营利性组织政策，重点探索公益文化捐赠捐助的税收减免和奖励机制，对在本区登记管理机关批准设立或登记的非营利性组织，凡参与公共文化建设发生的相关税收试行减免或享有同类事业单位税率待遇；对为居民提供公共文化服务、科普宣传等社区文化服务，并依法登记的社会团体、民办非企业单位开展日常服务发生的由城市管网供应的水、电、燃气、有线电视、有线网络及通讯费用，试

① 东城区公共文化资源供给体系研究. 北京大学课题组，2013 年 4 月印行.

② 社会参与公共文化服务研究报告——以遵义市为例. 贵州省文化厅，遵义市文体广电局，2012 年 12 月印行.

③ 浙江省宁波市鄞州区创建国家公共文化服务体系示范区评审材料. 文化部公共文化司，2011 年 3 月印行.

④ 山东省青岛市公共文化服务体系建设概况[EB/OL]. [2012 - 12 - 28]. http://www.cpcss.org/_d271541104.htm.

行享有同类公办机构或民用缴费同等待遇[①]。江苏省连云港市社区文化活动中心建设采用“一社一企”或“一社多企”的结对合作形式，鼓励倡导社区内企事业单位出钱、出场地建设文化活动场所，全市201个社区与300余家企事业单位结成共用、共享对子。结对企事业单位将本单位的阅览室、活动室等向职工开放的同时，向社区居民免费开放，很多大型企业还纷纷以捐助图书、活动器材、赞助活动经费等方式，积极参与支持社区文化建设，社区则积极为结对企事业单位做好宣传、协调、服务等工作，为企事业单位提供良好的发展环境[②]。河南省郑州市政府出台了公共文化服务体系投融资优惠政策，积极吸引社会资本投资文化场馆建设，先后建成了明清家具博物馆、大河民俗博物馆、商都博学讲堂、建业文化娱乐中心和电力文化体育中心等公共文化服务设施，为市民读书学习、文化娱乐、体育健身创作了良好条件[③]。

农村地区公共文化基础设施薄弱，政府资金投入有限，社会力量的捐助将有效改善农村地区的这一困境。山东省威海市在农村文化大院建设的过程中，秉持“百局百企包百村推进新农村建设”，因势利导社会公益资金参与农村文化大院建设。斥山街道盛家村美籍华人盛元海旅居海外、心系桑梓，出资50余万美元，修建了盛家戏楼、文体广场、老年文化活动中心、盛家村史纪念馆、共享工程等多项文化公益设施；城西街道河西王家村的支部书记徐元财，自费200多万元，新建了一处集戏楼、培训室、图书室、共享工程等多功能于一体的“村级文

---

① 上海徐汇区明确国家公共文化服务体系示范区创建任务和保障措施[EB/OL].(2011－12－26)[2012－12－29]. http://www.ccnt.gov.cn/xxfb-new2011/zxgz/gjggfwtxsfqcjgz/201112/t20111226_226073.html.

② 江苏连云港市：社区文化中心标准化建设[EB/OL].(2011－06－03)[2012－10－29]. http://www.cpcss.org/_d271555006.htm.

③ 河南省郑州市创建国家公共文化服务体系示范区评审材料. 文化部公共文化司，2011年3月印行.

化大院”;盛泉集团投资1100多万元,建成了1000多平方米的“文体活动中心”,每周定期利用共享工程放映三场革命题材的“红色电影”;恒茂集团投资800多万元,建成了一处拥有70多台计算机、8000多册图书的企业文体活动中心,辐射带动周边村民开展健康向上的文体活动;环翠区孙家滩村为丰富群众文化生活,扶持群众文化事业,先后投资20多万元,购置了舞台音响、锣鼓、服装、帷幕,硬化了文化大院水泥地面,修建了戏台①。广西来宾市通过实施“三求”②文化惠农工程,群众参与建设的热情空前高涨,他们以主人翁的姿态纷纷自愿让出土地,积极捐资捐物,义务投工投劳:象州县运江镇花候村“五保户”罗雪英慷慨捐赠100平方米的旧房用于本村的戏台用地;武宣县通挽镇尚满村,全村70多户农民听说要建篮球场和文艺舞台,主动无偿让出95间杂物房作为建设用地③。

2. 直接赞助文化活动

社会捐助除了用于文化设施的建设与完善外,还有不少示范区(项目)设法调动社会和企业办文化的积极性,实施“文企联姻、文社联姻”,既解决了发展文化事业所需的资金,又帮助企业进行了形象宣传,达到了政府和企业“双赢”的目的。黑龙江省牡丹江市鼓励企业纳税大户等社会力量以冠名、赞助等形式参与公益性文化活动④。广东省东莞市对公益文化活动项目实行招商,让企业通过冠名、承办、策划、投资等形式参与文化项目的开发利用。近年来,共推出522个公

① 山东省威海市创建国家公共文化服务体系示范项目评审材料. 文化部公共文化司,2011年3月印行.

② “三求”即是指农民群众“求乐、求知、求技”的迫切需求。

③ 广西壮族自治区来宾市创建国家公共文化服务体系示范区评审材料. 文化部公共文化司,2011年3月印行.

④ 黑龙江省牡丹江市创建国家公共文化服务体系示范区评审材料. 文化部公共文化司,2011年3月印行.

益文化活动项目,成交428个,金额达3.3亿元[①]。陕西省渭南市“周末一元剧场”品牌效应日益凸现,企业界热情参与,积极冠名:中国银行周末一元剧场、中国移动周末一元剧场、妇幼之春周末一元剧场演出季、祥龙宾馆周末一元剧场演出季等企业冠名支持的周末一元剧场陆续开展,不但取得了良好的社会效益,而且也取得了可观的经济效益[②]。新疆生产建设兵团农八师石河子市通过政府协调,由热心公益、重视文化建设的企业鼎力相助,不仅促进了创作和演出,也为企业提供了载体,树立了形象,打造了企业文化[③]。湖北省武汉市利用“武汉之夏”的品牌影响力,吸引社会知名企业投入活动,在活动中进一步宣传企业文化和产品,体现“武汉之夏”对经济建设的服务。2008年至2010年,武汉市委宣传部、市文化局与湖北电信集团联手,在全市各区举办“武汉之夏”进社区文艺晚会,电信集团投入几十万元的活动经费,并由武汉电信艺术团将其在央视春晚上的节目送进社区,这种经费和文化产品的双投入,提高了“武汉之夏”文化活动的服务档次和艺术品位,深受广大居民群众的热烈欢迎,使居民在家门口看到了高质量的文艺演出[④]。这些方式都极大地提升了文化活动和文化发展的水平,实现了文化活动的多元投入、多元策划和文化资源的多元整合。

3. 出台鼓励政策

对支持文化事业发展的社会力量给予一定的奖励,制定并出台相应的激励制度,可以在很大程度上提升社会力量参与的积极性。河南

---

① 广东省东莞市创建国家公共文化服务体系示范区评审材料.文化部公共文化司,2011年3月印行.

② 陕西省渭南市创建国家公共文化服务体系示范项目评审材料.文化部公共文化司,2011年3月印行.

③ 新疆建设兵团农八师石河子市创建国家公共文化服务体系示范项目评审材料.文化部公共文化司,2011年3月印行.

④ 湖北省武汉市创建国家公共文化服务体系示范项目评审材料.文化部公共文化司,2011年3月印行.

省周口市文化和税务等部门联合出台了《关于鼓励社会力量支持文化事业发展有关事宜的通知》，为向社会力量筹措资金，为“周末公益性剧场演出活动”提供政策保障①。四川省成都市出台了《关于鼓励捐赠文化事业的实施意见》，规定：“纳税人缴纳企业所得税时，出具合法、有效的证明，在其年度应纳税所得额10%以内的部分，可在计算应纳税所得额时予以扣除；纳税人缴纳个人所得税时，捐赠额未超过纳税人申报的应纳税所得额30%的部分，可从其应纳税所得额中扣除。”同时规定：“捐赠人对捐赠的文化公益设施工程项目，可以留名纪念；对独立的工程项目或主要由捐赠人出资兴建的工程项目，可由捐赠人提出工程项目的名称，报市政府批准。对公益事业捐赠有突出贡献的自然人、法人或者其他组织，由市政府或者有关部门在征求捐赠人意见后予以表彰。对捐赠人给予适当的艺术产品、文化节庆活动、展览等的冠名权。”②河北省秦皇岛市在《秦皇岛市创建国家公共文化服务体系示范区支持政策》中明确指出：“完善鼓励捐赠的政策，企业对公益性文化事业捐赠额在年度利润总额12%以内的部分，可以在计算应纳税所得时准予扣除。”③这些政策都为引导企事业单位、社会团体和个人等社会力量捐赠文化事业提供了制度上的参照。

---

① 河南省周口市创建国家公共文化服务体系示范项目评审材料. 文化部公共文化司，2011年3月印行.

② 成都市文化局. 成都市文化局关于鼓励捐赠文化事业的实施意见[EB/OL]. (2008-03-07)[2012-09-30]. http://www.chengdu.gov.cn/uploadfiles/070325020302/200827191854.doc.

③ 秦皇岛市人民政府办公厅. 秦皇岛市创建国家公共文化服务体系示范区支持政策，2011年12月1日印行.

第四节　绩效评估制度的新探索

效率追求通往民主。中国社会高速却不平衡的发展要求打造公共服务体系，同时要求抓住机遇，推进公共服务体系制度的转型，最终完成民主化取向的制度创新。按照兼顾改革、发展、稳定三者关系和渐进改革的思路，当前尤其需要从提高公共服务效率的角度推进工作。公共服务效率的检测只能拿公共品及其提供方式与公共需求相比照才可做出[①]。如何更好地进行绩效考核，推动公共文化服务高效完成，各示范区（项目）的制度归结起来有以下几个方面。

一、政府绩效考核体系

政府作为公共组织，其绩效是一种组织绩效，包括政府成本、政府效率、政府稳定、社会进步、发展预期等公共部门多元目标的实现[②]。特别是现代政府的职能要求已从传统管制型向现代服务型转变，从单纯注重经济建设向经济、社会、文化全面建设转化[③]。因而，公共文化服务的考核也应被纳入政府管理考核体系。

1. 政府出台系列政策

所有将绩效考核纳入地方政府目标考核体系的各示范区（项目）政府均出台了相应的政策法规，此前已有一些涉及，还有一些地方更是出台了一系列规章：江西省赣州市完善赣州市博物馆、美术馆、纪念馆、文化馆、图书馆和乡镇综合文化站等各种管理办法，包括：《赣州市

---

① 章建刚. 公共（文化）需求的概念、认知及满意度评估[EB/OL].（2011-03-03）[2012-09-15]. http://www.cpcss.org/_d271341814.htm.

② 卓越. 公共部门绩效管理[M]. 福州：福建人民出版社，2004：222.

③ 迟福林. 政府转型——中国改革下一步[M]. 北京：中国经济出版社，2005：122-127.

博物馆考评细则》《赣州市图书馆考评细则》《赣州市文化馆考评细则》《赣州市乡镇综合文化站考评细则》《赣州市农村三项文化活动考评细则》等①。广西壮族自治区河池市罗城仫佬族自治县11个乡(镇)文化站内部也相应制定并执行了《文化广播电视站工作职责》《文化广播电视站站长岗位职责》《广播电视管理员岗位职责》《文化图书管理员岗位职责》《书报刊阅览规定》《设施及图书安全制度》《环境卫生管理制度》等规章制度,并进行文化站二层机构的工作绩效考核②。通过系列规章制度的出台,必将为实现公共文化服务各机构与环节的科学管理提供借鉴。

2. 分级分类考核

在政策保障的基础上,不少地方制定了分级分类的考核指标制度,使绩效考评成规模和体系③。山东省青岛市一方面制定了基层文化设施建设目标,并纳入区(市)政府年度绩效考核,对图书馆、文化馆评估定级等次、主要业务及综合文化站和文化活动室建设情况、群众满意度调查结果进行量化,有效地推动了基层文化设施建设。另一方面,制定了《全市乡镇(街道)综合文化站和村(社区)文化活动室考核办法》,指导区(市)对辖区内基层文化建设进行年度考核,出台了《全市乡镇(街道)综合文化站评估定级办法》④,加强了考核制度建设。

2007年开始,上海市先后研究设计了《上海市社区文化活动中心

① 江西省赣州市创建国家公共文化服务体系示范区评审材料. 文化部公共文化司,2011年3月印行.

② 创建国家公共文化服务体系示范项目工作会议资料. 文化部公共文化司,2011年12月印行.

③ 国家公共文化服务体系示范区(项目)创建工作领导小组关于第一批创建国家公共文化服务体系示范区督查情况的通报[EB/OL]. (2012-12-16)[2012-12-29]. http://www.ndcnc.gov.cn/gjszwhw/sfqtzgg/201212/3f7c2444afe84c229a4edf8c22d5e1df.shtml.

④ 山东省青岛市公共文化服务体系建设概况[EB/OL]. [2012-12-28]. http://www.cpcss.org/_d271541104.htm.

绩效评估指标体系》和《上海市重大文化活动评估指标体系》,并开展了社区文化活动中心绩效试评估,连续3年对上海市重大文化活动进行评估。徐汇区根据市文广局要求,强化公共文化服务体系建设的工作考核和绩效评估,形成了年初落实目标责任、年末考核验收的工作程序,完善了对文化主管部门、公共文化单位的监管考核。区政府每年对文化局工作和主要领导实施工作目标绩效考核,区群文委、文管委对各成员单位文化工作开展考核评估和奖励,区文化馆和图书馆对社区文化活动中心、社区图书馆进行业务考核①,先后出台了《上海市徐汇区社区文化活动中心管理办法(暂行)》和《评估指标》《上海市徐汇区居委综合文化活动室管理暂行办法及考核细则》。市、区两级相关绩效评估工作,为建立健全公共文化服务评价考核体系打下了良好的工作基础②。

广东省东莞市建立基层文化建设考评机制,以市委办市府办的名义制订出台了《东莞市文化建设标兵、先进、达标镇(街)、社区(村)、企业、学校、医院的考评方案》,成立市文化建设考评领导小组和镇(街)基层文化建设工作联系小组,对基层文化建设进行考评。考评建立了涵盖文化设施建设、文化活动开展、保障措施落实等方面的量化考评指标体系,分标兵、先进、达标三个档次,镇(街)、村(社区)、企业(单位)三个类别,并以市委、市政府名义进行挂牌表彰和奖励。又根据示范区创建要求和全国文化馆、图书馆、公共电子阅览室的建设和服务标准,在东莞市基层文化建设考评的基础上,制订《东莞市公共文化考评方案》,明确镇(街)一级加强对辖区的村、社区、住宅小区、企业文化设施的统筹规划,鼓励引导住宅小区和企业内部兴建各类文化设施,并通过组织考评进行考核和奖励。通过实施公共文化服务绩效

---

① 上海市徐汇区创建国家公共文化服务体系示范区评审材料. 文化部公共文化司,2011年3月印行.

② 毛少莹. 重要公共文化服务机构评价考核体系研究报告. 上海市文化广播影视管理局. 上海市徐汇区人民政府,2012年10月印行.

考核,将具体标准和考核结果纳入文化名城的总体考核中,形成政府、社会、服务群体共同参与的监督管理体系,建立起政府、文化和财政部门、公共文化服务机构、重大文化项目工作考核机制。东莞市还将服务基层情况和群众满意度作为重要考核指标,开展公众满意度测评。在实施镇级“两馆评估定级”项目中,根据镇街经济发展水平和人口状况,按照国家县(市、区)级文化设施要求提升建设水平,在图书馆、文化馆(文化活动中心)的建设上,参照国家县(市、区)级的建设标准,重新规划建设或进行改、扩建,每年对镇(街)两馆进行评估定级并公布结果,效果良好。2011 年,实现全市镇(街)文化站全部达到广东省“特级文化站”标准,中心镇(街)图书馆、文化馆达到部颁二级以上标准[①]。

湖南省衡阳市委、市政府把“公共文化服务进社区”纳入为民办实事工作,市委督查室、市政府督查室建立了督查制度,实行定期督查,通报情况,督促进度。市委、市政府把“公共文化进社区”纳入绩效考核,实施严格考核,考核不达标者,严格问责。市文化局把公共文化服务进社区活动纳入了文化工作目标管理考核,规定凡未按要求完成建设任务的,不得评为文化工作目标管理先进单位,并结合实际情况,设计印制项目建设进度报表,每月要求城区文化部门按时报送进展情况,并及时汇总数据,动态管理,掌握建设进度,每 20 天汇总一次项目建设情况报表。另外,市委、市政府对公共文化服务进社区活动实行统一检查验收,实地查看,现场打分,严格标准,不合格者要整改到位,还要追究相关人员责任。市文化局组织专门考核验收班子对五个区进行统一验收,采取由区文化部门现场抽签的方式决定被检查单位,严格按要求打分,现场公布分数,并由所在街道分管负责人和社区中心主任签名。在具体的考核制度与标准制定中,实行社区文化阵地建

① 创建国家公共文化服务体系示范区(项目)工作文件资料汇编(东部). 文化部公共文化司,2012 年 2 月印行.

设逐一验收的方式。根据市委、市政府两办《关于开展“公共服务进社区”活动的通知》(衡办通〔2010〕15 号)和《关于印发〈衡阳市公共文化服务进社区活动方案〉的通知》(衡文发〔2010〕18 号)精神,为全面推进公共文化服务进社区活动,对街道文化站和社区文化活动中心建设逐一进行考核验收。为保障“公共文化服务进社区”活动落到实处,充分发挥基层文化阵地作用,2010 年起,市文化局每年开始对各城区社区文化活动开展情况进行考核①,有效提升了政府履行公共文化职能的积极性。

二、公众外部评估制度

公民社会评价指标体系是一种评测国家公民社会状态的指标体系,反应公民社会健康状况,即公民社会内部生存与外部环境及其相互之间关系的状况。通过各种评判指标为公民社会相关方制订改善自身的计划提供指导②。而公共文化服务体系建设所提供的公共物品和服务,具有很强的公共性,这就决定了引入公众外部评估的必要性。将公民社会评价机制引入公共文化服务体系的建设过程,无疑是对政府绩效考核评估的有益补充,必将提升公共文化服务的质量与效率。

1. 公民社会评价

施行公民社会评价机制的示范区(项目)中,较具代表性的是吉林省长春市,该市通过建立公示制度,将公共文化服务体系示范区建设的相关标准、工作进度、责任单位、责任人等一并向社会公布,主动接受社会监督;建立社会团体积极参与的管理体制,通过公开电话、公开信箱、接访日等渠道,采取座谈会、征求意见函等形式,听取社会意见,及时查找不足或漏洞,促进工作;实施专家咨询制,建立长春市公共文

① 湖南省衡阳市创建国家公共文化服务体系示范项目评审材料. 文化部公共文化司,2011 年 3 月印行.

② 潘建会. 中国公民社会指数(CSI)实地调研的分析报告[D]. 北京:清华大学,2005:11 - 12.

化服务体系创建专家咨询小组,定期召开咨询座谈会,借助外脑促进工作;建立一套评估标准,委托有一定资质的社会评估机构,定期对创建工作进行评估;建立问责制,在创建过程中,出现社会和群众不满意,上级机关不满意,造成直接经济损失或较坏影响的,实行问责。实施过程中,通过重点施行的重大行政决策和规范性文件制定的听证制度,完善听证会制度;形成政府会议邀请相关专家学者现场陈述意见、邀请公众参加旁听的开放平台,监督政府决策过程;并透过完善政务公开平台,使政府、专家学者和公众能在网络平台上交流,社会公众的意见反馈到政府,从而使政府能直接、迅速地做出回应①。

2. 第三方评估

随着示范区(项目)创建工作的推进,2011 年起,文化部公共文化司与国内社会调查机构——零点公司开展合作,对创建地区进行群众满意度调查。2012 年 3 月至 5 月,文化部、财政部组织督查组对各省(区、市)创建示范区工作进行了督查,并第一次在全国范围内通过零点公司进行入户访问,开展抽样调查②。部分示范区(项目)也效仿此法,对创建工作进行考核评价:四川省成都市搭建第三方评估平台,建立公共文化服务目标管理和监督体系。在科学设置全市各级公共文化服务目标管理体系的基础上,探索有偿委托社会化专业评估公司,定期选择重点,以群众满意度为核心评估标准,以第三方名义,采取电话调查、现场查访、录音摄像等方式,对各级公共文化服务开展情况的社会满意度进行评估;以合同方式约束第三方评估活动的保密性、流动性和独立性,确保评估结果的客观性和公正性;对第三方评估结果

---

① 吉林省长春市创建国家公共文化服务体系示范区评审材料. 文化部公共文化司,2011 年 3 月印行.

② 国家公共文化服务体系示范区(项目)创建工作领导小组关于第一批创建国家公共文化服务体系示范区督查情况的通报[EB/OL]. (2012 - 12 - 16)[2012 - 12 - 29]. http://www. ndcnc. gov. cn/gjszwhw/sfqtzgg/201212/3f7c2444afe84c229a4edf8c22d5e1df. shtml.

转化采取警示提醒、公开曝光、行政问责的方式形成压力传导机制和无形监督力量，督促各级公共文化服务管理部门、单位和责任人严格按照标准和要求落实工作，不断整体提高和改善全市公共文化服务能力和水平①。北京市朝阳区依据国家、市、区相关标准，联手上海华夏社会发展研究院，以“2 +5 指标评价及绩效考核体系”为标准，研究制定“朝阳区公共文化服务评价指标体系”，并由上海华夏社会发展研究院负责，会同朝阳区文化委、区社会办相关人员，组成 11 个测评小组，以听、查、看、访等形式，对全区 43 个街乡就公共文化服务建设情况进行了绩效测评，并结合此前进行的区文博图系统测评，进行了创建以来的首次自测②，对相关情况有了较为全面、准确的掌握。

为全面了解上海各区县公共文化服务的总体情况，并本着客观、公正的原则，2011 年 2 月，上海市文广局委托零点公司对全市 17 个区县公共文化服务情况开展了公众满意度调查。零点公司依据《国家公共文化服务体系示范区创建标准（东部）》进行指标体系设计，分为设施水平、供给水平和服务水平三个方面共 17 项指标。调查采取拦截访问的方式获得定量调查数据，访问地点分布在各区、街道、乡镇主要社区文化活动与服务中心，每区各抽取 4—8 个居委会（村委会）及部分中心城区商务楼宇等，按照等时间间距或等人数间距的方法进行抽样，访问由零点公司专业人员培训的访员持问卷进行。问卷采用访员读录法（访员读出问卷及选项，调查对象回答，访员记录），受访者为年龄在 18—70 岁之间，并在区县连续居住、工作 1 年及以上常住居民，

① 四川省成都市创建国家公共文化服务体系示范区评审材料. 文化部公共文化司，2011 年 3 月印行.

② 朝阳区文委. 朝阳区联合第三方机构开展国家公共文化服务体系示范区创建自测评[EB/OL].（2012 - 10 - 12）[2012 - 12 - 28]. http://www.cpcss.org/_d275454735.htm.

全市共抽样 2259 份。抽样显示，全市公共文化服务达到良好水平[①]。而徐汇区则针对公共文化设施的利用率和满意度，委托零点公司进行每年两次的公共文化场所公众满意度评估，并对区域内公共文化服务设施的满意率和使用率结果定期公布。被评估单位涵盖区图书馆、区文化馆和 13 个街镇的社区文化活动中心，内容涉及公众参与率和公众满意度，满意度评估指标包括“硬件设施”“管理服务”和“活动开展”三个方面。此次调查，于 2012 年 6 月 1 日开始，历时 12 天，共收集有效样本 1360 件。调查结果显示，公众对徐汇区公共文化服务场所满意度总体评价较高，但也反映出活动开展“供不适求”、工作人员素质参差不齐、设施资源陈旧、活动场地小等问题[②]。

从目前情况来看，引入公众外部评估机制的示范区（项目）创建城市还不多，更多的还仅处于摸索阶段，形势较为单一，各种方式和各项指标有待进一步完善。

① 王小明. 上海开展公共文化服务评估的实践与思考. 上海市文化广播影视管理局，2012 年 11 月印行.

② 徐汇区创建国家公共文化服务体系示范区信息. 上海市徐汇区文化局，2012 年 7 月印行.

第五章　设施体系完善的实践探索与规范建设

《建设部、文化部关于进一步做好基层公共文化设施规划和建设工作的通知》中指出：基层公共文化设施是开展群众文化活动，传播先进文化的重要阵地。要充分认识加强基层公共文化设施的重要性，始终把加强基层公共文化设施建设摆在重要位置，列入重要议事日程，明确任务，加强领导，切实做好基层文化设施规划和建设工作。搞好文化设施建设，首先必须做好文化设施的规划。各级城市规划行政主管部门与文化行政主管部门，要根据人民群众文化生活的需要，按照《中华人民共和国城市规划法》等有关法律和技术规范的规定，制定文化设施建设的发展规划并纳入城乡规划①。党的十七届六中全会决议对公共文化设施建设也提出了明确要求：加强文化基础设施建设，完善公共文化服务网络②。《国家"十二五"时期文化改革发展规划纲要》更是提出，统筹规划和建设基层公共文化服务设施，坚持项目建设和运行管理并重，加强社区公共文化设施建设，把社区文化中心建设纳入城乡规划和设计，完善面向妇女、未成年人、老年人、残疾人的公

① 建设部、文化部关于进一步做好基层公共文化设施规划和建设工作的通知[EB/OL].(2012-12-28)[2014-12-29]. http://www.sdpc.gov.cn/shfz/t20070517_135577.htm.

② 中央关于深化文化体制改革若干重大问题的决定[EB/OL].(2011-10-25)[2012-10-28]. http://www.gov.cn/jrzg/2011-10/25/content_1978202.htm.

共文化服务设施等①。公共文化服务设施作为公共文化服务的基本载体,是构建覆盖城乡公共文化服务体系最为基本的保障条件之一,应以重视。

第一节 亟待解决问题

2007—2011 年间,全国共竣工公共文化设施 27 366 个,其中公共图书馆 584 个,文化馆 622 个,艺术表演场馆 96 个,乡镇综合文化站 26 064 个。竣工项目面积 1720 万平方米,项目总投资 310 亿元。全国每万人拥有公共图书馆设施面积由 2007 年的 56.1 平方米提高到 2011 年的 73.8 平方米,每万人拥有文化馆(站)面积由 2007 年的 126.2 平方米提高到 2011 年的 221.2 平方米,全国公共图书馆阅览室坐席数由 2005 年的 48 万个提高到 2011 年的 68.1 万个②。尽管几年间,我国公共文化服务设施的投入不断增加,极大地改善了全国各地的文化设施水平,提高了文化服务的能力,但仍旧还存在着许多亟待解决的问题。

2010 年 7 月,北京大学中国教育财政科学研究所依照我国经济意义上的东、中、西三个地区的划分,分别在黑龙江、江苏、四川三省开展了县级公共文化服务的情况调研,共收集了三省 18 个县(区)公共文化的开展情况,其中黑龙江省 4 县 1 区、江苏省 5 县 2 区、四川 6 县。从此次调查的 18 个县(区)的情况来看:①县级图书馆、文化馆的硬件

---

① 中办国办引发国家“十二五”文化改革发展规划纲要[EB/OL].(2012-02-15)[2012-10-29]. http://www.gov.cn/jrzg/2012-02/15/content_2067781.htm.

② 文化部:2011 年全国人均文化事业费达 29.14 元[EB/OL].(2012-06-26)[2012-12-26]. http://news.xinhuanet.com/fortune/2012-06/25/c_112286639.htm.

设施基本齐备,除四川省喜德县和黑龙江省牡丹江市西安区的文化馆与图书馆合并外,其余各县(区)均有独立的图书馆和文化馆。在被调查的18个县中的13个县图书馆中,图书馆面积超过10 000平方米的有三家,而最低的四川省喜德县图书馆仅有480平方米;被调查的13个县级文化馆中,江苏省常熟市文化馆面积达10 000平方米,四川省喜德县文化馆依然最低为430.8平方米。除图书馆和文化馆之外,不少县还有其他的公共文化服务机构,如博物馆、文物管理所、部分县文化信息资源共享工程专设的管理中心、美术馆、剧团等。②乡级公共文化服务机构主要是乡镇综合文化站。18个被调查县中,已有15个县已经实现了“乡乡有文化站”的目标,其余3个县的乡镇文化站覆盖率分别为:黑龙江省宾县为65%(当年底实现100%);四川省喜德县为75%;黑龙江省富裕县为70%。③村级文化机构主要有文化活动室、文化活动广场、农家书屋、共享工程站点等。18个县中有13个县实现了村文化活动室的全覆盖,而四川省喜德县和射洪县无村文化活动室,黑龙江省庆安、富裕和宾县则未实现全覆盖。三个省份公共文化服务机构设施建设情况见表5-1①。

表5-1　江苏、黑龙江、四川三省份公共文化服务机构设施建设情况一览表

机构类型	项目	江苏省	黑龙江省	四川省
县级图书馆	平均建筑面积	8373 m^2	2215 m^2	7106 m^2
县级文化馆	平均建筑面积	7220 m^2	2200 m^2	2356.6 m^2
乡镇综合文化站	设置率	100%	95.5%	94.9%
	平均建筑面积	约5000 m^2	-	约500 m^2
村文化活动室	设置率	100%	约70%	4县100%;2县无

① 王蓉.我国公共文化服务体系建设的财政投入问题研究.北京大学中国教育财政科学研究所,2012年12月印行.

一、设置率有空白

上述调研显示,基层公共文化设施还很不完善,以黑龙江省和四川省为代表的中西部地区,其村级公共文化场所的设置率明显低于乡镇文化站的设置率,有些乡镇和村甚至没有文化活动设施。表明在国家的大力投入下,在实现"乡乡有综合文化站"的目标后,农村公共文化设施作为公共文化服务体系设施建设中的最薄弱环节,亟待解决。尽管2008年以来,由住房与建设部、国土资源部等主导的公共文化设施建设用地指标系列和公共文化设施工程建设标准系列,对公共文化服务设施建设具有重要指导意义,但截至2013年年底,全国共有博物馆4165家①,约每33万人拥有一座博物馆,计划到2020年,达到每25万人拥有一座。即便如此,与发达国家平均每2万—4万人就拥有一座博物馆,特别是法国平均每万人拥有1座博物馆,美国每1.8万人拥有1座博物馆以及英国每2万人拥有1座博物馆②的数字相比,还有很大差距。可见,当前国内公共文化设施,尤其是基层公共文化设施的数量仍不足。

二、区域差距明显

表5-1显示,江苏省的公共文化服务机构设施比较完备,而黑龙江和四川两省目前乡镇与村一级的公共文化服务机构设置率尚有差距,特别是四川省的部分贫困地区更是如此,这表明我国公共文化服务设施方面的区域差异依旧明显。尽管经过几年中央和地方的投入,县级两馆和乡级一站基本齐备,即使尚未齐全的地区,也主要处在正

---

① 中国共有4156家博物馆近1/5为民办[EB/OL].(2014-05-18)[2014-12-29].http://www.chinanews.com/cul/2014/05-18/6182990.shtml.

② 彭冰.博物馆业走上发展快车道,弊端几何?[EB/OL].(2013-02-04)[2013-02-12].http://news.xinhuanet.com/fortune/2013-02/04/c_114602081.htm.

在建设的过程中,但村级公共文化场所主要依托村委会以及其他部门(如党组织)建设,其功能也往往是多用途的,有些地区甚至缺乏村级公共文化场所,这也显示出县、乡、村在公共文化设施方面的巨大差距。另据统计显示,截至2012年年底,全国文化系统所属美术馆共有265家,全部美术馆估计400左右家,且主要集中在北京、上海、广东等大城市及东部发达地区,美术馆分布仍不均衡①,有些馆的基础设施极不完备,这也从具体层面上揭示出国内当前公共文化设施存在的问题。

三、空间布局不合理

平均服务半径,是指居民到达公共文化服务机构的最远直线距离。这一指标体现了公共文化服务机构在某一区域内的空间分布情况,是反映公共文化服务网点覆盖状况的又一指标。该项指标的设置体现了方便公众使用的理念,可以引导各地政府部门在进行公益性文化机构规划建设时更多考虑服务人口密度和服务半径,扩大网点的覆盖面和合理布局,从而方便利用,提高服务水平。仅以公共图书馆为例,20世纪60年代末,欧美发达国家公共图书馆的平均服务半径约为900米。而北京市作为国内首屈一指的先进城市,其公共图书馆的平均服务半径为4千米②。同为首都,目前日本东京市公共图书馆的平均服务半径则在900米以内③;依据英国《公共图书馆服务标准》(*Public Library Service Standards*)可知,伦敦公共图书馆的平均服务半

① 诸迪. 2013"志愿者与美术馆公共文化服务"年会暨"美术馆志愿者管理"工作坊[EB/OL]. [2014-12-28]. http://www.namoc.org/xwzx/zt/ggfwnh/ldfy/201311/t20131101_270853.htm.

② 北京公共文化设施和服务达到世界先进水平研究报告. 北京市社会科学院市情调查研究中心课题组,2012年12月印行.

③ 李国新,冯守仁,鹿勤. 公共图书馆规划与建设标准解析[M]. 北京:国家图书馆出版,2009:164,58.

径约为1.6千米①。香港公共图书馆的平均服务效能虽然也未达到世界先进水平,但也远远优于北京,平均服务半径约为2.15千米②。北京尚且如此,可以想见,全国整体情况更是不容乐观。公共文化设施的空间布局还需要更加科学合理,需要在体现均等性和便利性上下功夫。

第二节　设施建设的新政策

公益性文化设施场所,如图书馆、文化馆(站)、博物馆、美术馆、文化活动中心、文化广场等作为文化艺术活动的重要创作及发展空间,是一个地区人文精神和人文素养的土壤,是群众自我教育、自我提升的重要渠道,丰富了当地居民的生活,增加了生活的幸福指数。在示范区(项目)创建过程中,分别对图书馆、文化馆、乡镇(街道)综合文化站、村(社区)文体活动室(文化广场)、公共电子阅览室(含文化信息资源共享工程支中心、基层服务点)等机构的建设提出了创建和验收的具体标准,公共文化服务体系设施建设随之被作为各创建地区的重要任务推行开来。

一、地方"十二五"规划的相关规定

通过创建工作,许多示范区(项目)创建城市均将重大公共文化设施建设内容列入"十二五"规划并加快施工建设,公共文化设施建设实

① 英国《公共图书馆服务标准》于2001年颁布,2013年2月新近废止。该标准规定,内伦敦区、外伦敦去、大城市区和自治市镇公共图书馆在方圆1英里(约1.6千米)内的住户比率分别为100%、99%、95%和88%。伦敦公共图书馆的平均服务半径由此推算获得。

② 公共图书馆研究院.中国公共图书馆发展蓝皮书[M].深圳:海天出版社,2010:177.

现了大提速。以示范区创建地的“十二五”规划为例(见表5－2),都无一例外地将公共文化设施建设相关内容列入其中。除重大公共文化设施项目外,很多地方还将“文化圈”“公共文化服务设施网络”等作为目标任务明确提出,为公共文化设施的建设提供了政策依据,极大地推进了公共文化设施建设步伐。

表5－2　示范区所在地“十二五”规划涉及文化设施建设情况一览表①

示范区名称	相关内容
北京市朝阳区	实施基层文化设施覆盖工程; 打造奥运文化遗产景观聚集区、民俗风情文化聚集区
河北省秦皇岛市	市文艺家活动中心建设,秦皇岛市大剧院,美术馆建设,青少年宫建设,市综合博物馆建设,海港区图书馆、北戴河区图书馆和市经济技术开发区图书馆建设,全市烈士陵园建设项目,档案馆建设
山西省长治市	建成新闻中心,规划建设市文化艺术中心、数字图书馆、少儿图书馆,筹备建设上党大剧院;抓好县级图书馆、文化馆、档案馆提升改造和达标建设
内蒙古自治区鄂尔多斯市	加快推进市、旗区、乡镇、噶查村(社区)四级公共文化服务体系以及未成年人校外活动场所建设步伐
辽宁省大连市	建设以大型图书馆、科技馆、城市规划馆、博物馆、妇女儿童活动中心、青少年活动中心、职工活动中心、老年人活动中心等“四馆四中心”为重点,以文化广场、文化主体公园、文化休闲俱乐部、影视剧院等设施为补充的布局合理、惠及百姓的公共文化设施
吉林省长春市	推进以博物馆、艺术馆、图书馆为重点的公共文化基础设施建设;到2015年,形成1公里文化圈

① 表中信息来源各地“国民经济和社会发展第十二个五年规划纲要”。

续表

示范区名称	相关内容
黑龙江省牡丹江市	建立健全市、县(区)、乡(街道)、村(社区)四级公共文化服务设施网络
上海市徐汇区	加强内环线以北区域的公共文化空间建设;抓住滨江开发机遇,建成高端文化设施集聚区;加大南部公共文化相对薄弱地区设施建设力度;完善"15 分钟文体活动圈","十二五"期间,新增公共文化设施面积 10 万平方米
江苏省苏州市	加强公共图书总分馆、文化馆(站)、广电站等文化设施建设,推进公益性文化设施市、县级市(区)、镇(街道)、村(社区)四级全覆盖;"十二五"期间,新增公益性文化设施面积 25.8 万平方米;实现城乡人口文化园建设全覆盖
浙江省宁波市鄞州区	加强乡镇综合文化站、基层文化宫建设;完善大型公共文体场馆运行管理模式,推进单位文体设施向社会开放
安徽省马鞍山市	完善公共文化设施网络布局,按照"一圈两区三级"的思路,优化和完善全市文化设施布局,到 2015 年,全市城乡平均每百人拥有文化设施面积超过 10 平方米,每 20 万人拥有 1 座博物馆
福建省厦门市	完善区级公共文化设施,实现镇(街)、村(社区)综合文化站、文化活动室全覆盖;完成集美新城文化公建群(包括图书馆、科技馆、艺术中心、书城)、同安滨海新城文化中心、闽南戏曲艺术剧院项目,厦门大剧院、博物馆改造

续表

示范区名称	相关内容
江西省赣州市	建设县级“两馆”(文化馆、图书馆),建成赣州市自然博物馆、赣州市艺术中心、赣州市民中心等一批标志性重大公共文化设施工程
山东省青岛市	重点建设市文化中心等一批特殊鲜明、功能完备的城市标志性文化设施,加强区(市)文化中心建设和基层文化设施配套,新建扩建一批专业演出场地,完善老年人和青少年文化活动场地;形成城区“15 分钟文化服务圈”
湖北省黄石市	完善以市体育馆、博物馆、图书馆、科技馆和青少年活动中心“四馆一中心”为核心的文化半岛建设和管理,打造文化发展集聚区;规划建设黄石市矿冶文化博物馆、展览馆、社文中心大楼、少儿图书馆,改造建设市群艺馆,建设市图书城;完善乡镇和农村公共文化设施,到“十二五”末,全市县(市、区)级公共图书馆、文化馆和乡镇综合文化站全部达到国家标准
湖南省长沙市	完善市、区县(市)、乡镇(街道)、村(社区)四级公共文化设施网络,加快推进长沙文化艺术中心、广电中心、“两馆一厅”等重大项目实施和投入使用,推进机关、学校、企事业单位等文化体育设施向公众开放
广东省东莞市	推进市民艺术中心、市博物馆新馆、非物质文化遗产展示中心、广播电视中心等重大文化设施建设;进一步完善镇街图书馆、博物馆、美术馆和文化中心等公共文化设施建设,实现市、镇、村三级文化设施全覆盖,主城区建成“十分钟文化圈”,镇村建成“十里文化圈”

续表

示范区名称	相关内容
广西壮族自治区来宾市	基本建成市、县(市、区)、乡镇(街道)、村(社区)四级公共文化设施网络;所有乡镇建成面积不低于300平方米的综合性文化站,社区(街道)文化中心覆盖率达到100%;建设基层电子信息馆、工人文化宫、职工活动中心等公益性设施
海南省澄迈县	推进农村"一站一室两场"文化设施建设,全县11个镇都建有文化站;建设226个农村文化室、156个农家书屋;县图书馆、文化馆、展览馆、金江影剧院、广播电视演艺中心等重大文化设施投付使用
重庆市渝中区	系统完善"10分钟文化服务圈";规划建设红岩教育基地、民主党派历史博物馆、抗战大后方历史文化博物馆等标志性文化设施;规划建设文化宫—少年宫休闲娱乐中心等区级文化设施;建成大溪沟、化龙桥、七星岗和朝天门等5个地区综合文化活动中心,完成12个街道文化站、76个社区图书室和文化信息共享站点的提档升级
四川省成都市	推进成都图书馆新馆、成都美术馆、成都大剧院、成都音乐厅、成都档案馆新馆和川剧艺术中心等一批城市标志性文化设施建设;推进群艺馆、图书馆、乡镇综合文化站、街道综合文化活动中心、村(社区)综合文化活动室、农家书屋、有线广播电视网络和地面无线发射台、群众文化广场等各类文化基础设施的提档升级
贵州省遵义市	建成遵义大剧院、市文化馆、市档案馆等一批市级重点设施;抓好县级文化馆、图书馆、档案馆和青少年文化活动中心建设;完成乡镇综合文化站、街道综合性室内文化活动场所、村文化活动室、社区文化活动中心建设

续表

示范区名称	相关内容
云南省保山市	大力推进滇西抗战博物馆、市级广播电视新闻传输中心和保山大剧院等标志性文化设施建设
西藏自治区林芝地区	推进图书馆和博物馆建设，继续完善乡镇（农林场）综合文化站、行政村（社区）文化活动室和农家书屋建设
陕西省宝鸡市	完善城市重大文化设施，建设宝鸡图书馆等重点项目
甘肃省金昌市	建设金昌大剧院、博物馆、图书馆和文化馆等一批具有时代气息和金昌特色的标志性公共文化设施，实施金昌文化一条街建设项目；进一步完善基层公共文化服务设施，建设县级博物馆；“十二五”末，全市所有社区建成500平方米的多功能文化活动室，形成“800米”社区文化活动圈
青海省格尔木市	重点建设市图书馆、群艺馆、博物馆，文化信息资源共享、乡镇基础文化设施建设，农家书屋建设等
新疆维吾尔自治区喀什地区	重点建设图书馆、影剧院、民族文化艺术传承中心、民族（民俗）博物馆等一批规模较大、功能齐全、设施完备的文化阵地；以乡镇、街道和社区（村）为重点，加强基础文化阵地建设
天津市和平区	每个街道至少有一处街级文化站；加快南市剧场等一批文化设施建设
河南省郑州市	加强城市社区文化活动中心、行政村文化活动室、农家书屋等工程建设，市、县级“三馆”全部达到国家标准；实施一批重大文化设施项目
宁夏回族自治区银川市	加强基层文化基础设施建设，到2015年，力争全市每个乡镇文化站达标、每个社区拥有一个文化活动中心、每个村拥有一个综合文化活动室；建设非物质文化遗产展示中心和爱国主义教育基地，推进“农家书屋”工程建设

二、新政策带来的新进展

表5－2说明,公共文化服务设施建设已引起了地方政府的高度重视,各示范区(项目)创建地区按照创建指标要求,采取了一系列措施,提高了设施体系化水平,推动了文化设施的合理布局与均衡发展[①]。

1. 大型公共文化设施建设项目

吉林省长春市、黑龙江省牡丹江市、江西省赣州市、云南省保山市、贵州省遵义市、陕西省宝鸡市等示范区创建城市上马了一些大型公共文化设施建设项目,实现了公共文化设施建设的跨越式发展[②]。其中,四川省攀枝花市财政投入1000万元,通过政府统一采购,统一配置了音响、电视机等活动器材和电脑等工作设备,每个乡镇图书室还配备了1100册图书、20种报纸、200张光碟,17套书柜、70张阅览桌椅;村图书室配备了600册图书、15种报纸、54套书柜、桌椅,通过“大地书香新农村家园工程”设施设备的配备完成[③]。湖北省黄石市实施基层文化阵地工程,初步形成布局合理、设施完善、功能齐备、覆盖城乡的市、区县(市)、乡镇(街道)、村(社区)四级公共文化设施网络:截至2012年,全市31个乡镇全部建成面积不低于300平方米的综合文化站,依托综合文化站建成标准的“三室一厅(图书室、电子阅览室、电教室、多功能文化活动厅)”;全市729个行政村全部建成面积不

① 郎志娟.发挥示范带动作用探索科学发展之路——走近首批创建国家公共文化服务体系示范区[N].中国文化报,2012－06－15(7).

② 国家公共文化服务体系示范区(项目)创建工作领导小组关于第一批创建国家公共文化服务体系示范区督查情况的通报[EB/OL].(2012－12－16)[2012－12－29].http://www.ndcnc.gov.cn/gjszwhw/sfqtzgg/201212/3f7c2444afe84c229a4edf8c22d5e1df.shtml.

③ 四川省攀枝花市创建国家公共文化服务体系示范项目评审材料.文化部公共文化司,2011年3月印行.

低于100平方米的文化室；四个城区和开发区20个街道全部建成面积不低于300平方米的街道文化站，141个社区全部建成面积不低于100平方米文化室[①]。通过文化设施大型项目的实施，带动了当地基础公共文化设施的逐步配套完备。

2. 大规模投入兴建设施场地

除大型项目外，一些示范区（项目）还进行了大手笔投入。甘肃省金昌市在原有基础上，于创建期间投资8.85亿元，重点新建金昌大剧院、博物馆、图书馆、传媒中心、体育中心等一批公共文化服务设施。目前，金昌大剧院已完成主体工程建设，金昌博物馆（含美术馆、城市规划展览馆）、金昌图书馆、金昌传媒中心、金昌体育中心项目即将开工建设，金川区文化馆、图书馆、民俗饮食文化街建设项目和乡镇文化站、社区文化中心、村文化室改扩建工程近期将全面开工建设，永昌县文化中心（含文化馆、图书馆、博物馆、体育公园、永昌保卫战纪念馆和县文化演艺广场）也将开工建设[②]。新疆维吾尔自治区喀什地区在创建示范区期间计划投入十多个亿，改扩建或新建一大批公共文化设施（见表5-3）[③]。可见，仅有经费投入还不够，还需要有明确的投入与落实规划作制度保障，公共文化设施建设才能够有的放矢地开展起来。

---

① 湖北省黄石市创建国家公共文化服务体系示范区评审材料. 文化部公共文化司，2011年3月印行.

② 舒琳. 为百姓谋得更多文化福利——公共文化服务体系建设在金昌[EB/OL]. (2012-04-18)[2012-08-28]. http://www.cpcss.org/_d274205454.htm.

③ 新疆维吾尔自治区喀什地区创建国家公共文化服务体系示范区评审材料. 文化部公共文化司，2011年3月印行.

表 5－3　新疆维吾尔自治区喀什地区公共文化设施建设经费投入一览表

<table>
<tr><th rowspan="2">兴建设施</th><th rowspan="2">数量
（个）</th><th colspan="2">占地面积</th><th colspan="2">投入金额</th></tr>
<tr><th>平均面积
（m^2/个）</th><th>总面积
（m^2）</th><th>平均投入
（万元/个）</th><th>总投入
（万元）</th></tr>
<tr><td>乡镇露天剧场</td><td>167</td><td>1500</td><td>250 500</td><td>80</td><td>13 360</td></tr>
<tr><td>乡镇文化站及国有农牧场</td><td>5①＋46</td><td>400</td><td>2000</td><td>40</td><td>20 400</td></tr>
<tr><td>县级图书馆</td><td>12</td><td>2000—8000</td><td>51 500</td><td>1500—2500</td><td>13 500</td></tr>
<tr><td>县级文化馆</td><td>12</td><td>2000—8000</td><td>57 000</td><td>875—2250</td><td>14 975</td></tr>
<tr><td>县级文工团排练厅</td><td>12</td><td>2500—4000</td><td>34 500</td><td>600—1000</td><td>9800</td></tr>
<tr><td>县级影剧院</td><td>12</td><td>2000—4000</td><td>36 000</td><td>1000—1500</td><td>14 200</td></tr>
<tr><td>县级博物馆</td><td>12</td><td>2000—4000</td><td>31 200</td><td>1500—2500</td><td>23 700</td></tr>
<tr><td>木卡姆保护传承中心</td><td>2②</td><td>4000</td><td>8000</td><td>1000</td><td>2000</td></tr>
<tr><td>喀什地区图书馆</td><td>1</td><td>10 000</td><td rowspan="3">24 000③</td><td>–</td><td rowspan="3">10 000</td></tr>
<tr><td>喀什地区群艺馆</td><td>1</td><td>6000</td><td>–</td></tr>
<tr><td>喀什地区美术馆</td><td>1</td><td>2000</td><td>–</td></tr>
<tr><td>喀什地区野外文物点看护用房和保护围栏</td><td>50</td><td>1000</td><td>50 000</td><td>40</td><td>2000</td></tr>
</table>

① 分别为：麦盖提县央塔克乡、疏附县萨依巴格乡、莎车县米夏乡、乌达力克乡、塔什库尔干县塔什库尔干乡。

② 分别为莎车、麦盖提县，传承中心包括各种非物质文化遗产及民族民间艺术传承培训、保护展示设施及学员公寓等。

③ 其中，办公室及工作用房 1500 平方米，配套用房 1500 平方米。

续表

兴建设施	数量（个）	占地面积		投入金额	
		平均面积（m^2/个）	总面积（m^2）	平均投入（万元/个）	总投入（万元）
喀什地区歌舞剧团	1	–	8000	–	4000
喀什地区博物馆	1	–	20 000①	–	8600
喀什地区剧院	1	–	12 000	–	6000
喀什地区非物质文化遗产保护传承中心	1	–	8000②	–	3000
管理设施建设③	–	–	–	–	1152
总计	337	–	592 700	–	146 687

3. 改扩建公共文化设施

改扩建是公共文化设施建设中面对用地紧张问题所采用的较为常见的做法，最为突出的当属浙江省温州市苍南县。苍南县从当地农村实际出发，对宗祠进行改建，使农村宗祠与文化中心合二为一。对已建成规模较大的宗祠，增设图书馆、阅览室、文体活动室等场所，增购图书、电视机、影碟机、健身器材等设备，使之具备农村文体活动中心的基本功能，能够符合农村群众日常文化生活需求。如已改建的仙居文化中心内设大戏台、室内广场、图书馆、阅览室、音乐器械室、棋牌室、电子信息室、健身室、书法培训室、多功能厅、村民学校、台球场、乒

① 第一期建筑面积 15 000 平方米，包括文物、民俗、手工艺品、革命建设史陈列厅，文物库房等。

② 包括各种非物质文化遗产及民族民间艺术传承培训、保护展示设施及学员公寓等。

③ 包括管理用房、围栏工程、安防监控系统、绿化、环境整治项目。

乓球场、室外健身场、篮球场、羽毛球场、嗒塔球场、武术场共“一台八室一厅一校七场”等 18 个项目，外部开辟宣传栏、阅报栏、村规民约栏和光荣榜。为对改建宗祠进行科学、严谨、规范的管理，苍南县委、县政府专门出台了《关于在全县范围开展农村宗祠整治的意见》，对全县农村宗祠改建村文化中心工作进行全面部署，把改建工作纳入“文化苍南”建设，纳入各级党委政府的重要议事日程，纳入各地经济发展规划和政府财政预算，纳入年度单位目标考核和领导干部政绩考核；专门制定《苍南县农村宗祠改建文化活动中心考核验收细则》和《苍南县农村宗祠改建文化活动中心考核验收评分标准》，对经改造后成为村文化中心的宗祠，通过当地乡镇政府审核后，县农村宗祠整治领导小组组织考核验收，及时总结做法经验，并根据合格宗祠的规模和层次，县财政给予 3 万—5 万元奖励。县委宣传部会同县文明办、县文化广电新闻出版局、县体育局等单位每年对文化活动中心进行一次检查或抽查，每两年进行一次考核，不合格的村文化活动中心要限期整改或撤销资格①。这些都为农村宗祠改建利用提供了政策上的保障，提高了基层和群众对宗祠改建的积极性，切实增强农村文化阵地建设的动力。

在城市，针对不少社区文化基础设施薄弱、场地小、条件差，有的社区甚至没有文化活动场地的情况，北京市大兴区文委积极与区民防局、街道共同协商，对社区文化阵地问题展开调研。经过调研，确定利用地下人防工事、地下空间开辟文化活动阵地：将原来堆放物品和设立简单公告栏的人防工事、地下空间改造成综合活动室、排练室、棋牌室、图书室等社区居民文化活动场所，成为“民防工事为民所用”的典型；兴丰街道清城社区更是利用小区地下停车场开辟出 200 平方米的文化活动场地，这一创新的做法，为社区居民提供了娱乐生活的好去

① 浙江省温州市创建国家公共文化服务体系示范项目评审材料. 文化部公共文化司，2011 年 3 月印行.

处。目前,大兴区利用地下空间、人防工事已建成社区文化活动场所10处,面积达到5000平方米,大兴区文委、财政、民防局和科协分别给予支持,配备了灯光、音响、空调、座椅等硬件设备,大大改善了地下活动场所的活动条件,为社区的和谐注入了新的活力与生机,充分利用各种社会资源,实现了社会资源在文化设施建设中的合理配置①。

第三节　设施布局规范的新实践

公共文化设施作为公众文化消费需求的保障,承载着所在地区的生活和文化印记,往往是重要的地区形象标志物和一座城市文明形象的窗口,其数量规模、空间分布及利用状况等反映了城市文化发展的状况,并对城市文化发展具有战略意义。各示范区(项目)在地方政府重视的基础上,加强对公共文化设施空间布局的制度设计研究,确立了文化设施建设的重点领域,推动了当地文化事业的发展。

一、"文化服务圈"的理念与实践

文化设施10到15分钟步行可达(800—1200米服务半径)②是较为常见的空间布局原则,基于这一原则,国内很多城市提出了"十分钟文化圈"或者"十五分钟文化圈"的理念和建设目标。尤其是示范区(项目)创建以来,这一目标提法得到更为广泛的认同,一些城市将"文化圈"列入"国民经济和社会发展第十二个五年规划纲要",也足以说明了这一点。

---

① 北京市大兴区创建国家公共文化服务体系示范项目评审材料.文化部公共文化司,2011年3月印行.

② 人的步速大概是5千米/小时,因此,人每分钟走大概83米,因而,10—15分钟步行距离约为800—1200米。

1. 十分钟文化圈

十分钟文化圈作为较高的目标，在示范区（项目）中还不多见。重庆市渝中区将此作为文化事业发展的全新目标和重大举措，并意识到“十分钟公共文化服务圈”指标体系的定义不能仅从单纯的“步行十分钟就有文化活动场所和设施”来理解，通过深入细致的调研，重庆渝中区将“十分钟文化便民服务圈”定义为：“居民从家中出发步行十分钟内，就能在辖区找到合适的文化活动场所；从全区任意一点出发乘坐公共交通工具十分钟内就能到达区域性综合文化设施；从全区任意一点出发驾驶交通工具十分钟内就能到达市、区大型文化设施，参与文化活动，享受文化服务。”[①]目前，渝中区已建成李子坝抗战遗址公园（一期）、湖广会馆、通远门古城墙公园，区内拥有三峡博物馆、规划展览馆、市少年宫、中国民主党派博物馆等一批重大区域标志性场馆；拥有按照一级场馆的标准建设的设施先进、交通便利、功能完善的区级示范性场馆——文图大厦；因地制宜提档升级建设了大坪—石油路、南纪门—望龙门地区文化中心等地区综合性设施；进一步强化社区保障性设施建设，在完成12个街道文化站、76个社区图书室、88个信息共享工程服务点的基础上，新建30个公共电子阅览室，试点建设社区文化墙。依托“四级文化圈层”的建设，渝中区的公共文化服务能力明显提升，服务体系建设西部领先，“十分钟公共文化服务圈”框架基本形成[②]。此外，广东省佛山市南海区为加快“城乡十分钟文化圈”构建，全面推行社区（村）“六个一”（一个综合文化活动室、一个文化驿站、一个群众文化广场、一名文体辅导员、一支文化义工分队、一个以上特色群众文化活动项目）文化活动中心建设，促使文化设施建设

① 重庆渝中：晚上公共文化服务体系推进十分钟文化服务圈建设[EB/OL].（2012-03-21）[2012-09-28]. http://www.wenming.cn/whhm_pd/yw_whhm/201203/t20120321_570971.shtml.

② 重庆市渝中区创建国家公共文化服务体系示范区评审材料. 文化部公共文化司，2011年3月印行.

稳步推进。

2. 十五分钟文化圈

“十五分钟文化圈”较之于“十分钟文化圈”的提法在示范区(项目)创建城市中更为常见。江西省赣州市打造具有赣州特色的“十五分钟文化圈”[①]。江苏省连云港市新东街道在所辖社区建设“一刻钟读书点”,配套建设文化活动站、书画室、康乐中心等场所,开辟社区青少年“绿色网吧”,并依托“一刻钟读书点”活动积极打造“十五分钟文化圈”,发动社会各界企事业单位积极参与文化建设,实现公益性文化设施共建共享,确保居民 15 分钟之内就能到达一处以上的文化设施,享受便捷的公共文化服务[②]。江苏省苏州市为实现农村公共信息服务的经济、高效和可持续,加快基本文化设施覆盖工程的进度,在全国率先开展“四位一体”[③]的农村综合信息服务体系试点工作,使“十五分钟免费文化圈”在苏州城乡基本得以实现[④]。山东省青岛市“十一五”期间投资 20 多亿元,新建青岛大剧院、青岛大学音乐厅,改扩建市博物馆、图书馆、群众艺术馆、人民会堂、美术馆、青岛音乐厅、青话小剧场、梦幻剧场等重点文化设施;市及市辖区市全部改扩建了公共图书馆、群众艺术馆(文化馆),建成各类博物馆、纪念馆 47 处,建设影剧院 40 家;全市所有乡镇、街道和绝大多数行政村分别建起了设施较为完备的综合文化站和文化活动室;建设 10 000 平方米以上大型文化广场

---

① 江西省赣州市创建国家公共文化服务体系示范区评审材料. 文化部公共文化司,2011 年 3 月印行.

② 江苏省连云港市创建国家公共文化服务体系示范项目评审材料. 文化部公共文化司,2011 年 3 月印行.

③ “四位一体”指村图书室、农家书屋、党员远程教育、文化信息共享工程四类资源整合而成的农村综合信息服务体系。

④ 公益性文化设施四级全覆盖[EB/OL]. (2011 - 05 - 26)[2012 - 12 - 28]. http://www.suzhou.gov.cn/news/szxw/201105/t20110526_11650.shtml.

65 处，“十五分钟文化圈”基本形成[①]。北京市东城区重点加强区划边缘地区的文化设施建设，加强永定门外地区这种人口密集度高，以及人均文化设施占有率较低地区文化设施和文化产品的供给，提出“一刻钟文化圈”是指东城区居民从家中出发，步行 15 分钟便可到达一个公共文化设施，就近享受免费的文化服务，不断丰富政府提供的文化产品内容[②]。江西省南昌市依托“一点两面三线”总分式社区文化服务圈，真正使群众生活在“十五分钟文化圈”内。“一点”即群艺馆文化馆作为向全区基层公众直接提供文化服务的场所，总体上承担区域性公益文化职能，涉及文化艺术等领域的创作、演出、活动、制作、展览、研究、交流、培训等项目，成为文化艺术人才培养和建设项目的第一层服务圈。“两面”即以社会基层文化需求调查研究部门为一面，包括文化馆调研部，各文化站、室通过文化工作信息平台、社区事务受理等途径获取群众文化需求信息；另一面为发挥文化行政服务职能，文化主管部门协调区域内文化资源共享，并制定激励考核机制，组织文化志愿者、社区文化辅导员等队伍为居民提供点单式文化需求后勤服务。“三线”即以文化馆为龙头的文化馆与业务工作部门的指导沟通渠道，业务工作部门与专业技术人员和社区文化辅导员的培训指导渠道，专业技术人员和社区文化辅导员与社区居民的文化宣传普及渠道。已建成的文化服务圈，有效辐射辖区居民，不仅关系密切，还在文化空间架构上兼具了科学性、专业态、导向型、规模化发展的走向[③]。

3. 依据差异确立不同文化圈

许多创建城市依照城乡、资源差异等确立了不同“文化圈”的目

---

① 山东省青岛市创建国家公共文化服务体系示范区评审材料. 文化部公共文化司，2011 年 3 月印行.

② 北京市东城区创建国家公共文化服务体系示范项目评审材料. 文化部公共文化司，2011 年 3 月印行.

③ 江西省南昌市创建国家公共文化服务体系示范项目评审材料. 文化部公共文化司，2011 年 3 月印行.

标。吉林省长春市在创建期间着力在城区形成“十分钟文化圈”,农村形成“半小时文化圈”[①]。河北省秦皇岛市通过各项文化惠民工程,建成“城市十分钟文化圈”“农村十里地(5000 米)文化圈”[②]。北京市朝阳区根据当地特点,提出“三圈一链”的公共文化建设服务模式,并根据不同地区、不同特点的文化资源,规划不同内容特色的建设重点,以适应不同区域服务对象的不同距离为服务半径。其基本设想是:固定文化设施服务圈为城市 15 分钟,农村 30 分钟;流动文化设施服务圈即为送电影、周末场演出;数字公共文化服务圈是两个平台一体化数字公共文化服务圈;本土化与国际化互动共荣的公共文化产品生产、供应链和品牌建设链,形成覆盖城乡、结构合理、功能健全、实用高效的公共文化服务设施网点化布局[③]。重庆市南川区 192 个村社,按照“一屋一室一场一栏”即每一个文化中心户建有一个图书屋、一个文化娱乐室、一个灯光球场和一个(科普)阅报栏的标准,每个村社至少建立 3 个文化中心户,并通过实施从乡到户的立体形文化阵地建设,基本构建起覆盖城乡的文化阵地网络,初步形成以乡镇综合文化站为中心的“半小时文化服务圈”,以村文化活动室为圆点的“一刻钟文化交流圈”,以社区文化中心户为依托的“五分钟文化活动圈”[④]。宁夏回族自治区银川市积极打造城市“十五分钟文化圈”(指在城市生活的居民从家中出来 15 分钟以内就可以到达公共文化服务场所进行文化娱乐活动),农村“十里文化圈”(指在农村生活的农民从家中出来步

---

① 吉林省长春市创建国家公共文化服务体系示范区评审材料. 文化部公共文化司,2011 年 3 月印行.

② 河北省秦皇岛市创建国家公共文化服务体系示范区评审材料. 文化部公共文化司,2011 年 3 月印行.

③ 北京市文化局《政府公共文化服务主体地位研究》课题情况汇报[R/OL]. (2011 - 03 - 03)[2012 - 09 - 19]. http://www.cpcss.org/_d271341991.htm.

④ 我区一文化项目通过文化部评审[EB/OL]. (2011 - 04 - 13)[2012 - 09 - 28]. http://www.cqnc.gov.cn/nc_content/2011 - 04/13/content_1305390.htm.

行十里以内就可以到达就近的文化服务场所进行文化娱乐活动)①，力争形成公共文化服务持续发展的有效保障机制。

尽管各地纷纷提出了各种文化圈的制度设想，但对于"五分钟""十分钟""十五分钟"、甚至"半小时"文化圈的提法，各地也都迥然有异，很多地方宣称已基本实现或即将实现文化服务圈。然而，究竟10分钟、15分钟的时间应用何种方式测量更为准确，建设初衷是否真正实现，当前还缺乏普遍认可的衡量标准，也很少有地方做出更进一步地探讨。

二、多级设施网络体系

公共文化设施是公共文化服务的基础和重要平台，全面覆盖的公共文化设施网络，能够保证服务体系更加完善，保障和实现群众基本文化权益，为丰富群众文化生活提供坚实的基础。不少示范区(项目)按照创建指标要求，形成了一系列优化公共文化设施空间布局、提高设施体系化水平的制度设计成果，有效提升了当地公共文化服务的能力和水平，体现了文化基础建设在不断发展中走向全民化、公益性。

1. 四级公共文化服务设施网络体系

四级公共文化服务设施网络体系，通常是在"市、县(区)、镇(街道)、村(社区)"四级公共文化设施网络基础上形成的服务体系。各示范区创建政府作为在地市级层面进行的公共文化服务体系规划，多采用此法，在整体上提高了区域内文化设施的供给能力。

陕西省铜川市加大了公共文化设施建设的资金投入，基本形成了以市、县文图两馆为重点和中心龙头，以乡镇综合文化站和村级文化室为基础的市、县(区)、镇(街道)、村(社区)四级文化服务网络体系。市级重点公共文化基础设施——市图书馆新馆建成开馆，市文化艺术

① 银川打造城市"十五分钟文化圈"[EB/OL].(2012-01-18)[2012-12-29].http://www.nxnews.net/wh/system/2012/01/18/010243212.shtml.

中心正在紧张筹建之中，共建成316个农村文化室和12个社区文化活动中心，在全省率先完成文化信息资源共享工程县级支中心建设任务，使广大人民群众基本文化权益得到初步保障①。北京市朝阳区从实际出发，探索建立符合区域特色的“文图博区级文化设施—地区级综合文化中心—街乡级文化中心—社区（村）级文化活动室”四级服务网络建设，并以八里庄文化中心为试点，探索实行属地提供基础设施，区文化馆负责运营管理的“条专块统”街乡文化中心管理模式。在区级层面，高标准高水平建设区级文化馆新馆、图书馆新馆、博物馆，使之成为展示区域文化文明、体现首都文化底蕴、彰显中华文化特色的文化设施；在地区级层面，采取改扩建、追缴配套和新建三种模式，在全区建设十个地区级综合文化中心，辐射带动周边地区的文化发展；在街乡级层面，重点推进街乡级文化中心达标建设，2012年实现覆盖率和达标率都实现100%；在社区（村）层面，按照国家公共文化服务体系示范区的标准，2012年实现每个社区（村）都建有200平方米的文化活动室，推动了文化设施合理布局、均衡发展②。福建省厦门市投资近10亿元，新建和改造了厦门文化艺术中心、厦门市郑成功纪念馆、陈嘉庚纪念馆、陈胜元故居等文化场馆。其中，集厦门市图书馆、市文化馆、市美术馆、市博物馆等多个文化场馆于一体的厦门市文化艺术中心总面积达13万平方米，成为福建省最大的公共文化设施群及国内功能配套最完备的文化艺术中心之一。同安、海沧、集美等区也建成了包括文化馆和图书馆等多个场馆在内的文化中心，全市基本形成覆盖城乡的四级文化服务网络③。四川省成都市实施公益文化设

① 陕西省铜川市创建国家公共文化服务体系示范项目评审材料. 文化部公共文化司，2011年3月印行.

② 北京市朝阳区创建国家公共文化服务体系示范区评审材料. 文化部公共文化司，2011年3月印行.

③ 福建省厦门市公共文化服务体系建设概况［EB/OL］.［2012－12－28］. http://www.cpcss.org/_d271541106.htm.

施提升行动，将成都大剧院、成都图书馆新馆、成都美术馆、成都音乐厅等重点公益文化设施纳入全市“十二五”规划，有序建设；各区（市）县在现有“两馆一站一室”基础上，完善和升级各类公共文化服务设施，全市在依托市、县（区）、镇（街道）、村（社区）四级公共文化设施网络基础上实现“2468”①公共文化服务体系②。

2. 三级公共文化服务设施网络体系

三级公共文化服务设施网络体系，通常多以县（区）层面作为规划主体，在“县（区）、镇（街道）、村（社区）”三级公共文化设施网络基础上形成的服务体系。如浙江省宁波市鄞州区以“三大馆群”为抓手，强化区级文化设施的龙头带动作用，在鄞州新城区开发中先后投入 11 亿元，优先规划建设一批总面积达 18 万平方米的标志性文化设施，着力打造“三大馆群”：打造省市一流水准的文化馆群，集中建成文化艺术中心、文化休闲广场、高教园区图书馆，总建筑面积 3 万平方米的市民综合活动中心建成使用；打造可承办国际赛事的体育馆群；打造赶超发达国家水平的博物馆群，已建在建筹建各类博物馆 28 座，总建筑面积 15 万平方米，每 2.9 万人拥有一座博物馆，荣获“中国博物馆文化之乡”称号。鄞州区还以区级公共文化设施为骨干，以镇乡（街道）和行政村（社区）基层文化设施为基础，整合各类公共文化设施，实现资源共享、联合服务，使公共文化设施整体效益进一步得到发挥。同

① “2”即每村（社区）有 1 个文化活动室和活动场地、1 支群众文化骨干队伍；“4”即每乡镇有 1 个文化站、影剧院、文化广场及 1 支非遗表演团体；“6”即各区（市）县有 1 个文化馆、图书馆、博物馆、多功能剧场、大型文化广场及 1 个专业艺术院团；“8”即市级有 1 个大型综合博物馆、剧院、文化馆、美术馆、音乐厅、2 个图书馆（综合馆、少儿馆）和 1 批艺术拔尖人才。

② 成都市人民政府办公厅关于印发《成都市创建国家公共文化服务体系示范区规划（2011—2015）》的通知[EB/OL].（2011 - 08 - 09）[2012 - 12 - 28]. http://www.chengdu.gov.cn/GovInfoOpens2/detail_ruleOfLaw.jsp?id=iZnbhawUqfyegNpyFMBI.

时,加快镇乡综合文化站和基层文化宫建设,不断完善“星光工程”创建成果,继续推进“公共文化明珠镇”工程创建步伐,初步形成区、镇、村三级公共文化服务体系①。广西河池市罗城仫佬族自治县以文体中心、文化馆、仫佬族博物馆等县级大型公共文化设施为龙头,对乡镇综合文化站、行政村(社区)综合文化室进行整合,实现覆盖县城、11 个乡镇、127 个行政村(社区)的公共文化网络,实现全县公共文化设施资源共享、联合服务,充分发挥县城、乡镇、行政村(社区)三级公共文化服务设施的整体效益②。

广东省东莞市则是从市级层面实现了市、镇(街道)、村(社区)三级文化设施建设的大跨越。市一级先后投入超 20 亿元建起了市中心广场、东莞展览馆、东莞图书馆、玉兰大剧院、群众艺术馆、青少年活动中心、科技博物馆、东莞文学院、可园博物馆、岭南画院、报业大厦、广电中心等十二大公共文化服务设施,矗立在环境优美、交通便利的城市中心区,成为满足广大市民文化娱乐及高品位文化享受的重要平台;为满足数倍于本地户籍人口的外来务工人员的文化需求,镇一级文化设施几乎按区县一级高起点规划,全市镇(街)、村(社区)二级公共文化设施建设共投入资金达 50 亿元,如长安镇先后投资 5 亿多元,建成了长安图书馆、长安广场、文化电视大厦、电视台演播厅、粤剧协会活动基地——粤艺苑等高档次的文化设施,全镇 13 个社区建有 13 个图书馆,15 个文化公园,27 个广场,在全市率先实现了图书馆、公园、广场全覆盖,成为全市首个图书馆之镇、文化建设标兵镇③。

① 浙江省宁波市鄞州区创建国家公共文化服务体系示范区评审材料. 文化部公共文化司,2011 年 3 月印行.

② 广西河池市罗城仫佬族自治县创建国家公共文化服务体系示范项目评审材料. 文化部公共文化司,2011 年 3 月印行.

③ 广东省东莞市创建国家公共文化服务体系示范区评审材料. 文化部公共文化司,2011 年 3 月印行.

三、体系末端的设施建设

文化设施是公共文化服务体系的重要组成部分，体系末端的设施建设又是公共文化设施建设的重点与难点。其中，特别关注农村文化设施建设，为广大农民群众提供基本的设施、场所和服务，是完善基层公共文化服务体系的重要举措，是统筹城乡文化发展、维护农民群众基本文化权益的必要手段，是进一步提高农民群众思想道德和科学文化素质，推进社会主义新农村建设的必然要求，是构建社会主义和谐社会的重要内容。示范区（项目）创建期间，河南省郑州市、四川省成都市、广西来宾市等地针对当时实际，不断加强农村基层公共文化设施建设，农村基层公共文化设施基本实现了全覆盖①。

1. 农村文化大院建设

随着新农村建设进程的加快，农村文化大院建设成为新农村建设的一大亮点。山西省长治市目前有文化大院1210个，其中，沁县南里乡晋元文化大院集图书阅览、矛盾调解、法律宣传、科技咨询为一体，倡导科学、健康、文明的生活方式，大大方便了周围村民的生活；襄垣县文化大院遍布城乡，陈子跃文化大院和尹土生文化大院等成为独具特色的群众文化活动品牌②。作为北京市第一个提出“文化大院”概念并率先进行创建实施的区县，北京市大兴区在创建期间继续加大镇、村两级文化阵地建设的力度。在大兴区财政局、文委、新农村办公室联合下发的《关于新农村建设整体推进文化大院建设实施意见》基础上，建前规划、建设标准、建设面积等均有明确规定；并为鼓励新农

---

① 国家公共文化服务体系示范区（项目）创建工作领导小组关于第一批创建国家公共文化服务体系示范区督查情况的通报[EB/OL].（2012－12－16）[2012－12－29]. http://www.ndcnc.gov.cn/gjszwhw/sfqtzgg/201212/3f7c2444afe84c229a4edf8c22d5e1df.shtml.

② 山西省长治市创建国家公共文化服务体系示范区评审材料. 文化部公共文化司，2011年3月印行.

村文化大院的建设，区政府规定每个文化大院开工之前，均由政府牵头，组织建委、土地、规划、农委、财政、文委等多家单位全面听取设计单位的设计方案，通过后，对每个村每建1平方米，区财政补贴资金800元，自2007年起，全区共为新农村文化大院建设补贴近3.3亿元[①]。北京市朝阳区则建成崔各庄乡援朝文化大院、孙河乡德元文化大院等9家文化大院，形成以家庭为中心开展文化活动的农村文化建设模式[②]。

山东省威海市由政府主导，于2008年出台了《关于加强镇综合文化站和农村文化大院建设的意见》（威政发〔2008〕47号），明确了文化站、文化大院建设的指导思想、总体目标、标准要求及经费投入保障等，要求各市区自行确定农村文化大院建设的奖励补助政策和标准。针对农家大院，威海市文广新局先后下发了《威海市文化大院建设标准》和《关于公布新修订的"威海市文化大院标准"的通知》（威文发〔2009〕7号）具体规定了文化大院建设一、二、三类标准。在帮扶政策上，威海市首先关注多方协调，争取社会捐助；再是沟通帮扶对子，请与之结对的单位伸出援手，对其进行捐建。根据各地的经济社会发展状况和群众需求，多种样式的文化大院层出不穷：沿海集聚型文化大院主要是通过文体结合，组建地域特色的文体团队，广泛开展广场文化活动，图书要多一些养殖等适合沿海群众阅读的书籍；中心城市社区文化大院主要针对社区居民既能充分利用市级文体设施，结合文化层次高，条件又较好的特点，侧重开展各种类型的培训、展览和展演，为社区居民提供自我展示和活动的平台；城郊结合型文化大院主要针对外来民工集居的特点，组建新居民文体活动中心，依托传统节日，开展引导型服务，精心策划群众喜闻乐见、互动性强的文化活动载体，让

---

① 北京市大兴区创建国家公共文化服务体系示范项目评审材料. 文化部公共文化司，2011年3月印行.

② 北京市朝阳区创建国家公共文化服务体系示范区评审材料. 文化部公共文化司，2011年3月印行.

广大群众“唱主角”，从“送文化”向“种文化”转变，增强“造血功能”，倡导推行“文化绿卡”，增强归属感①，真正体现了从群众特点与需求入手，体现了以人为本。

2. 文化站及其他农村文化设施建设

乡镇综合文化站是政府举办的提供公共文化服务、指导基层文化工作和协助管理农村文化市场的公益性事业单位，是集书报刊阅读、宣传教育、文艺娱乐、科普培训、信息服务、体育健身等各类文化活动于一体，服务于当地农村群众的综合性公共文化机构。在示范区（项目）创建期间，甘肃省金昌市的 12 个乡镇文化站基础设施全部达标，每站建筑面积 300 平方米，图书室藏书 6000 册，活动室娱乐器材基本齐全；每个乡镇有一个室外演出场所，有篮球场、文化广场、演出舞台等基础设施；乡镇文化站“共享工程”服务站配置电脑 30 台，阅览室 90 平方米。通过建设，乡（镇）每千人拥有公共文化服务网络设施不少于 35 平方米②。四川省成都市在推进基层文化阵地建设过程中，按照统一规划设计、统一风格标识、统一招标建设、统一设备配置、统一评定等级的标准化要求，统筹推进全市乡镇（街道）综合文化站建设。各地新建的乡镇综合文化站，不仅外观漂亮，功能齐全，而且配备了 500 至 2000 平方米的文化广场，成为各乡镇的标志性建筑；文化部门还对乡镇（街道）综合文化站（中心）开展等级评定，2011 年，全市首批 56 个一级站正式公布③，促进了文化站的规范化建设与发展。

与农家大院、乡镇综合文化站一样，其他各种形式的农村基础设

---

① 山东省威海市创建国家公共文化服务体系示范项目评审材料. 文化部公共文化司，2011 年 3 月印行.

② 金昌市人民政府. 金昌市人民政府关于印发金昌市创建国家公共文化服务体系示范区工作规划的通知［EB/OL］.（2011－09－05）［2012－08－27］. http://xxgk.gansu.gov.cn/mainDetail.asp? id=9495.

③ 十大亮点成都争创公共文化服务示范区［EB/OL］.（2012－04－19）［2012－12－29］. http://www.chengdu.gov.cn/shequ/detail.jsp? id=632470.

施陆续得以兴建。广东省中山市在《中山市文化广电新闻出版局社会主义新农村文化室建设先行点工作实施方案》中明确提出打造“六有”农村文化室，要求农村文化室具有以下功能：一是建有60平方米以上图书阅览室（农家书屋），藏书2000册以上，订阅《中国文化报》《中山日报》《南方日报》《广东社会文化》等报纸杂志，并设有电子阅览设备（电脑），可登录“文化信息资源共享工程”。二是建成有80平方米以上的文化活动室，室内有电视和DVD机，可收看各种文化、教育、科技、致富、种养等声像资料，亦可摆放乒乓球台或设置成业余文艺团队排练场所。三是建成有三支以上业余文体队伍，其中一支为文艺演出队伍。有适量的演出服装，乐器等，可为村民进行演出，促进农村基层文艺表演活动的开展。四是建有10米长度以上的主体橱窗（宣传阵地），橱窗（宣传阵地）每年要有6期以上的文化宣传展览，提高农民文化素质。五是建有室外演出场地，每年举办6场以上为村民服务的文艺演出，放映12场以上电影。六是有健全的队伍组织和管理制度。包括村两委有指定领导负责，图书室、活动室有值班管理人员，业余艺术团队有领导班子，文化室开展活动有文字和照片等艺术档案存档等①。通过建设“六有”农村文化室，农村群众能在家门口享受公共文化服务，使农村文化室成为了农村开展文化传播的平台，成为农村未成年人开展课外实践的第二课堂，成为农村群众互相交流的活动阵地，切实丰富了农村基层群众的文化生活。

3. 社区基础文化设施建设

除了农村公共文化服务设施之外，对于社区基础文化设施，示范区（项目）创建地区也有涉及。江苏省连云港市参照市文明办于2008年制定了《关于印发连云港市文明行业、文明单位、文明乡镇、文明村、文明社区创建〈管理规定〉和〈测评标准〉的通知》，随后下发了《关于

① 广东省中山市创建国家公共文化服务体系示范项目评审材料. 文化部公共文化司，2011年3月印行.

在全市开展社区文化中心标准化建设的实施意见和考核办法》，明确要求室内综合文化活动场所面积在100平方米以上，其中图书阅览室20平方米以上、综合文体活动室40平方米以上、文化培训室40平方米以上，辖区内还要建有面积在600平方米以上的室外场地一处，包括文化宣传橱窗、文化广场、健身场所等，另对藏书、健身器材、现代化办公设备等都有统一的标准要求，进一步明确建设标准、服务内容、考核细则[①]。湖南省衡阳市要求街道文化站参照乡镇综合文化站建设标准，建筑面积不少于300平方米，应具备“三室一厅一房”（“三室”指图书阅览室、培训教室、文化信息资源共享服务室，“一厅”指多功能活动厅，“一房”指办公用房）。社区文化活动中心建设标准为“二室一场三配套”（“二室”指文化娱乐室和图书阅览室，总面积不少于100平方米，其中图书阅览室30平方米以上，藏书1000册以上，报刊10种以上，配有书架、阅览桌椅，可同时供10人以上阅览；文化娱乐室70平方米以上，配有上网电脑、电视机、投影仪、音响、乐器、棋牌、桌椅等。“一场”指小型文化活动广场，面积不少于200平方米，配有照明灯光、文化体育设施和报纸阅览架等。“三配套”指设备配套，配置一套文化活动设备，满足一般演出和文化信息资源共享服务所需；队伍配套，配备一名具有一定文化程度和工作能力，热爱文化工作的专（兼）职人员对社区文化活动中心进行日常管理，同时组建一支相对稳定、有一定规模的群众文艺团体；活动配套，配合“广场旬旬演、社区周周乐”群众文化活动品牌打造，每周开展一次集中文化活动，室内活动场所每周开放时间不少于35小时）。同时，要求街道文化站和社区文化活动中心标牌由各区统一制作，名称统一为“××区××街道文化站”“××区××街道××社区文化活动中心”，采用竖排格式[②]。

---

① 江苏省连云港市创建国家公共文化服务体系示范项目评审材料. 文化部公共文化司，2011年3月印行.

② 湖南省衡阳市创建国家公共文化服务体系示范项目评审材料. 文化部公共文化司，2011年3月印行.

由此可见，通过街道、社区、农村基础文化设施的制度规划与着力推进，基层文化设施得到了极大地改善，基层文化活动有了必备的场地、设施与设备，推动了基层文化阵地建设，有利于基层文化设施与阵地社会效能的彰显，有利于基层文化活动的规模化、常态化发展。

四、总分馆及流动设施体系

公共文化服务体系建设的重点和难点是在体系末端，村（社区）公共文化服务设施的可持续发展问题亟待解决、流动文化服务站点空白需要填补。各示范区（项目）对基础公共文化服务设施体系建设进行了越来越越多地探索。

1. 总分馆制

示范区（项目）创建过程中，各地探索建立了“通借通还”的公共图书馆总分馆设施网络，并尝试将此种做法运用到公共文化服务的其他领域，使公共文化服务重心下移，走进基层。陕西省铜川市图书馆通过发挥全市中心馆的纽带作用，以及铜川境内县、区图书馆、大专院校图书馆以及厂矿、部队、社区（外阅点）分馆，形成了紧密的业务联系①。山东省青岛市积极推进总分馆制，构建以市级、区（市）、乡镇（街道）、村（社区）四级组成的总分馆服务体系，试点“一卡通”工程，初步形成了图书资源共享、通借通还的服务模式②。苏州市在建有108个公共图书馆总分馆的基础上，制订《苏州市公共图书馆服务体系建设行动计划》（暂名），苏州市及下辖市（县）区两级政府分别承担两级公共图书馆服务体系的建设和管理责任。城区采用以苏州图书馆为总馆，区、镇（街道）、社区图书馆为分馆的总分馆模式，构建覆盖城区范围内的公共图书馆总分馆体系；五市（县）参照城区公共图书馆

① 陕西省铜川市创建国家公共文化服务体系示范项目评审材料. 文化部公共文化司，2011 年 3 月印行.

② 山东省青岛市创建国家公共文化服务体系示范区评审材料. 文化部公共文化司，2011 年 3 月印行.

总分馆标准(建制镇、非建制镇各建2个),将乡镇图书馆纳入各市(县)的总分馆体系,实行统一管理。并于2012年,市、县级市(区)文化馆全部达到国家一级馆标准,基本实现公共电子阅览室的镇(街道)、社区全覆盖、镇级评弹书场全覆盖;2012年年底,全市建成公共图书馆总分馆140个;"十二五"末,苏州全市将有1个总馆、12个二级分馆、200个社区(镇)分馆[①]。广东省东莞市图书馆总分馆体系已覆盖全市32个镇(街),建成48个分馆、102个图书流动车服务站和5个图书馆ATM。在此基础上,东莞市继续深化实施图书馆"总分馆"制,选择不同试点,探索镇(街)统筹辖区内村(社区)、企业(工业园区)图书馆服务点的建设路径和机制。同时,东莞市利用其全国首开公共文化设施24小时服务先河的优势,大力推广自助图书馆和图书馆ATM建设,实现全市镇街24小时自助图书借阅全覆盖,形成辐射广泛、布局合理、协调统一的图书馆自助服务网络[②]。北京市朝阳区,通过完善文化馆基层文化辅导中心和图书馆图书配送中心建设,逐步形成"社会专家辅导+文化馆业务干部辅导+社区辅导员辅导"的三级辅导网络和"统一采购、统一编目、统一配送"的图书馆总分馆体系[③]。而重庆市大渡口区通过上级补助一点、区里预算一点、社会支持一点的资金筹措渠道,一方面,区财政建立每年1000万元宣传文化发展基金,用于大渡口公共文化事业建设与发展,并从中切块确保文图两馆"总分馆制"建设必需经费;另外,以公共文化服务单位免费开放为契机,为文图两馆落实了每馆每年50万运行经费,街镇文化站(中

① 江苏省苏州市创建国家公共文化服务体系示范区评审材料. 文化部公共文化司,2011年3月印行.

② 广东省东莞市创建国家公共文化服务体系示范区评审材料. 文化部公共文化司,2011年3月印行.

③ 北京市朝阳区创建国家公共文化服务体系示范区评审材料. 文化部公共文化司,2011年3月印行.

心)每年5万运行经费,有力地保障了总分馆制的推进实施[①]。

2. 流动设施

公共文化服务流动设施的建立,真正使公共文化服务延伸至城市、乡村的每一个角落,在一定程度上解决了偏远地区公共文化设施覆盖率不高的问题,能够使更多受众享受到均等化的公共文化服务。各示范区(项目)在原有公共文化设施的基础上,逐步配备流动服务设施,为公共文化服务体系全覆盖起到了积极作用。山东省青岛市、区两级文图两馆配备了流动服务车,深入乡村、社区开展图书、演出、展览、培训等公共文化服务活动[②]。辽宁省大连市文图两馆各配备1台流动服务车,按照每台图书流通车49万元、文化馆每台流动服务车38万元计算,由市、县两级财政分别解决[③]。天津市和平区图书馆、文化馆、纪念馆各配备1辆流动服务车,定期下基层服务[④]。安徽省马鞍山市的市级各文化场馆结合自身专业优势,建立了相应的送图书、送演出、送电影等流动文化服务机制,市财政安排专项资金保障流动服务开展[⑤]。江西省赣州市建设一批流动文化服务站,积极搭建"流动戏台""流动影院""流动书库""流动讲堂"等可移动文化消费平台,开展

① 重庆市大渡口区创建国家公共文化服务体系示范项目评审材料. 文化部公共文化司,2011年3月印行.

② 山东省青岛市创建国家公共文化服务体系示范区评审材料. 文化部公共文化司,2011年3月印行.

③ 辽宁省大连市创建国家公共文化服务体系示范区评审材料. 文化部公共文化司,2011年3月印行.

④ 天津市和平区创建国家公共文化服务体系示范区评审材料. 文化部公共文化司,2011年3月印行.

⑤ 马鞍山市积极探索公共文化服务体系建设新模式[EB/OL]. (2012-06-11)[2012-12-28]. http://www.ccnt.gov.cn/sjzznew2011/shwhs/shwhs_ggwhfwtxjs/201206/t20120611_253906.html.

大规模的“送”文化活动[①]，实现了图书服务到村、影视服务到村、公共服务到村、宣教服务到村、文体娱乐服务到村的“五项服务到村”[②]。陕西省铜川市图书馆于2007年开始建立农村流通书库，在条件适当的农村建立图书流通点，目前本级范围内已发展十多个农村图书流通服务点，配备了适宜农村读者、农村经济发展的文献资源和书架、阅览桌椅等设备，每个点每次流通图书300册，2—3个月调换一次[③]。湖北省黄石市、县区两级图书馆、文化馆和博物馆配备1台以上流动服务车，图书馆每年下基层流动服务次数不低于50次，文化馆每年组织流动演出12场以上，博物馆流动展览10场以上，实现服务公众“零距离”[④]。四川省成都市为市属演艺团体共配备了3台流动舞台演出车，为14个涉农区(市县)文化馆各配备了1台文化(科技)服务车，图书馆配备了1台公共图书流转服务车，文化(科技)服务车配有一套数字电影放映设备和3000册图书，规定全市每年政府采购不低于1000台文艺节目下乡演出，文化(科技)服务车每年下乡不少于300次[⑤]。甘肃省金昌市为市文化馆、图书馆、艺术团各配置1—3辆流动车，面向全市提供免费文化服务[⑥]。内蒙古鄂尔多斯市提供阵地与流动相结合

① 江西省赣州市公共文化服务体系建设概况[EB/OL].[2012-12-28]. http://www.cpcss.org/_d271541105.htm.

② 关于印发赣州市创建国家公共文化服务体系示范区建设规划的通知[EB/OL].(2012-02-25)[2012-12-28]. http://xxgk.ganzhou.gov.cn/fgwj/qtygwj/201203/t20120323_492427.htm.

③ 陕西省铜川市创建国家公共文化服务体系示范项目评审材料. 文化部公共文化司，2011年3月印行.

④ 湖北省黄石市创建国家公共文化服务体系示范区评审材料. 文化部公共文化司，2011年3月印行.

⑤ 四川省成都市创建国家公共文化服务体系示范区评审材料. 文化部公共文化司，2011年3月印行.

⑥ 甘肃省金昌市创建国家公共文化服务体系示范区评审材料. 文化部公共文化司，2011年3月印行.

的文化服务，文化站、文化室开展阵地活动的同时，为苏木乡镇文化站配备流动文化车，使阵地文化服务流动起来，为农牧民提供更多的便利①。广东省中山市图书馆在偏远社区、农村共设了63个馆外图书服务点，提供公共图书馆借阅服务。在此基础上，市图书馆还积极购置流动图书车，通过定点、定时、定路线的巡回服务方式，为各镇区、工业区、边远农村地区的农民群众、外来工免费提供便捷的图书借阅、文献查询、借书证办理等服务；市博物馆利用馆藏资源，结合农村文化室的需要制作了多个流动展览送到了农村②，既有效拓展了服务空间，又有效丰富了农村文化室的活动内容，开阔了农村群众的文化视野。

3.“嘉兴模式”

2009年4月，文化部在嘉兴召开现场会议，嘉兴市首创的“城乡一体化公共图书馆总分馆体系”作为“嘉兴模式”被推向全国。“嘉兴模式”以“政府主导、统筹规划、多级投入、集中管理、资源共享、服务创新”为主要特点，体现了公共图书馆总分馆建设的发展方向③。在创建示范项目过程中，“嘉兴模式”有了进一步的拓展和深化。所谓拓展，是把过去在市本级实施的总分馆模式拓展到了包括五县二区的“大嘉兴”范围；所谓深化，是在完善乡镇分馆建设的基础上，启动了村（社区）分馆建设、移动图书馆服务体系建设、跨系统的图书馆联盟建设、以乡镇分馆和村（社区）分馆为阵地的社会资源整合④。具体来讲，嘉兴市构建城乡一体化新型公共图书馆服务体系的总体目标是

---

① 内蒙古鄂尔多斯市[EB/OL].（2012－09－06）[2012－12－29].http://www.ccdy.cn/zhuanti/2012zt/jumupingxuan/201209/t20120906_385556.htm.

② 广东省中山市创建国家公共文化服务体系示范项目评审材料.文化部公共文化司，2011年3月印行.

③ 刘悦笛.公共文化服务的“嘉兴模式”[M].北京：社会科学文献出版社，2008：2－8.

④ 李国新.示范区（项目）创建与公共图书馆发展[J].中国图书馆学报，2012，199(38)：4－11.

"构建以市(县)图书馆为中心,以图书馆乡镇分馆为骨干,以村(社区)图书分馆(流通站)和图书流动车为基础,以企业、学校等图书馆联合加盟为补充,覆盖全市、城乡一体、功能完善、资源共享、管理规范的图书馆服务体系"(见图 5－1)。这一总体目标分为三个阶段进行探索和研究:第一阶段是推进总分馆建设。以市馆带动乡镇图书馆的可持续发展,实现城乡文化的均等化,本阶段以乡镇图书馆作为体系建设的关键环节。第二阶段是启动村(社区)分馆(流通点)试点工作,使乡镇图书馆的服务进一步延伸和拓展。在村(社区)分馆试点启动基础上,总结推广,同时积极探索以基层分馆为阵地,整合社会各种资源,推动公共文化服务体系建设。第三阶段是实现图书馆联盟建设。

嘉兴市在创建过程中重点关注:①村(社区)分馆建设。针对服务体系建设的难点在体系末端问题,在建设和管理村(社区)图书分馆中,村(社区)图书分馆重点设置在人口数量较多、条件成熟的村(社区)和拆并乡镇所在地进行先行规划建设;人口数量较少、条件不具备的村(社区)通过设置流通站或图书流动车实现图书资源流通和共享。参照乡镇分馆建设的经验,在各级政府的主导下建立市村(社区)图书分馆的保障机制和管理机制,并由市、县总馆统筹进行业务规范和业务管理,总馆统一采访、统一编目、统一配置,同时以乡镇分馆为中心辐射辖区内村(社区)图书分馆,具体负责指导和协调本区域内村(社区)分馆的常规业务管理和读者服务等工作,计划创建期间建成 50 个村(社区)分馆,并对村(社区)分馆的建设标准、保障机制和管理模式的制度设计作为重点进行研究。②移动服务探索。以移动图书馆实现服务体系的有益补充,实施"流动图书馆建设计划",市、县级公共图书馆 100% 配备流动服务车,在固定网点难以覆盖的地区开展流动图书馆服务,形成固定网点和流动服务相结合的全覆盖设施网络体系。③社会资源整合。进一步探索公共图书馆服务进企业、进学校,以基层公共图书馆建设带动共享工程、公共电子阅览室、职工书屋、农家书

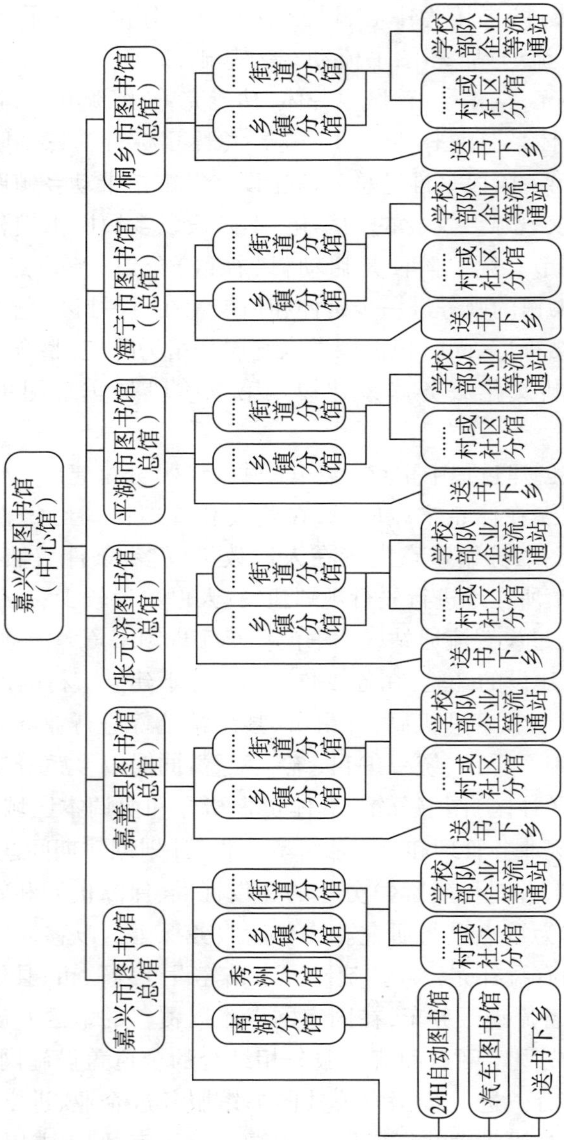

图5-1　嘉兴市"中心馆—总分馆"服务体系示意图

屋等工程的可持续发展；以乡镇分馆为重要阵地，进一步探索基层图书馆建设带动嘉兴乡镇综合文化站试点、党员远程教育网等社会资源的整合，以乡镇分馆为中心建设成乡镇传播知识的文化中心。④图书馆联盟建设。在基本完成城乡一体化公共图书馆服务体系的基础上，启动以学校、企业、科技等行业系统图书馆或单位联合加盟为补充的图书馆联盟建设。以嘉兴数字图书馆建设为契机，在资源、技术、人才等方面实现图书馆间的合作，实现共建共享，以最少的公共投入获取最大的社会效益，构建起一个由嘉兴市公共图书馆系统、高等院校图书馆、科技系统等其他相关单位共同参与，功能完善、管理规范、服务创新的数字信息资源共建共享的服务平台①。“嘉兴模式”是对实现公共社会资源效益的最大化、城乡基本公共文化服务的一体化、公共文化设施有效利用的成功尝试与探索。

① 浙江省嘉兴市创建国家公共文化服务体系示范项目评审材料. 文化部公共文化司，2011 年 3 月印行.

第六章 资源供给体系的实践探索与机制创新

公共文化资源供给体系是整个公共文化服务体系的子体系，是公共文化服务的重要基础。随着改革开放的进一步深入，国家日益重视公共文化服务体系的建设，党的十七大报告提出“覆盖全社会的公共文化服务体系”是实现全面建设小康社会的重要目标之一。完善的公共文化资源供给体系，有助于引领和规范群众文化活动，推动社会力量参与到公共文化资源供给体系之中，扩大文化产品和文化服务的供给，提高公共文化服务水平，创造活跃的文化建设局面。因此，如何实现知群众之所需、供群众之所求、助群众之所创、展群众之所能，加强公共文化资源供给，开始上升为当前公共文化服务体系建设迫切需要解决的至关重要的一环。

第一节 存在问题与难点

“十一五”以来，在各级政府主导下，新建和改建了大量公共文化服务设施，“硬件”问题有所改观。但是，如果没有足量的产品和服务供给支撑，公共文化服务设施就有可能被“空放”“挪用”或出租，就可能导致公共财力的无效投入。从当前情况看，全国各地的公共文化服务体系建设尚且存在诸多问题，尤其体现在公共文化资源的供给上。

一、供给不均衡

由第二章和第五章可知，文化事业费和公共文化设施均存在城乡区域差异明显的状况，这必将导致公共文化资源与服务供给不均衡状况的出现。由 2013 年全国范围内东、中、西各地群众文化机构组织文艺活动的次数(见表 6－1)来看[①],东部地区每个群众文化机构年均组织文艺活动的数量甚至超过中、西部该项数据之和,可见,东、中、西部地区公共文化服务资源供给极不均衡。另外,通过 2013 年全国各级群众文化机构组织各类活动总体情况的统计(见表 6－2)可以看出,省级、地市级、县市级、县级、乡镇(街道)文化站等各级群众文化机构组织各类活动的平均值呈依次递减的直线下滑之势(见图 6－1),且每个乡镇(街道)文化站年均组织活动的数量仅占省级机构该项指标的 11.51%,占地市级机构的 12.67%,占县市级机构的 20.43%,这也足以说明各个层级的群众文化机构之间存在明显的公共文化资源与服务供给差距,尤其是县与乡镇(街道)一级的基层服务活动仍显薄弱,亟待加强。因此,资源供给不均无论从哪个角度来讲,都是摆在公共文化资源供给方面的一道难题。

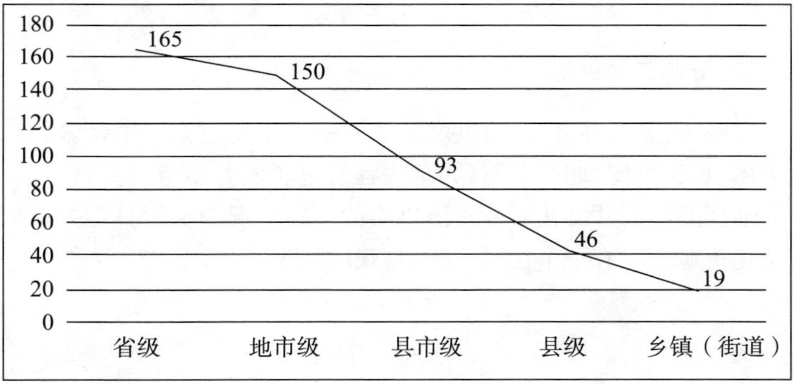

图 6－1　各级群众文化机构年均组织各类活动数(单位:次/个)

① 数据来源于《中国文化文物统计年鉴 2014》。

表6-1 2013年全国各地群众文化机构组织文艺活动次数情况一览表

项目＼区域	东部地区	中部地区	西部地区
机构数(个)	10 194	16 800	17 266
组织文艺活动次数(次)	247 917	222 454	227 593
机构年均组织文艺活动数(次/个)	24. 32	13. 24	13. 18

表6-2 2013年全国各级群众文化机构组织活动总体情况一览表

项目＼区域	省级	地市级	县市级	县级	乡镇(街道)
机构数	31	354	2930	6602	34 343
各类活动总数(次)①	5125	52 965	271 419	301 468	666 659
机构年均组织各类活动数(次/个)	165	150	93	46	19

二、资源交叉供给

在我国,尤其在基层,公共文化服务资源主要包括图书馆分馆、农家书屋、惠民书屋、职工书屋、共享工程及电子阅览室等各类资源。以嘉兴地区基层公共文化服务资源供给的实际状况为例,可以对基层公共文化资源供给有一个比较清晰、直观的认识(见表6-3)。

① 依据《中国文化文物统计年鉴2012》,各类活动总数为组织品牌节庆活动个数、组织文艺活动次数、举办训练班班次、举办展览个数以及举办公益性讲座次数之和。

表 6-3　嘉兴市公共文化信息资源供给情况①

资源名称	基本状况	隶属部门	主要资源
市县图书馆及乡镇分馆	嘉兴市本级已建成了包括 1 个总馆,2 个区分馆,10 个乡镇分馆,20 多个村(社区)流通站的统一联合体。嘉兴全市共建设乡镇分馆 54 个,乡镇分馆设置率达 96%以上	市文化局	图书、期刊等纸质资源;VCD、DVD 等音像资源
嘉兴数字图书馆	由嘉兴市图书馆联合嘉兴五县(市)公共图书馆、嘉兴市中小学图书馆、嘉兴教育装备与信息中心等联盟馆共同建设,打造综合性、跨系统、全民共享的数字文献服务,是嘉兴地区读者享受一站式资源检索和文献服务的数字资源平台。共计四十多个不同种类数据库	市文化局	数字图书、数字期刊、视频、音频等各类数据库资源
职工书屋	从 2008 年开始职工书屋的建设,现有全国级职工书屋 11 个、省级职工书屋建设点 21 个、市职工书屋建设点共有 366 个。国家对全国级职工书屋补贴价值 2 万元的书,省级、市级职工书屋都由企业出钱购书、工会赠送少量书籍	市总工会	纸质资源图书、期刊

① 胡娟,褚晓琼. 嘉兴市公共文化服务体系建构及政策环境分析. “浙江省重点创新团队项目——嘉兴市城乡一体化图书馆服务体系建设”项目组,2012 年 1 月印行.

续表

资源名称	基本状况	隶属部门	主要资源
惠民书屋	全县共有30个惠民书屋，每个点由县文化部门统一征订10种报纸和40种杂志，征订刊物分A套和B套（各15套），定期自行交换	海盐县委宣传部和县文化局	图书、期刊、报刊等纸质文献资源
农家书屋	处于建设起步阶段，目前只发布了相关政策，具体的建设实施办法正在修改制定中	市文化局	图书、报刊、音像制品等文献资源
共享工程	2003年开始共享工程的建设，在嘉兴市图书馆设立市支中心，到2008年，市乡镇（街道）都建有共享工程基层中心，村（社区）的覆盖率已达到100%，被文化部评为“全国文化信息资源共享工程示范市”。依托嘉兴地区公共图书馆网络，在县（市）图书馆设立基层一级中心、在乡镇、街道社区设立基层二级中心。由嘉兴市图书馆全面负责本市文化信息资源的建设、网络维护，基层工作人员的管理与培训等工作	市文化局	全国级文化共享工程的各类视频资源、省级文化共享工程购买的各类数据库资源
科普宣传	2004年开始，通过科普示范单位的创建、评选，推进全市科普宣传工作。两年评选一次省级示范单位，要求自然科学类的图书有1000册；一年评选一次市级示范单位，要求自然科学类的图书有500册。除了提供图书，还提供科普设施，以及一些涉农培训、专家下乡、科教电影短片等资源和服务	市科学技术协会科普部	图书（以自然科学类为评价标准）、电影下乡、涉农现场培训讲座、科普类数字资源

续表

资源名称	基本状况	隶属部门	主要资源
农技培训	2005 年建立嘉兴农业信息网，主要内容为各种农业方面的技术、标准、新闻、视频等。定期送科技下乡，以专家讲座、现场指导为主。针对农业大户通过多样化的方式提供服务，包括农技 110、农民信箱、广播等	市农业经济局	现场专家讲座、农业方面的技术、标准、新闻、视频
农村党员干部现代远程教育	2008 年建立红船网，主要内容包括市党建相关新闻文字、视频；全国远教办推送的课程、与嘉兴阿秀嫂合作自制的农业种植、养殖等方面科技视频；科普知识视频。为农村党员干部提供学习交流的平台。另编制手机报、每两周一次的“红船行”电视节目。主要针对党员干部，通过账号密码控制权限	市委组织部	党建等相关数字资源

在上述公共文化信息资源供给体系中，有些资源可以互补和共享，有些则有重复建设之嫌。例如，纸质文献资源方面，有市、县两级公共图书馆及乡镇分馆、村流通站、农家书屋、惠民书屋、职工书屋、科普宣传等多种供给渠道，导致资源重复采购；数字资源方面，则有嘉兴数字图书馆、嘉兴市共享工程支中心、党员干部现代远程教育等相关或相类资源。这些资源重复购置，不仅浪费了财力，对这些资源的必要管理和维护又造成大量人力、物力资源的附加支出，两者相叠加，空耗弥多①。

① 卓连营，冯佳. 相邻系统公共文化信息资源的整合策略[J]. 国家图书馆学刊，2012(3):41 －43.

三、供需脱节

公共文化服务所保障的是基层社会公众的基本文化信息需求，而非所有文化信息需求，这就决定了公共文化信息资源的供给无论是在形式上还是在内容上都要尽可能地贴近基层的实际状况与百姓的实际需求，以维系供求关系的基本平衡。第六次全国人口普查数据表明，截至2010年年底，乡村居住人口为67 415万人，占全国总人口的50.32%，平均每个行政村的人口为1100人，平均每个自然村的人口则仅为342人①。实际上，由于外出务工等原因，在乡村的常住人口要远远低于前述平均数值，而留守家中的又多以老人与儿童居多。在此情形下，仅以阅读为例，目前“村村建书屋”的做法，其可行性和必要性尚待认真考虑。另外，基层公共文化信息需求具有浅阅读、快节奏、多层次、多方面的特征，就载体形式而言，基层公众获取文化信息的主媒介，除了电视和网络外，基于报刊集时效性、新闻性、多主题性、碎块性为一体的特征，且经济实惠，成为纸质文献中依存度最高的媒介，适合基础百姓的阅读需求。而现有以图书借阅为主要内容的基层公共文化信息服务方式，很难适应基层公众的实际需求，供需脱节现象难以避免②。而对整个公共文化服务领域而言，基层百姓，尤其是农村群众多数文化艺术修养偏低，使其对某些公共文化活动及其文化内涵不能很好地理解，故而失去了参加这些活动的内在原动力；而现有的文化艺术活动也没有完全从实际出发，其趣味性、休闲性、娱乐性并不足以吸引广大群众参与其中，更有不少高端文化艺术创作，无论从价格还是内容来

---

① 《中国第三产业统计年鉴2011》载，截至2010年年底，我国已通邮行政村为606 922个，据此来测算每个行政村的人口数；《中国民政统计年鉴2011》载，截至2010年年底，我国有村民委员会自然村1 967 004个，据此来测算每个自然村人口数。

② 卓连营，冯佳. 相邻系统公共文化信息资源的整合策略[J]. 国家图书馆学刊，2012(3)：43－44.

讲，都与普通公众生活相去甚远，这种供需难以匹配的现象普遍存在。

第二节　提升资源供给能力的新方式

完善公共文化资源供给体系，要求在满足人民群众精神文化需求的同时，为公众创造一个通过享用和提供公共文化资源，不断提升文化素养的文化生态环境。在示范区（项目）创建过程中，各地政府关注公共文化资源供给，并依据中央相关政策法规的要求，对制度设计成果进行转化，取得了较好的成效。

一、“三馆一站”免费开放

1. 中央文件规定

为进一步提高公共文化服务水平，保障人民群众基本文化权益，2011 年 1 月，文化部、财政部联合印发了《关于推进全国美术馆、公共图书馆、文化馆（站）免费开放工作的意见》，就各级文化行政部门归口管理的美术馆、公共图书馆、文化馆（站）进一步向社会免费开放进行了总体部署：要求在 2011 年的年底之前，国家级、省级美术馆全部向公众免费开放，全国所有公共图书馆、文化馆（站）实现无障碍、零门槛进入，公共空间设施场地全部免费开放，所提供的基本服务项目全部免费；在 2012 年年底之前，各级美术馆全部向公众免费开放，全国所有一级、省级、省会城市、东部地区公共图书馆、文化馆（站）免费提供的基本公共文化服务质量和水平不断提升，形成 2 个以上服务品牌，其他图书馆、文化馆站实现基本公共文化服务项目健全，并免费提供。2011 年，中央财政落实公共图书馆、文化馆（站）免费开放保障经费约 18. 23 亿元，并带动全国地方各级财政落实免费开放保障资金 30. 82 亿元，重点对中西部地区地市级和县级公共图书馆、文化馆以及乡镇综合文化站开展基本公共文化服务项目所需经费予以补助。补助标准为地市级两馆每馆50万元、县级两馆每馆20万元、乡镇综合文化站每站5万元,中央财政对中、西部地区的经费负担比例分别为50%和80%,东部地区通过"以奖代补"的方式予以一定支持。目前,各级文化行政部门归口管理的6000多家美术馆、公共图书馆、文化馆和近4万个乡镇文化站已全部实现免费开放①。

2. 各地制度举措

示范区(项目)创建过程中,《国家公共文化服务体系示范区(项目)创建标准》分别对东、中、西部地区的免费开放内容做出了明确规定,因而将免费开放具体内容明确写入制度设计规划者不在少数,且各地对免费开放内容在标准基础上有了进一步的提升(见表6-4),这使得地方政府对免费开放的支持变得更为直接、有效。

表6-4 第一批示范区(项目)创建城市制度设计所列免费开放相关规定一览表②

要求 地区	电子阅览室每周免费上网服务时长	图书馆每周开放时长	文、博两馆(站)每周开放时长	备注
东部标准	不少于56小时	不少于56小时	不少于42小时	图书馆每年下基层服务次数不低于50次,文化馆每年组织流动演出12场以上,流动展览10场以上

① 人民日报年终报道:民生政策在你那儿落实了吗[EB/OL].(2012-12-31)[2013-01-08].http://news.workercn.cn/c/2012/12/31/121231071923601316263.html.

② 该表中资料来自于各示范区(项目)创建制度设计报告。

续表

地区＼要求	电子阅览室每周免费上网服务时长	图书馆每周开放时长	文、博两馆(站)每周开放时长	备注
辽宁大连		不少于56小时	文化馆开放不少于42小时;博物馆部分开放	
广东东莞	不少于56小时	72小时	不少于42小时	图书馆馆藏图书平均年流通率1次以上,人均到馆次数0.5次以上;岭南美术馆开放48小时/周
天津和平区		66小时	56小时	
北京东城区		不少于65小时	不少于56小时	34家博物馆中,20家遗址类和文物建筑类博物馆对未成年人半票和弱势群体免票,14家非遗址类和文物建筑类博物馆全部免费开放
中部标准	不少于42小时	不少于56小时	不少于42小时	

续表

要求 地区	电子阅览室每周免费上网服务时长	图书馆每周开放时长	文、博两馆（站）每周开放时长	备注
吉林长春	不少于42小时	不少于56小时	不少于42小时	
黑龙江牡丹江	不少于42小时	不少于56小时	不少于42小时	
江西赣州	不少于42小时	不少于56小时	不少于42小时	
河南郑州	不少于42小时	不少于56小时	不少于42小时	
湖北黄石	不少于56小时	全年“无闭馆日开放”	不少于42小时	美术馆、体育馆（场）、科技馆、青少年活动中心、工人文化宫等也均每周开放不少于42小时
海南澄迈	不少于42小时	不少于56小时	不少于42小时	
西部标准	不少于42小时	不少于56小时	不少于42小时	
内蒙古鄂尔多斯	不少于42小时	不少于56小时	不少于42小时	图书馆每年下基层服务次数不低于30次，文化馆每年组织流动演出6场以上，流动展览5场以上
广西来宾	不少于42小时	不少于56小时	不少于42小时	

续表

要求 地区	电子阅览室每周免费上网服务时长	图书馆每周开放时长	文、博两馆（站）每周开放时长	备注
四川成都	不少于42小时	不少于56小时	不少于42小时	成都图书馆、温江区、锦江区图书馆每周开放时间80小时以上；文化馆（站）每天开放不低于8小时
宁夏银川	不少于42小时	市馆冬季每周开放70小时，夏季每周开放73.5小时；县（市）馆每周开放时间不少于56小时	不少于42小时	市、县两级图书馆平均每册藏书年流通率0.5次以上；人均到馆次数0.2次以上
陕西宝鸡	不少于50小时	不少于56小时	不少于42小时	体育馆（场）、青少年活动中心等每周开放时间也不少于42小时

续表

地区＼要求	电子阅览室每周免费上网服务时长	图书馆每周开放时长	文、博两馆(站)每周开放时长	备注
甘肃金昌			不少于42小时	文化馆年免费接待观众2万人(次);县(区)文化馆年免费接待观众1万人(次),举办各类培训24期,展览12期,培训各类学员5000人(次)

除上表中对免费开始时长等明确做出规定的地区外,还有一些地区的制度设计规划也涉及免费开放的相关内容,如贵州省遵义市充分利用国家的免费开放政策,各级图书馆、文化馆全部实行了免费开放,遵义会议纪念馆、娄山关红军战斗遗址、遵义市博物馆、习水四渡赤水纪念馆、仁怀市博物馆、黎庶昌故居陈列室等免费开放,使得遵义文化传播更加广泛,群众对历史文化的了解更加深入①。北京市朝阳区努力构建博物馆服务网络,力图建设一个全区性的综合类博物馆;打造两个博物馆聚集区(奥林匹克公园高端博物馆聚集区和高碑店民营博物馆聚集区);扶持一批民办博物馆,通过出台《促进朝阳区民办博物馆发展的实施办法》,制度上推动博物馆最终全部免费开放。2012年,朝阳区又投入380万元,用于“三馆一站”免费开放工作,从资金上

① 贵州省遵义市创建国家公共文化服务体系示范区评审材料. 文化部公共文化司,2011年3月印行.

保障了街乡文化中心和社区文化室免费开放及活动开展[①]。江苏省连云港市要求社区公共文化设施开放时间要适应社区居民的需求，定时开放，原则上不少于28小时，因故暂时不开放的，应提前一周向公众告知[②]。江苏省南通市从2004年2月18日起，南通博物苑就开始对所有预约的未成年人团体免费开放，每月18日对公众免费开放；2006年5月1日起对全社会免费开放；2008年2月，全市10余家博物馆、纪念馆、艺术馆同时向社会免费开放[③]，免费开放工作走在了全国前列。湖北省武汉市在“武汉之夏”活动期间，市、区、街（乡、镇）、社区各级文化阵地，如群艺馆、文化馆、文化站、文化室、图书馆、图书室、美术馆、博物馆等一律免费对群众开放，并配套设置相应的服务人员、灯光音响、书籍、文物，举办多种形式的“武汉之夏”文化活动[④]。

总体来讲，各示范区（项目）按照中央统一部署，结合本地区实际情况，在加快推进免费开放工作方面做了以下努力：首先，制定明确的“三馆一站”免费开放时间表。陕西省5家美术馆、112家公共图书馆、120家文化馆、1611家乡镇文化站从2011年7月1日起全部面向社会免费开放。广东省于2011年7月1日前实现省级和副省级城市的“三馆”免费开放，同年10月1日前扩大到珠江三角洲地区，年底前推广到全省其他地区。湖南省图书馆、省少儿图书馆、省群众艺术馆2011年7月1日前免费开放，市州、县区文化场（馆）和乡镇综合文化站在2011年10月1日前免费开放，到2012年年底，省内“三馆”全部

---

① 朝阳区创建国家公共文化服务体系示范区整改方案. 北京市朝阳区人民政府，2012年11月印行.

② 江苏省连云港市创建国家公共文化服务体系示范项目评审材料. 文化部公共文化司，2011年3月印行.

③ 江苏省南通市创建国家公共文化服务体系示范项目评审材料. 文化部公共文化司，2011年3月印行.

④ 湖北省武汉市创建国家公共文化服务体系示范项目评审材料. 文化部公共文化司，2011年3月印行.

免费开放。江西省确立了13家图书馆和12个文化馆作为免费开放试点单位,到2011年年底全省所有"三馆"实现全面免费开放。其次,进一步提高"三馆一站"免费开放后的服务质量和水平。《江苏省美术馆、公共图书馆、文化馆(站)免费开放工作方案》明确要求,实行免费开放后,各级图书馆、文化馆提供的基本服务项目应不少于10项,乡镇(街道)综合文化站应不少于6项。重庆市针对免费开放的公共文化机构,分级分类提出免费开放的设施场地要求和免费提供的服务项目及数量。山东省将"健全服务项目"作为免费开放部署的一项重要措施,要求免费开放的机构在均等、普惠的基础上,逐步增设多样化服务。再次,加强"三馆一站"免费开放的组织和经费保障。安徽省文化厅、财政厅召开全省电视电话会议,专题部署免费开放工作,明确省级美术馆、图书馆、文化馆所需经费全部由省级财政负担;市级公共图书馆、文化馆(站)所需经费,由中央财政、市级财政分别承担50%;县级(含县改区)公共图书馆、文化馆(站)所需经费,在中央财政按标准负担50%的基础上,省、县级财政分别负担25%。云南省文化厅和财政厅联合印发了《关于下达2011年度基层公共文化服务体系保障经费的通知》,对省州(市)级及以下公共图书馆、文化馆(站)免费开放工作经费地方配套资金予以明确规定。新疆将免费开放工作列入2011年重大民生项目之一,成立领导小组,并于2011年11月1日至12月30日,开展全区范围内的督导检查。湖南、山东、福建、内蒙古等地也明确要求限期收回出租或挪作他用的公共文化设施场地,用于开展公共文化服务[①]。免费开放工作的实施,不仅拓展了公共文化服务的阵地,增强了服务能力,更为重要的是体现了公众享有公共文化服务的均等化与便利化,公共文化的社会价值彰显无余。

---

① 第一批创建国家公共文化服务体系示范区(项目)、"三馆一站"免费开放督查工作正式启动[EB/OL].(2012-02-28)[2012-09-08].http://www.cpcss.org/_d273806153.htm.

二、公共数字文化建设

10年来,信息技术对公共文化服务机构的影响深刻而广泛。但总体看,公共文化服务还没有整体上进入信息化服务阶段,还没有建立起信息技术条件下公共文化服务新的理念和服务管理模式,还不能够满足大众基本的公共文化服务信息化需求①。尤其在政府引导和市场力量的推动下,产生了5.13亿网民②这一全球最大网络公共文化服务人群的情况下,公共数字文化开始作为公共文化服务体系的重要组成部分,引起关注。"十二五"时期,我国在公共数字文化方面重点要推三大工程:一是数字图书馆推广工程,它以国家数字图书馆为中心,以各级数字图书馆为节点,建设分级、分布式的全国数字图书馆资源控群,通过多种媒介手段,把图书馆的服务送到老百姓身边;二是公共电子阅览室建设计划,这是数字文化建设的重要内容,到2015年,要在全国所有的乡镇、街道、社区实现免费的、绿色的公共上网空间全覆盖③;三是文化信息资源共享工程,它是一项充分利用现代高新技术,将人类文明数千年来积淀的优秀文化信息资源通过一定的传输手段提供受众利用的文化系统工程④。文化共享工程、数字图书馆、公共电子阅览室等公共数字文化建设项目的加快实施,使得数字化服务能力和水平明显提升。在满足大众的数字文化需要、提供网络基本文化服

① 信息化发展与公共文化服务变革——对公共文化服务体系支撑技术环境的研究[EB/OL].(2011-03-03)[2012-09-25]. http://www.cpcss.org/_d271342568.htm.

② 中国互联网络信息中心发布截至2012年12月31日的统计数据[EB/OL]. http://www.cnnic.net.cn/hlwfzyj/jcsj/.

③ 李国新:公共数字文化推三大工程把图书馆送到百姓身边[EB/OL].(2011-10-24)[2012-12-28]. http://culture.people.com.cn/GB/87423/16000634.html.

④ 王永护.关于"共享工程"文化信息资源建设的若干构想[J].当代图书馆,2005(3):5-7.

务方面，各示范区（项目）依托这三大工程，积极努力。

1. 深化三大公共数字文化工程

以数字技术和计算机网络技术为支撑的城乡一体化、资源高度共享的三大公共数字文化建设项目，有利于消除公共文化服务的城乡差别，保障城乡居民平等获取知识和信息的权益。各地依托三大工程，不断深化制度创新机制。

广东省佛山市南海区图书馆设立了文化信息资源共享工程支中心的"纵向共享"与"横向共享"。"纵向共享"是指由区图书馆支中心自建和接入的公共文化信息资源通过政务网延伸到基层，所有的镇（街道）以及村居网络终端都可以通过政务网进行访问，覆盖全区 8 个镇（街道）和 283 个村居，覆盖率达 100%，基层点建设达到文化部规定标准；"横向共享"是指从 2006 年起实现了区图书馆网与政务网、教育网、卫生网三大网络的资源共享，实现了跨系统资源共享。文化信息资源可以覆盖到全区 200 多所学校、20 多所医院及 2 万多个政务网用户终端。开通"读者身份认证系统"，读者可以凭"一卡通"借阅证和手机密码，随时随地进入区图书馆"共享工程"网站，使每一个家庭都可以享受到信息资源①。广东省东莞市把文化共享工程建设与总分馆、数字图书馆、农村党员干部现代远程教育网络相结合，建成硬件、资源、人员配置到位的市支中心，实现镇、村（社区）基层服务点全覆盖，并成为文化部"十二五"时期"公共电子阅览室建设计划"试点城市。实施东莞文化资源数字化计划，依托全国文化信息资源共享工程和国家数字图书馆工程，市一级建设 9 个以上地方特色数字资源库；建设电子图书、舞台艺术、知识讲座和影视节目等数字资源库；推进非物质文化遗产及民间文艺资源数字化工作，保存珍贵的东莞地方文化资源，传承东莞文化。另外，实施数字文化服务体系建设计划，加强文

① 广东省佛山市创建国家公共文化服务体系示范项目评审材料. 文化部公共文化司，2011 年 3 月印行.

化信息资源共享工程、东莞数字图书馆、东莞市民学习网、手机图书馆的平台和资源整合，建立网上图书馆、网上博物馆、群众文化活动远程指导网络，充分利用东莞阳光网等网络媒体，提高文化信息传播速度与质量，基本形成资源丰富、服务便捷、覆盖城乡的数字文化服务体系[①]。四川省成都市文化馆建有网络文化馆，成都图书馆建有“锦绣成都—成都地方文献”“蜀风雅韵—成都非物质文化遗产数字博物馆”“全国文化信息资源共享工程成都市支中心”“中国成都国际非物质文化遗产节”等五个主业务网站，用于数字公共文化服务的数字资源已达24.5TB，总量达5800多万篇/册/种。其中包括方正Apabi电子书32万多册，CNKI数字化期刊群3574万余篇，万方数据库2000多万篇，超星电子图书110多万册，龙源人文期刊1800种，以及众多的地方文献资料、非物质文化遗产项目视频、万方农业种植视频、超星学术视频、成都讲坛视频等[②]。贵州省遵义市以打造“数字遵义”为契机，在市、县两级文图两馆建设标准配置的公共电子阅览室，加快乡镇(街道)、村(社区)公共电子阅览室建设[③]。辽宁省大连市为加大对街道、乡镇、村公共电子阅览室建设投入力度，每个电子阅览室初步估算约需6万元(按每个电子阅览室10台电脑计算，需要电脑经费4万元，宽带费、桌椅等费2万元/年)[④]。山东省青岛市在全市公共图书馆、群众艺术馆(文化馆)、乡镇(街道)和社区建设中配置标准的公共

① 广东省东莞市创建国家公共文化服务体系示范区评审材料. 文化部公共文化司，2011年3月印行.

② 四川省成都市创建国家公共文化服务体系示范区评审材料. 文化部公共文化司，2011年3月印行.

③ 贵州遵义提高公共服务供给能力大力推进公共文化服务体系示范区创建[EB/OL]. (2011-12-26)[2012-12-28]. http://www.ccnt.gov.cn/xxfbnew2011/zxgz/gjggfwtxsfqcjgz/201112/t20111226_226072.html.

④ 辽宁省大连市创建国家公共文化服务体系示范区评审材料. 文化部公共文化司，2011年3月印行.

电子阅览室，为基层群众特别是广大青少年提供内容健康、服务规范、环境良好的公益性互联网服务；同时，关注“数字图书馆、数字文化馆、数字博物馆、数字美术馆”建设，建立网上图书馆、网上博物馆和网上文化馆，为群众提供方便快捷的网上文化服务①。依托三大公共数字文化工程，所有基层群众可以通过多种方式使用各种公共数字文化资源服务，公共文化服务的获取更加方便、快捷。

2. 建设地方特色数据库

依托三大公共数字文化工程资源，不少示范区（项目）利用地方优势，建设了具有地方特色的专题数据库。北京市朝阳区为实现多渠道输送传播文化产品，加快推进公共文化设施电子地图建设，推广“网上图书馆”“网上博物馆”建设，深化文化资源共享工程，建成了 CBD 创意资料数据库②。辽宁省大连市依托文化信息资源共享工程和数字化图书馆建设工程，建成“大连地区非物质文化遗产资源库”“大连图书馆白云书院讲座视频资源库”“大连图书馆馆藏文献资源库”3 个特色资源库。其中，“大连地区非物质化遗产资源库”目前容量 28G，“大连图书馆白云书院讲座视频资源库”目前容量 332G，“大连图书馆馆藏文献资源库”目前容量 300G③。江苏省苏州市已基本形成资源丰富、技术先进、服务便捷、覆盖城乡的数字文化服务体系，其市、县两级均有自建的地方文化数据库，仅苏州图书馆“文化苏州（http://www.suzhouculture.cn/）”网站就建有地方特色数字资源 12 个，特别是在

---

① 山东省青岛市创建国家公共文化服务体系示范区评审材料. 文化部公共文化司，2011 年 3 月印行.

② 北京市朝阳区创建国家公共文化服务体系示范区评审材料. 文化部公共文化司，2011 年 3 月印行.

③ 辽宁省大连市公共文化服务体系建设概况［EB/OL］.［2012 - 12 - 28］. http://www.cpcss.org/_d271541190.htm.

“苏州古籍方志数据库”中就有285部古籍方志和18种民国报纸[①],使得地方特色资源得到了充分有效地整合利用。

3. 开设地方特色文化网站

地方特色文化网站作为一种利用现代化信息与网络技术,反映地方特色文化的方式,较之数据库,不拘泥于IP等身份条件限制,能够向更广泛人群提供更为便捷地交互式服务。江西省南昌市开展社区“文化在线”公共服务,即文化活动阵地在线与文化数字网络在线的示范性文化服务项目,形成双线多元化服务机制,实现了全义务、全覆盖、全方位服务的省、市、区、街道(乡镇)、社区五级社区文化管理网络,拓展了公共文化资源供给主体、方式和渠道,并已经在西湖区为龙头的文化馆和管辖镇、农场、街道办事处、所设行政村、社区文化室建立网站,使文化活动真正成为文化惠民工程百姓满意工程[②]。上海市徐汇区构建了区级“徐汇文化”网络服务平台,区图书馆、文化馆和艺术馆也分别开设了专业网络文化服务,为人民群众创造了网上阅读、学习和娱乐的多种选择[③]。山东省青岛市还扩展文化信息渠道,加强“青岛市文化信息网”建设,设立网上文化超市,及时向公众传播最新的文化信息,开辟百姓文化诉求表达途径,及时了解群众文化需求[④]。文化供给与群众需求之间的沟通渠道更为顺畅,有利于实现公共文化服务的供需平衡。

---

① 江苏省苏州市创建国家公共文化服务体系示范区评审材料. 文化部公共文化司,2011年3月印行.

② 江西省南昌市创建国家公共文化服务体系示范项目评审材料. 文化部公共文化司,2011年3月印行.

③ 上海市徐汇区创建国家公共文化服务体系示范区评审材料. 文化部公共文化司,2011年3月印行.

④ 山东省青岛市创建国家公共文化服务体系示范区评审材料. 文化部公共文化司,2011年3月印行.

4. 施行“农文网培学校”

各示范区(项目)不乏结合本地实际,对基层公共数字文化资源进行深入挖掘与探索的例子,其中最具代表性的是云南省创新施行的“农文网培学校”。“农文网培学校”是云南省文化厅结合农村文化工作的实际,为提升农村公共文化服务能力和文化共享工程基层运行效能而实施的一项重大创举。其主要特点是利用文化共享工程的海量资源为教材,利用乡(镇)文化站、村(社区)室的活动场地为课堂,利用文化站(室)的管理人员为基本师资力量,整合农村公共文化服务的设施、设备、人员、信息等资源,创新文化共享工程基层站点的运行方式,通过在文化站(室)建设农文网培学校,以增强农村文化设施服务群众的能力,达到提高农民群众科学文化素养的目的。农文网培学校要求明确、操作规范,两县市农文网培学校建设主要以禄丰县仁兴、和平镇农文网培学校建设为示范,以县(市)文化行政部门为主导,以州、县(市)公共图书馆为骨干,以文化共享工程为依托,以乡镇综合文化站和村(社区)文化活动室为平台来实施。教材主要来源于共享工程国家管理中心和云南省分中心编制下发的各类学习资料、各类图书期刊资料;教学及服务内容主要为政策宣传、科普教育、德育、文化信息咨询解答、艺术解读、图书导读、农科信息服务、技术培训等。乡镇、村农文网培学校(分校)与综合文化站、文化活动室实行“两块牌子、一套人马”的建设与管理模式;乡镇农文网培学校校长由分管文化工作的乡镇领导担任,常务副校长由乡镇综合文化站站长担任,由乡文化站工作人员担任教员,负责学校教学管理及辅导、电子阅览室管理、设备维护等工作;设辅导员若干名,从相关企事业单位专业技术人员中聘请,负责某一培训项目的辅导工作;行政村农文网培分校校长由村支部书记担任,村文化活动室负责人任常务副校长,并负责分校日常管理等工作。村(社区)农文网培分校的建设与组织部门的农村党员干部现代远程教育工程实行共建共享,并与“文化惠民示范村”建设工作相结合[①](参见图2-1)。

云南省保山市更是按照“六有”标准(有醒目的宣传标牌,有校务管理机构和专兼职师资队伍,有教学场地设施和培训资质,有培训计划及定向培训服务的产业项目和专业联系户,有经费保障,有规范有效的校务管理制度、学籍管理制度、办学水平评估制度),凡是建有文化信息资源共享工程的单位都要建“农文网培学校”。2010年,市、县(区)建成率已达100%,2012年乡镇建成率100%,行政村建成率100%。基本形成资源丰富、技术先进、服务便捷、覆盖城乡的数字文化服务体系,县县有支中心、乡乡有基层服务点,实现“村村通”;100%的基层群众可以通过基层服务点使用文化信息资源及享受数字图书馆、数字博物馆、数字美术馆的资源服务[②]。

三、资源整合与优化配置

示范区(项目)创建期间,不少地方普遍采用多部门协调联动和政策配套的方式,推动跨区域、跨部门、跨系统文化资源的整合和优化配置,提高了公共文化资源的使用效率。如上海市徐汇区在创建领导小组办公室统筹协调下,加强基层文化资源整合,形成了政府主导、社会参与的资源共享格局;安徽省马鞍山市打破条块分割,初步形成集文化、体育、教育、科技等于一体的综合性公共文化服务平台;新疆喀什地区整合内地援疆项目,综合推进公共文化服务体系建设;山东省青岛市整合原市文化局、新闻出版局、广播电视局的行政管理职能,组建了市文化广电新闻出版局,进一步理顺了文化行政管理职能,有效地

① 云南省楚雄县创建国家公共文化服务体系示范项目评审材料.文化部公共文化司,2011年3月印行.

② 云南省保山市创建国家公共文化服务体系示范区评审材料.文化部公共文化司,2011年3月印行.

整合了分散在不同文化部门的文化资源①,成效显著。

1. 本地跨系统资源整合与配置

公共文化服务的主要推动者是各级政府,一些示范区(项目)所在地通过设立创建联席工作领导小组的方式(见第四章),使多部门共同参与,并对现行供给渠道和供给方式予以重新审视和规划,有利于整合资源,实现效能最大化。

上海市徐汇区不断完善"两级政府、三级管理"的区域文化创新体制,实施"1+13+X"工程(即1个文化馆和图书馆、13个街镇、若干区域文化),实现文化资源的优化配置。一方面形成"西南模式",即区西南文化艺术中心(区文化馆)邀请地域范围内部分委办局、企事业单位和驻区单位,以文化馆为平台、以文化互惠为基点、以受众至上为原则、以合作协议和联席会议为纽带,资源共享、功能叠加、效益放大,开展丰富多样的社区群众文化活动,成为资源共享共建的典范;另一方面实现区校(院)合作,与区域内上海音乐学院、上海京剧院等高校和文艺院团签约,把高校志愿者和图书馆、礼堂等文化设施纳入社区公共文化建设范畴,并不断加强协调、积极推动,鼓励区域内机关、学校、部队、企业内部的文化设施定期向社会开放,增强公共文化服务的供给能力;同时,建立公共文化资源整合平台,采取委托机构办文化、引进资源办文化、项目合作办文化等多种形式,优化了文化设施的使用效率,提升了公共文化服务效能②。

北京市东城区文化管理部门通过组建东城区戏剧联盟,聚合起戏剧院团、剧场、院校、媒体和戏剧人才等各方资源,最大限度地实现戏

---

① 国家公共文化服务体系示范区(项目)创建工作领导小组关于第一批创建国家公共文化服务体系示范区督查情况的通报[EB/OL].(2012-12-16)[2012-12-29]. http://www.ndcnc.gov.cn/gjszwhw/sfqtzgg/201212/3f7c2444afe84c229a4edf8c22d5e1df.shtml.

② 上海市徐汇区创建国家公共文化服务体系示范区评审材料. 文化部公共文化司,2011年3月印行.

剧人才资源、剧目资源、剧场设施资源、宣传推广资源的聚合与共享，从而有效搭建戏剧事业及戏剧产业各方面要素平台，形成资源聚集效应。通过政府资金引导、扶持和购买方式，吸引北京戏剧家协会、北京东方信达资产经营总公司、林兆华工作室、孟京辉工作室、戏逍堂（北京）娱乐文化发展有限公司等 20 多家戏剧机构、公司，首都剧场、中国儿童剧场、北京东方先锋小剧场等近 30 家剧场加入到戏剧联盟中。在政府主导下，东城区戏剧联盟组织了中国喜歌剧节、北京国际青年戏剧节、南锣鼓巷戏剧节等一系列演出和交流活动，使东城区的群众能够免费或低票价欣赏到最优秀的戏剧剧目[①]。北京市大兴区阵地建设也日趋完善，吸引了各部门联动活动的广泛开展。从农闲时农委组织的种、养、植技术培训班，到司法局、文明办开展普法知识讲座和文明礼仪宣传，从人口计生委优生优育知识讲座，到每年接待的星火工程文艺演出，从“三八”节到春节各种活动的开展，均保证村民不出村就能接受各类培训和欣赏到高档次的文艺演出[②]。

河南省周口市“周末一元剧场”在文化资源整合上也体现出创新。一是演出人才的整合，使专业文艺工作者与业余文艺爱好者、文化志愿者同台竞技，各展其长；二是市级和县级联动，整合全市文艺演出资源，形成了惠民的巨大合力；三是调动全市文艺创作者的积极性，整合全市的文艺创作力量，较好地解决了演出节目来源问题。另外，通过签约制，向社会广泛招募文化志愿者，活动演出队伍日益壮大[③]。

湖北省荆州市在“小太阳读书节暨全民阅读活动”中，由市委宣传部、市文化局、市教育局、市团委、市妇联抽调专人成立读书节活动领

---

① 北京市东城区创建国家公共文化服务体系示范项目评审材料. 文化部公共文化司，2011 年 3 月印行.

② 北京市大兴区创建国家公共文化服务体系示范项目评审材料. 文化部公共文化司，2011 年 3 月印行.

③ 河南省周口市创建国家公共文化服务体系示范项目评审材料. 文化部公共文化司，2011 年 3 月印行.

导小组并联合发文启动读书节活动；市直和县市区图书馆精心组织，加强与县市区教委、学校沟通联系，做到每项内容有专人负责，每一片区有专人接待。各普通中小学、职业中学、特殊学校；各个社区、企业、机关、军营；全市所辖各区县等全面动员，齐抓落实。《荆州日报》《荆州晚报》《江汉商报》《荆州电视报》、荆州人民广播电台、荆州电视台、荆州新闻网等主流媒体制作专题宣传报道；机关、企事业单位为“读书节”活动提供必要的财力支持；市委、市人大、市政府、市政协领导出席总结大会，发表重要讲话①。湖北省武汉市“武汉之夏”活动的顺利开展也离不开联动机制的创立。在活动中，市、区各级相关部门、工会、共青团、妇女联合会、教育局、体育局、广播电视局、园林局等部门根据自身特点，相继开展适合自身行业的“武汉之夏”文化活动。其中，工会主要针对企业等工会人群开展“劳动者之歌”文化活动；共青团主要针对青少年儿童开展暑期青少年夏令营、青少年之家等文化活动和庆“六一”少儿文化活动；妇联主要针对家庭开展“家家乐”等家庭文化活动；教育局主要针对中小学生开展各种形式的素质教育活动，如书法、绘画、摄影、棋类、球类比赛、文体娱乐、图书阅览等活动；体育局主要针对体育爱好者举办“渡江节”、全民夏季健身运动等“文体联手”活动；广电局主要是开展“武汉之夏”文化活动宣传，播放适合青少年儿童观看的影视片和电视节目，举办适合中小学生参加的电视文艺比赛和趣味文化电视展示活动；园林局针对社会的园林、工艺、收藏爱好者，举办园林、工艺、收藏展览②。

广西壮族自治区河池市罗城仫佬族自治县乡镇文化站发挥“合”的功能，聚合农技站、司法所、广播电视站、中小学校的阵地资源，形成“1 + X”的宣传文化阵地，以文化站为主，其他为辅，拓宽农村文化阵

---

① 湖北省荆州市创建国家公共文化服务体系示范项目评审材料. 文化部公共文化司，2011 年 3 月印行.

② 湖北省武汉市创建国家公共文化服务体系示范项目评审材料. 文化部公共文化司，2011 年 3 月印行.

地。将各领域文艺爱好者、积极分子聚集在文化站内，形成一支集宣传、教育、娱乐、科普为一体的综合文化队伍；充分调动群众的积极性，让农民唱自己喜欢的歌，演自己熟悉的戏，调动农民自主参与文化活动，让农民成为文化活动的主角；同时，该文化阵地还聚合乡镇特色农村文化，成为挖掘地方非物质文化遗产的摇篮。围绕独具特色的民歌、彩调、舞龙、舞狮等民间文艺，进行合理组织、科学开发，打造特色文化①。

新疆维吾尔自治区克拉玛依市构建以克拉玛依市图书馆为中心，以各区图书馆为纽带，以街道、社区图书室、农家书屋为基础，以企业、学校、图书馆联合加盟为补充，达到覆盖全市、功能完善、资源共享、管理规范的联建、共享一体化新型公共图书馆服务体系。克拉玛依市图书馆负责文献资源的协调采购、建立统一的网络信息操作平台，为联合四区的信息枢纽，合理周转各馆间的文献资源，同时指导和协调全市读者服务工作；各区图书馆与市馆统一图书管理系统平台，为通借通还提供技术支持，完成市图书馆组织的各项读者活动工作；街道图书阅览室在业务上接受所属地区图书馆管理，负责本区域读者服务工作；社区图书室业务上接受所属街道图书室管理；农家书屋由所在政府进行管理，市图书馆对其业务进行指导；企事业、学校单位图书室文献资料在市馆协调下，共建共享②。

2. 跨区域整合

加强区域间公共文化合作交流，创新合作交流模式，推动区域文化合作向一体化、同城化方向深入发展，也是当前示范区（项目）逐步摸索的资源整合做法。广东省东莞市根据《深圳市东莞市惠州市文化合作协议》的要求，积极探索和参与深圳、东莞、惠州三地的图书馆资

---

① 广西壮族自治区池市罗城仫佬族自治县创建国家公共文化服务体系示范项目评审材料. 文化部公共文化司，2011 年 3 月印行.

② 新疆维吾尔自治区克拉玛依市创建国家公共文化服务体系示范项目评审材料. 文化部公共文化司，2011 年 3 月印行.

源共享平台、演出资源共享联盟、文化服务基层共享机制，促进三地大型文化节庆、活动品牌的合作，加强三地文化人才的培训和交流，加强三地非物质文化遗产保护的合作开发等①。安徽省马鞍山市也不断加强区域公共文化资源整合与合作交流：一大举措是推动宁马一体化。2011 年 12 月 15 日，在马鞍山市与南京市签署《2012 年宁马一体化合作协议》的基础上，马鞍山市文化委员会与南京市文化广电新闻出版局签署了《南京市、马鞍山市文化合作交流框架协议》，细化合作交流的项目，加快与南京一体化步伐，探索跨省、跨地区文化资源整合，实现公共文化资源跨省、跨地区共享。马鞍山市图书馆与南京市金陵图书馆在读者相互认证、数字资源共享、联合目录查询等方面实现了资源共享，搭建了南京都市圈图书馆服务平台。另一做法是推动马芜同城化。2011 年，马鞍山市与芜湖市签署了《马鞍山市、芜湖市同城化建设合作框架协议》，提出了加强包含文化发展在内的公共事业等八个方面同城化合作意见②。

上述各类资源整合和配置方式，将分散在不同地域、系统与部门中的各类公共文化服务职能、资源和项目进行有效整合，形成综合、系统、运行有效的公共文化服务网络，是对公共文化资源供给与服务体系的较好尝试。

第三节　服务活动体系化的新机制

构建公共文化服务体系必须准确把握群众的现实文化需求，把满足群众的文化需求，保障公民的基本文化权益作为推进工作的出发点

---

① 广东省东莞市创建国家公共文化服务体系示范区评审材料. 文化部公共文化司，2011 年 3 月印行.

② 马鞍山市创建国家公共文化服务体系示范区工作进展情况汇报. 马鞍山市人民政府，2012 年 9 月印行.

和落脚点。各示范区(项目)紧紧抓住如何针对公众需求开展文化活动这一问题,创新公共文化服务活动体系和工作机制,不断提高服务和管理水平。

一、需求调研

公共文化服务活动地开展要从公众需求入手,始终将公众需求贯穿整个服务体系中,着力打造契合百姓文化需求的文化活动,使公共文化活动保持生机与活力。各示范区(项目)在开展服务活动过程中,都将公众需求纳入制度规划。

1. 调查反馈掌握需求

采取不同的调查反馈形式掌握受众的公共文化需求,在示范区(项目)创建中有所体现。上海市浦东新区东方市民音乐会建立并完善问卷调查制度,每年调查问卷不少于2000份,随时了解观众的意见并反馈到后续节目中去。根据问卷调查,第一次到现场听音乐会的观众和连续五次以上欣赏市民音乐会的观众均超过20%;在有关满意度调查中,观众满意度达到91%。除此之外,东方艺术中心还针对公众需求,充分利用资源,通过每月定期举办的会员活动日来推动东方市民音乐会的进一步普及,而每场演出提供的免费说明书,更让观众感受到服务的体贴周到和传播音乐不遗余力的良苦用心①。江西省南昌市几年来,充分发挥文艺人才优势,做到“全义务定岗使百姓更满意、全覆盖网络使百姓更方便、全方位服务使百姓更安心”,探索打造出“全能服务文化馆、站、室”,即每个社区文化志愿者,社区文化辅导员都能基本掌握居民文化特长,爱好需求,活动特点等,组织协调,参与主题文化活动策划等基础社区文化工作技能,每个社区设有一名文化专业干部,每天有一名辖区文化志愿者,统一受理整理居民的文化活

① 上海市浦东新区创建国家公共文化服务体系示范项目评审材料.文化部公共文化司,2011年3月印行.

动信息,反馈服务质量数据。不断深化“群众文化活动月报”机制,成立文化讲坛服务策划队伍,结合社区特点定期推出活动议题,征集居民的意见和建议,共同关注小区居民普遍关注的文化热点、活动难点问题,真正发挥居民自我参与、自我服务、自我教育的文化自觉意识,推进“文化大家亲”工程,形成了社区居民“公益文化公益办,社区文化社区管,群众文化群众乐”的良好社会氛围①。

江西省利用更为先进的技术,学习借鉴香港特别行政区康文署开发的一套管理信息系统——“公众意见登记系统”,用以记录、储存和处理由各公共文化部门工作人员从不同渠道收集的公众信息,包括对服务、设施及员工表现的评估和建议,有关人员监察投诉个案的解决进度等。通过对综合数据库进行定期分析,以供管理层准确把握公共文化需求,找出服务不尽理想之处,改进工作。在此基础上,江西省文化厅联合江西省财政厅与有关部门,进行了社会文化管理应用软件的研发探索,开发了“江西省社会文化数据统计平台”(http://sw.jxwh.gov.cn/Admin/Default.aspx)和“江西省农村文化三项活动综合管理系统”(http://3ams.jxwh.gov.cn/)两套软件,将工作与公众意见相结合,目前试用效果良好②。

2. 公众需求驱动活动开展

陕西省渭南县为彻底走出剧团长期无戏演、群众无戏看的困境,市文广局及秦腔剧团围绕着“政府扶持、企业联姻、院团服务、百姓受惠”的基本思路开始了一元演出的新探索。制定票价方面,针对渭南市戏曲观众群体大部分年龄偏大、收入偏低、消费意愿不强的特点,最后把戏票定为一元,命名为“周末一元剧场”。经过半年多的紧张筹

---

① 江西省南昌市创建国家公共文化服务体系示范项目评审材料. 文化部公共文化司,2011 年 3 月印行.

② 江西省文化厅“社会文化活动机制研究——以江西省农村文化三项活动为例”课题研究汇报[R/OL].(2011-03-03)[2012-09-20]. http://www.cpcss.org/_d271342384.htm.

备,由渭南市委宣传部、市文化广电新闻出版局主办,渭南市秦腔剧团有限责任公司承办的“周末一元剧场”于 2007 年 11 月 23 日在全国成功启动[①]。同样是一元剧场,河南省周口市从 2007 年到 2008 年年初,由周口市文化局在深入调研基础上,集思广益,认真论证,决定以周口丰富的文化资源为依托,开办“周末一元剧场”,让人民群众只花费一元钱,每周末就能在优雅的剧院欣赏到高质量的文艺演出。而在基层露天开放场所的文艺演出,则全部实行免费观看[②]。虽然只有一元钱,但却能在社会上起到一种引导社会力量办公益文化事业、支持公益文化活动的作用。

随着经济社会的快速发展和人民物质文化需求的不断提高,广大社区居民对社区文化的要求也越来越高,云南省昆明市的社区文化沟通协会应运而生。协会充分激活社会各方力量参与社区文化建设的内驱力,让更多的文化、艺术、创意资源注入社区,让更多具有才华、怀揣梦想、充满活力的社会各界人士在社区文化沟通协会建设的平台上各尽所能、服务社区,为社区文化沟通协会建设的健康发展提供持续动力。另一方面,以文化信息资源共享工程为基础,昆明市还举办社区居民素质教育网络培训学校。网培学校以提高居民素质、学习技能为目的、全面提高城市居民的素质、技能为已任,利用文化信息资源共享工程为基础,以居民的需求为首要因素,制定教学规划,按公共课与选修课课程分别进行教学,教学以实用性知识为主,选修趣味性的知识为辅。经常性的针对外来务工人员或失业下岗职工举办一些技能培训,有效促成了其实现第二次就业[③]。西藏自治区林芝地区为吸引

① 陕西省渭南市创建国家公共文化服务体系示范项目评审材料. 文化部公共文化司,2011 年 3 月印行.

② 河南省周口市创建国家公共文化服务体系示范项目评审材料. 文化部公共文化司,2011 年 3 月印行.

③ 云南省昆明市创建国家公共文化服务体系示范项目评审材料. 文化部公共文化司,2011 年 3 月印行.

更多公众参与文化活动，积极开展调研，转变服务方式，丰富活动内容。据不完全统计，自 2006 年开展群众广场文化活动以来，全区群众广场文化活动参与主体已经从原来的党政机关、企事业员工扩大到社会的不同阶层、不同行业、不同社会群体，参加活动的人员比例分别为：在职干部职工 15%、退休干部职工 25%、农牧民群众 25%、游客 15%、学生及儿童 10%、其他社会各界人士 10%[①]。各类公众的文化需求得到切实满足。

二、精品创作

在公共文化服务资源供给体系中，优秀的文艺作品是活动开展的必备条件，尤其是那些能够深刻反映社会发展、百姓生活的精品创作应予以重视。各地意识到只有深入生活去观察体验，才能创作出真正为广大群众所喜欢的作品，才能达到以优秀的作品感染人、激励人、教育人的目的。如上海市徐汇区一方面扩大文化创作专项资金规模，以项目拨款方式扶持群众文化创作，建立鼓励和调动文化专业人员和业余文艺骨干创作积极性的有效机制。同时，徐汇区还继续与区域内市级文化单位和团体建立长期合作机制，共同开发人民群众喜爱的文化服务和文艺作品，其创作的小品《普通人家普通事》、广场舞《2010 海上风》等一大批优秀原创作品相继荣获国家及上海市各类群众文化活动大赛奖项。另一方面，建立扶持文化创作的工作机制，鼓励和引导体现徐汇特色的文艺创作，积极推动在美术、书法、摄影、音乐、戏剧、戏曲、舞蹈等领域的原创和精品，依托群文“七大赛事”等平台，力争培育出若干个在全国具有影响力的优秀作品[②]。其他各地在实施过程中还依据本地实际，试点先行。

---

① 西藏自治区林芝地区创建国家公共文化服务体系示范区评审材料. 文化部公共文化司，2011 年 3 月印行.

② 上海市徐汇区创建国家公共文化服务体系示范区评审材料. 文化部公共文化司，2011 年 3 月印行.

1. 培育创作团队，提高文化供给

广东省东莞市创新社会办团队、办创作机制，鼓励社会力量兴办各类文艺团队开展创作，如在玉兰大剧院成立“音乐剧创作基地”，在樟木头镇成立“中国作家第一村”，在塘厦镇成立“东八区音乐创意基地”，在常平镇成立“中国小戏小品创作基地”等10多个各具特色的文艺创作基地①。内蒙古自治区鄂尔多斯市群艺馆、文化馆高度重视群众文艺创作队伍建设，通过多种形式发现人才、培养人才，充分发挥群众文艺创作者贴近群众、贴近生活的优势，创作出一批群众喜闻乐见的文艺作品。每年，组织群众文艺作者创作文艺晚会10台，文艺作品600件（其中音乐、舞蹈、戏剧、曲艺、小品作品200件，美术、书法、摄影、创作作品400件），提高公共文化的供给能力②，充分发挥群众的主观能动性，使其成为参与公共文化创作的生力军。

2. 依托活动项目，丰富文艺作品

四川省成都市实施“幸福成都·美好家园”文化城市行动，保障城乡群众基本文化权益。该活动以“人人有一项文化爱好”为目标，计划通过3至5年的培育，实现90%的城乡群众有一项健康向上、经常参与的文化爱好，在全市形成“家庭人人有爱好，社区天天有活动，街道周周有集会，区县月月有赛事，城市季季有晚会，全市年年有节庆”的生动局面，形成一大批群众喜闻乐见的原创作品，实现城乡群众基本文化权益有效保障，多样文化需求有效满足③。吉林省长春市通过展演，不断提高文化产品的生产和供给能力，先后创作生产了大型现代评剧《宰相胡同》《鹰格泪》，话剧《九路汽车》，校园剧《青春跑道》和儿

① 广东省东莞市创建国家公共文化服务体系示范区评审材料. 文化部公共文化司，2011年3月印行.

② 内蒙古自治区鄂尔多斯市创建国家公共文化服务体系示范区评审材料. 文化部公共文化司，2011年3月印行.

③ 四川省成都市创建国家公共文化服务体系示范区评审材料. 文化部公共文化司，2011年3月印行.

童剧《快乐朋友》《魔碟》《灰姑娘》等剧目,复排了《花为媒》《三凤求凰》《三女除霸》等一批经典优秀传统剧目,创作并排演小戏小品 60 余部、节目 50 余台。其中大型现代评剧《宰相胡同》荣获第九届中国艺术节文华优秀剧目奖,话剧《九路汽车》获全国戏剧文化奖、话剧金狮奖优秀剧目奖,小品《红玫瑰花》、舞蹈《鼓韵》分别获得群星奖作品奖,"加强未成年人思想道德建设项目"获得群星奖①。湖南省长沙市艺术创作精品迭出,《秋天的花鼓》《古画雄魂》《酒村长》《梦圆马王堆》等先后荣获"文华新剧目"奖,中宣部、省"五个一工程"奖、省艺术节"田汉大奖"等殊荣;特别是由长沙本土艺术家创作担纲主演的大型湘剧《古画雄魂》还应邀进京向党的"十七大"献礼演出,并在全国九艺节上荣获"文华优秀剧目奖",入选国家舞台精品艺术工程资助剧目;《月亮谣》《特别幸福》《从头再来》等群文作品荣获全国"群星大奖""群星创作奖"和"群星表演奖";大型情景歌舞《湘女》于历史文化名城年会期间成功首演,展示了湖湘文化的蓬勃生机和无穷魅力,受到各界高度赞扬②。天津市东丽区"文化杯"文学评奖活动自 1991 年以来,至今已成为天津市群众文化活动的一大品牌。此项活动实行小说、散文、诗歌三年轮回制,每年只对一个项目进行评奖。2007 年评奖规模进一步扩大,开始面向全国业余创作者征稿;2008 年为服务于业余文学创作者,评奖活动再次进行改革,增设梁斌小说奖、孙犁散文奖和鲁藜诗歌奖的冠名,恢复了长篇小说评奖,设立东丽文学万元大奖、新人新作奖,由天津百花文艺出版社出版年度获奖作品汇编;2009 年第十八届"文化杯"全国孙犁散文奖评奖活动,通过各省、直辖市、计划单列市、新疆生产建设兵团群艺馆集体选送各地优秀作品参赛,进一步提升"文化杯"参赛作品质量,吸引来自全国 20 多个省市、自治区、

① 吉林省长春市创建国家公共文化服务体系示范区评审材料. 文化部公共文化司,2011 年 3 月印行.

② 湖南省长沙市创建国家公共文化服务体系示范区评审材料. 文化部公共文化司,2011 年 3 月印行.

直辖市、计划单列市文学爱好者及台湾同胞、海外华人的积极参与。截至2010年，已获得11个省市群艺馆（文化馆）的大力支持，纷纷组织报名参赛。参赛作者来自各行各业，参赛作品无论数量还是质量都逐年提高，反映了百姓生活，社会影响逐年扩大[①]。

通过这些活动项目，不仅使社会公众受益颇多，各类优秀的文化艺术作品也在为城乡居民提供服务中经受了检验、受到了欢迎、得到了提升，实现了良性互动的双赢局面。

三、品牌活动

新生事物的产生、发展和灭亡都会受制于客观规律，要想做到长盛不衰，就要充分了解和利用客观规律，凝结出可保持旺盛生命力的核心价值来引领事物的发展。品牌的确立是一个漫长而艰辛的过程，以群众的需求为出发点和落脚点，才能使品牌深入人心；同时，创立的品牌能适合当今社会的主旋律，自然融入社会环境中，才能使品牌历久而弥坚；并要在宣传、组织、规模、亲和力、参与性等各个环节中求精求细，才能引人入胜，才能有好口碑，才能确立品牌；更为重要的是，品牌的核心是创新，品牌的活力在于创新，只有不断更新、充实、优化、提升服务品牌的内涵，才能使品牌的内涵和外延得以无限延伸[②]。示范区（项目）从制度上着手，催生出许许多多的优秀品牌活动，产生了较大影响。

1. 以各类节庆传统为依托

广东省东莞市依托重大节庆平台，为打造一镇一品牌的活动特

---

① 天津市东丽区创建国家公共文化服务体系示范项目评审材料. 文化部公共文化司，2011年3月印行.

② 徐庆华. 关于破解群众文化活动参与积极性不高的几点建议[EB/OL]. (2011-11-10)[2013-01-08]. http://www.pljdw.com/web/newshow.asp?id=373&mnid=00320002&classname=%BB%F9%B2%E3%B5%B3%BD%A8&nclass=00320002.

色，为挖掘弘扬地方特色的文化资源，在各节假日期间举办了“东莞国际啤酒节”、桥头“荷花艺术节”、东坑“卖身节”、望牛墩“七月七风情节”、东莞市“非物质文化遗产体验日”等各具特色的品牌活动。同时，为了让全市各地分散的节庆活动形成强大的文化品牌集群效应，东莞市通过对现有文化资源的深入挖掘、综合整理和系统开发，打造出“我们的节日——东莞市系列文化活动”，使之真正成为全市人民共同的节日[①]。北京市朝阳区结合区域特色，围绕春节、元宵、清明、端午、中秋、重阳等民俗节庆日，广泛开展民俗文化活动，培育传统节日文化品牌，深入挖掘优秀传统习俗，传承文化文明。为推进朝阳国学院建设，朝阳区以东岳庙为依托，以“东岳论坛”为品牌，联合社会资源，组建以国学、民俗、国际文化交流为主题的“东岳书院”，重点打造国学传承的“一十百千”工程，成为北京传统文化的重要传承地；同时，为加强高碑店民俗园等传统文化载体建设及相关文化遗产的保护，一批传统文化品牌也孕育而生[②]。山东省青岛市形成了“青岛文化大拜年”“欢乐青岛”广场周周演、“欢乐大家庭”社区文化艺术节、“大地欢歌”农村文化艺术节、“外来务工人员文化艺术节”等一大批群众喜爱的文化品牌活动；各区、市还推出了富有特色的文化节庆活动，如四方区的“海云庵糖球会”、市北区的“萝卜 · 元宵山会”等已成为国内外享有一定知名度的节庆活动[③]。这些依托传统节日的品牌活动，不仅使文化传统通过活动得到良好的传承，这些活动更成为全国公共文化

① 徐庆华. 关于破解群众文化活动参与积极性不高的几点建议[EB/OL]. (2011-11-10)[2013-01-08]. http://www.pljdw.com/web/newshow.asp?id=373&mnid=00320002&classname=%BB%F9%B2%E3%B5%B3%BD%A8&nclass=00320002.

② 北京市朝阳区创建国家公共文化服务体系示范区评审材料. 文化部公共文化司，2011 年 3 月印行.

③ 山东省青岛市创建国家公共文化服务体系示范区评审材料. 文化部公共文化司，2011 年 3 月印行.

服务体系建设的亮点工程、社会主义核心价值体系建设的有效抓手、惠及公众的精神文化盛宴。

2. 以文化设施为活动载体

河南省邓州市在传统茶馆设施简陋的基础上，由市、乡、村三级为每个茶馆每年补助1000元，并把文化信息共享工程基层服务点、农村现代党员远程教育播放点、农家书屋等项目与文化茶馆建设相结合，为其配备电脑、电视机、DVD、部分乐器、象棋、扑克等。茶馆内设有电脑室、图书室、阅览室、娱乐室、小剧场等功能室。同时强力营造文化氛围，使茶馆内外布置典雅，改造升级后的每个文化茶馆都悬挂有历史文人墨客饮茶怡情的版面，书写有饱含茶文化和启迪人心的名言、警句、楹联，宣传栏内有时政要闻和科技信息，使文化茶馆设施更加完备，功能更加健全①。河南省周口市文化局针对“周末公益性剧场演出活动”这一固有品牌，以剧场、文化广场等文化设施为载体，大力扶持和支持全市10个县（市区）搞类似的文化惠民活动，在较短时间内形成了全市效应。项城市、西华县、扶沟县积极探索县级文化部门举办“周末一元剧场”的新模式；鹿邑县举办了以“弘扬老子文化、构建和谐社会”为主题的周末广场文化活动。在“周末一元剧场”品牌效应的带动下，“市民大讲堂”“欢乐周口广场文化活动”“非物质文化遗产展演”“小戏小品比赛”“音乐舞蹈大赛”“少儿文化艺术节”“戏剧精品工程”等品牌文化活动层出不穷，在全省乃至全国都产生了一定的影响力②。贵州省遵义市深入推进“四在农家”特色模式，让“乐”“美”扎根农家、农户，以政府出资为主，农民自愿出资为辅，在农家小院修建小型演出舞台，让专业演出团队、业余演出团队、农民自娱自乐等文艺节目常年、经常在农民家门口演出，让其内容和形式都成为文艺为

① 河南省邓州市创建国家公共文化服务体系示范项目评审材料. 文化部公共文化司，2011年3月印行.

② 河南省周口市创建国家公共文化服务体系示范项目评审材料. 文化部公共文化司，2011年3月印行.

农村为农民服务的品牌①。湖北省黄石市擦亮黄石矿冶文化品牌，努力推动广场文化品牌化、经常化，并进一步巩固广场文化现有品牌，打造新品牌。要求每年各县（市）至少打造2个广场文化知名品牌，各城区和开发区至少打造具有1个广场文化知名品牌。同时，围绕年节庆典等，突出主题，引导广场文化形成特色系列，使广大群众热心参与，开心享受，文化生活更加多姿多彩②。上海市浦东新区努力在10年内将"东方市民音乐会"打造成为全国普及音乐会第一品牌。以东方艺术中心丰富的高规格音乐会节目资源保证每年一定数量的中外著名乐团、指挥家和演奏家献演东方市民音乐会③，真正体现出"高贵不贵，文化亲民"。

3. 国内外合作的品牌活动

国内外合作的品牌活动能够极大地推动举办地的文化、旅游、经济等全方位发展，提高当地的国内外知名度和影响力，产生巨大的连锁效应，此类活动在国内尚不多见。黑龙江省大兴安岭地区开展的北极村北极光节品牌系列节庆活动，正是借助此种方式，其外延和影响力不断扩大。北极光节的组织形式由最初的群众自发活动，不断衍生为新的社会活动和经济活动，并逐步发展到政府组织策划，充分调动了各领域各部门的积极参与，以及群众文化力量，形成了漠河全民参与的主题文化节庆活动，最后到走向市场。几年来，累计投资近千万元，用于购置乐器和管理费用，建立健全了《乐器维修和服饰管理制度》《业务考核制度》《考勤制度》等十几项制度。活动内容主要包括文艺演出、篝火晚会、特色产品展销会、花卉展、书法摄影展、花车盛装

① 贵州省遵义市创建国家公共文化服务体系示范区评审材料. 文化部公共文化司，2011年3月印行.

② 湖北省黄石市创建国家公共文化服务体系示范区评审材料. 文化部公共文化司，2011年3月印行.

③ 上海市浦东新区创建国家公共文化服务体系示范项目评审材料. 文化部公共文化司，2011年3月印行.

巡游、女子军乐展演、北极村篝火舞会、特色风情演出、燃放烟火、放江灯、中国四极旅游论坛以及“和谐漠河”大家唱、腰鼓表演、威风锣鼓表演、秧歌表演、中老年健身操表演，太极拳、剑表演等群众文化活动，一系列节庆文化活动，使文化事业拉动了旅游经济的发展。2006 年以来，年接待游客和旅游收入年均增长 45% 和 61% 。2010 年，中国·漠河冰雪文化节正式命名为“冬至节”，并与芬兰国际圣诞村联盟，在北极村兴建了亚洲唯一的中国圣诞村。与此同时，漠河地区还关注区域合作，以文化交流、合作、发展为主题，举办了由黑龙江、吉林、辽宁、内蒙古四省区民委和文化厅主办的“中国·漠河北方少数民族歌舞服饰展演”等一系列形式各样、内容各异的活动①，漠河一时间名声大噪，其国内外影响力进一步提升。

四、服务配送

让公众在家门口就享受到优质文化服务，是公共文化服务体系建设成效的充分体现。加快创新公共文化配送机制，着力实现文化惠民，不仅有利于盘活大批基础文化设施，更是对公共文化服务效能的有效提升。不少示范区（项目）深入研究提高公共文化服务质量的措施和手段，坚持以人为本、贴近基层，推进公共文化服务配送工作。

1. 成立专门队伍和机构推送服务

北京市朝阳区文委针对部分公共文化设施利用率不高、公共文化服务覆盖率较低的问题，深入调研群众文化需求，加强对公共文化服务配送机制的研究，打造公共文化服务配送平台，以提高服务的针对性。一方面，向各街乡发放《基层文化服务（培训）配送服务定制表》，根据各街乡百姓的实际文化需求，组织驻区专业院团的专家、老师深

① 黑龙江省大兴安岭地区创建国家公共文化服务体系示范项目评审材料. 文化部公共文化司，2011 年 3 月印行.

入基层,进行上门免费辅导培训,培训项目包括摄影、舞蹈、书画、演讲等①。另外,改变以往基层文化馆和基层图书馆各类资源由区文化馆和区图书馆统一订购与配送的方式,成立文化馆基层文化辅导中心和图书馆图书配送中心,推行公共文化服务配送机制。基层文化辅导中心由文化馆专业干部按照基层需求,提供菜单式文化培训配送。图书服务配送中心是以区图书馆为中心,与街乡图书馆建立"联采统编、配送传递、资源共享"的网络体系,实现朝阳区公共图书馆"小馆藏,大资源"的目标,促进公共图书馆服务体系的良性发展②。

2. 政府招标采购推送服务

示范区(项目)创建城市在探索服务配送机制的过程中,较为广泛地采用政府招标采购的形式进行服务推送。福建省厦门市坚持文化下基层、进乡村活动,每年由政府相关部门集中采购适用于农村的图书,直接配送到岛外欠发达地区乡村文化室,并在市区图书馆指导下开展服务③。安徽省马鞍山市大力推行公共文化服务配送机制,制定下发《公益性文艺演出配送服务试行办法》,通过政府购买、政府补贴等方式,将延续多年的行政性下基层演出变为市场性项目采购,按需供给④。上海市建立公共文化资源按需配送机制,由政府向社会招投标并择优购买资源,向下配送。通过整合辖区内的各类公共文化资源,制作或购入展览资源、节目资源、讲座资源、教育资源等,制成菜单式目录,由基层公共文化单位挑选,按需向社区文化中心配送,并使其

---

① 北京市朝阳区深入推进公共文化服务配送工作[EB/OL].(2010-08-20)[2012-11-28]. http://www.beijing.gov.cn/zfzx/qxrd/cyq/t1131755.htm.

② 北京市朝阳区创建国家公共文化服务体系示范区评审材料. 文化部公共文化司,2011年3月印行.

③ 福建省厦门市创建国家公共文化服务体系示范区评审材料. 文化部公共文化司,2011年3月印行.

④ 安徽省马鞍山市创建国家公共文化服务体系示范区评审材料. 文化部公共文化司,2011年3月印行.

成为一项经常性的业务工作。徐汇区作为示范区，为加强区属、区域、条块及社会文化资源的协调，通过制度建设，落实群文资源配送专项资金，鼓励区域内机关、学校、企事业单位内部的文化设施，以共建、合作等形式定期向社会开放；鼓励社会力量以各种方式参与社区文化建设，加强与市属院团、院校等公共文化机构和民间文化团队的合作，采取项目补贴、资助和政府招标采购等方式，通过集中配送、连锁服务等多种方式，有效丰富公共文化产品供给①。浙江省宁波市鄞州区在"天天演"文化惠民工程的实施过程中，采用公共文化服务外包方式由政府采取项目招标的办法，将文化服务承包给专业文化公司。在政府部门提出项目运作目标后，或给予合作公司相应的财政拨款和补贴，根据服务的绩效予以奖惩。"菜单"式的服务使得文化演出层次增加且元素多元②。

通过服务推送的方式不仅提高了公共文化管理水平，使得政府部门逐步实现从"办文化"向"管文化"的转变，增强了公共文化服务的供给能力，实现了供给主体和方式的多样化。更重要的是，按需配送的模式使得公共文化服务得以普及，老百姓的文化需求不仅得到数量上的满足，而且想看什么，市民可以自己说了算。

五、文化援助

由于历史原因，农村作为我国文化基础较为薄弱且滞后的区域，面对 7 个多亿农村人口这一庞大的特殊群体，关心其精神文化需求、维护和保障其权益、促进其城市融入是贯彻落实科学发展观、构建社会主义和谐社会的重要内容。加快农村文化建设，事关全局、关乎长

---

① 上海市徐汇区创建国家公共文化服务体系示范区评审材料. 文化部公共文化司，2011 年 3 月印行.

② 宁波创新公共文化配送机制市民享受"文化大餐"[EB/OL].(2011 - 10 - 12)[2012 - 12 - 28]. http://news.cnnb.com.cn/system/2011/10/12/007106092.shtml.

远,意义重大。示范区(项目)创建过程中,各地均将农村文化服务纳入公共文化服务体系,有效保障了农村地区人口的基本文化权益[1]。

1. 经费与设施设备的支持援助

各地在发展农村公共文化活动过程中,直接通过经费支持是一种立竿见影的有效手段。云南省保山市自 2011 年起,市财政继续按人均0.5 元安排文化惠农活动经费,专项用于扶持“欢乐乡村大家乐”“农文网培学校”建设等城乡群众文化活动,并要求有县(区)、乡(镇)相应配套经费保障[2]。陕西省宝鸡市采取以奖代补的形式支持全市基层农村群众业余文艺团队 600 家,每个团队给予 1.5 万元的奖励,使其坚持在节假日开展文艺演出活动,满足农村群众的文化生活需求[3]。江苏省苏州市在“十一五”实现全市农家书屋全覆盖的基础上,各市(县)、区政府对农家书屋、党员现代远程教育服务中心、共享工程基层服务点、乡村图书室的各类资源等进行集中并整合,建立了一站式“农村综合信息服务站”。2012 年年底,基本完成了各文化设施基础上的“四位一体”农村综合信息服务体系建设[4]。安徽省马鞍山市通过援赠设备器材和文化产品等方式,支持农村文化建设,帮助解决农村及偏僻地区文化产品和服务相对缺乏的问题[5]。

① 国家公共文化服务体系示范区(项目)创建工作领导小组关于第一批创建国家公共文化服务体系示范区督查情况的通报[EB/OL]. (2012 - 12 - 16)[2012 - 12 - 29]. http://www.ndcnc.gov.cn/gjszwhw/sfqtzgg/201212/3f7c2444afe84c229a4edf8c22d5e1df.shtml.

② 云南省保山市创建国家公共文化服务体系示范区评审材料. 文化部公共文化司,2011 年 3 月印行.

③ 陕西省宝鸡市创建国家公共文化服务体系示范区评审材料. 文化部公共文化司,2011 年 3 月印行.

④ 江苏省苏州市创建国家公共文化服务体系示范区评审材料. 文化部公共文化司,2011 年 3 月印行.

⑤ 安徽省马鞍山市创建国家公共文化服务体系示范区评审材料. 文化部公共文化司,2011 年 3 月印行.

2. 服务的支持援助

直接对农村地区提供服务支持与援助作为服务推送的方式之一，也是吹糠见米、成效较快的做法。四川省成都市在加强区（市）县公共文化流动服务能力，文化资源、文化服务重点向农村倾斜的基础上，建立政府实施和购买服务机制，采取面向市场招投标采购等方式，不断扩大公共文化服务产品数量和质量。从 2006 年开始，成都市政府坚持每年以政府采购的方式，采购 1000 场以上近年来获奖的精品节目为主进行下乡演出，采购 1000 场木偶、皮影和电影送到农村中小学，初步建立对农村的文化援助机制①。山东省青岛市开展“558”惠农巡演活动，积极组织全市专业剧团送戏下乡，指导扶持庄户剧团等农村群众文艺队伍跨区域演出②。宁夏回族自治区银川市积极组织专业团体深入基层进行文艺创作，开展送节目、送图书、送电影进社区、进乡村、进军营、进建筑工地、进学校、进特殊教育场所等“六进”活动。全年组织开展广场活动 800 场（次）以上，推动“三下乡”活动制度化和经常化，实现文化工作重心、文化资源和文化服务下移。同时，银川市还积极组织进城务工人员参与群众文化活动，积极推广政府购买公益文化产品和服务，确保经济困难家庭、进城务工人员和残疾人等弱势群体享受公共文化生活，公平享有基本的文化权益③。通过丰富多彩的文化活动和健康向上的高品质文化产品的推送，不断提升基层公共文化产品的供给能力。

3. “新莞人”的尝试

城市亲和力是现代城市文明形象的重要特征。作为广东省外来

① 四川省成都市创建国家公共文化服务体系示范区评审材料. 文化部公共文化司，2011 年 3 月印行.

② 山东省青岛市创建国家公共文化服务体系示范区评审材料. 文化部公共文化司，2011 年 3 月印行.

③ 宁夏回族自治区银川市创建国家公共文化服务体系示范区评审材料. 文化部公共文化司，2011 年 3 月印行.

员工最多的城市，近千万以农民工为主体的新莞人[①]能否安居乐业，扎根东莞，直接关系到东莞市经济的持续发展与社会的和谐稳定。东莞市为推动新莞人融入东莞社会，共享改革成果，努力建立起本地人与新莞人融洽相处、和谐共进的良好人文环境，专门策划举办了富有外来工特色的文化活动。比如，东莞群众艺术馆策划举办了新莞人才艺大赛、“名家课堂”新莞人艺术培训班、流动演出车进企业；东莞图书馆专门策划举办了“打工学堂”、流动图书车进企业、“我的打工成才路”巡回演讲、新莞人“书香卡”等阅读推广活动。此外，各镇街也每年举办新莞人歌唱大赛、才艺大赛、书画摄影比赛、演讲比赛、征文比赛等活动，深受外来务工者的喜爱。其中，“越唱越红”歌唱大赛，采用周赛、月赛、季度赛、年赛的赛制，把赛区设在社区、企业，每场邀请全国、省市的音乐专家担任评委，专家现场点评，获奖歌手签约成为音乐唱片制作公司的会员，形式灵活，贴近群众、贴近生活，深受外来工欢迎，被评为全国特色广场活动[②]。“新莞人”的做法具有极大的现实意义，从文化的层面，较好地解决了多元文化的融合，为城市更好地接受外来务工者、外来务工人员更好地融入新的城市提供了典范。

① 新莞人，这一称谓浓缩了广东省东莞市这座城市对外来建设者的包容和人文关怀。2007 年 4 月 16 日起，东莞上千万外来工有了一个响亮的新称谓——新莞人。

② 广东省东莞市创建国家公共文化服务体系示范区评审材料. 文化部公共文化司，2011 年 3 月印行.

第七章　国外公共文化服务制度研究与实践

第一节　经费保障制度的热点问题

对于文化艺术在内的服务行业，投入产出的计量很困难。首先，很难定义一个令人满意的数量单位，比如，很难对博物馆、美术馆、图书馆等机构的产出进行衡量。其次，在服务行业里，质量是一个非常重要的尺度，而它相对于数量单位来说更难确定，例如，业余演出团队与最出色的专业演出团队的演出质量有着天壤之别，但两者究竟有多大区别，通常难以对其进行直接测量，只能退而选用间接的方法来衡量[①]。示范区（项目）创建过程中实施的经费投入与管理的具体做法，诚然取得了较大的社会效益，有些甚至还带来了可观的经济效益，但一些普遍存在的问题尚且存在：政府应该为文化艺术服务进行投入吗？尤其对于公共文化服务，政府投入多少才能实现最优的投入产出？这不仅是研究公共文化服务体系建设不可回避的问题，一直以来也被众多经济学家视为具有非同寻常争论价值的热点问题。

一、公共资金投入问题

1. 政府资金投入的原因

文化艺术不仅能够给个人带来私人收益，也会给整个社会带来外

① 海尔布伦，格雷. 艺术文化经济学[M]. 詹正茂，等，译. 北京：中国人民大学出版社，2007：106－107.

部收益。当人们观赏现场表演、参观博物馆和美术馆或从事其他与文化艺术作品相关的活动时,都会从中获得私人收益。这些私人收益包括更高的参与并享受国家物质和非物质文化的能力,愉悦心情、陶冶情操、受到鼓舞及启发。而这里所谓的外部收益是指每个社会成员所享有的文化艺术为社会中的其他部分所带来的好处。举个最简单的例子就是民办博物馆,博物馆业主本身对于艺术文化具有浓厚的兴趣,那么无须政府补贴,文化艺术作品也能得到妥善保存,留存后世,这正是外部收益的集中体现。另一方面,拥有良好文化艺术氛围的城市会给地方经济的其他生产商带来溢出效益,优秀的演出活动、博物馆等机构的展览会吸引更多的潜在消费者参与其中,并在地方食宿等方面进行消费,很多地方还能够依靠文化带来商机。文化艺术的社会外部收益不仅局限于此,文化艺术还可以有效推动教育发展,文化艺术的行为使得参与者都可以在任何他们认为符合其自身品味的机构里进行相关的文化艺术学习①。谈及整个社会,如果所有的公民都充分享受并积极参与到文化艺术活动中,不仅能够提升个人鉴赏力,更能接触到许多优秀作品,促使其自身素养得到提升,并促使个人行为有所改善,那么整个社会就会更加和谐融洽,有利于形成一个相互受益的良好社会氛围。可以说,文化艺术的社会效益是无穷的,对文化艺术参与带动了整个社会的发展与进步。从这个意义上说,文化艺术存在的意义足以成为政府投入的理由,尤其对纯粹非营利性质的公共文化服务来讲,政府的投入补贴更是理所应当。

从经济学的角度来讲,很多文化艺术表演活动除具有经济价值外,还包括内在价值,内在价值是艺术自身蕴含的美学、精神价值,是一种独立于任何交易,与时间地点无关的商品价值。曲高和寡的公益文化活动是一种"优值品"(merit goods),消费者对其评价低于合理评

① 海尔布伦,格雷. 艺术文化经济学[M]. 詹正茂,等,译. 北京:中国人民大学出版社,2007:219 -227.

价时，就产生了对全民有益但市场需求不足而无法存在的可能，因而会出现公益性文化活动因为积极地外部效益超出市场机制所能承担的均衡供求关系，导致市场失灵现象的产生。这就要求政府对文艺表演等公益性文化活动给予大力支持。首先是基于平等主义，与其说低收入群体很少观看艺术表演的原因是经济限制，不如说是因为他们未曾获得学习欣赏文化艺术的机会。设想，在上述市场失灵的情况下，如果没有补贴，公益性文化艺术机构就很难正常运转，最终会被社会营利性文化艺术机构取代，多数公众也就会因此失去了同少数有文艺欣赏支付能力者同等的机会，也就无所谓社会公平。政府为发展人权、促进机会平等，应该对被剥夺权利的低收入群体伸出援手。第二个理由常常被忽略，假定对于文学艺术的欣赏力是在童年早期经验中逐渐被灌输的，低收入家庭的未成年人自幼就因无经济收入而被剥夺了权利。第三是由于文艺表演等公益性文化活动作为公共物品，具有非竞争性、非排他性特征，有别于普通商品，不能完全通过市场机制达到供需平衡，必须由政府出面进行支持引导。

2. 地方政府资金投入的原因

中央政府对文化艺术的投入容易理解，但地方政府为什么也要对文化艺术进行补贴呢？因为文化艺术对于某个特定城市或区域来说，文化艺术投入的影响只有利于该城市或区域。因此，各个等级的政府全部参与到支持艺术和文化当中，恰当合理①。

总体而言，艺术和文化是国家的珍贵遗产，理应由政府支持。就实践而言，各级政府能够针对不同级别的文化与艺术作品与活动，提供所需要的任何资金，并且这样做可以减轻艺术文化机构从其他渠道筹资持久而分散的压力。同时，政府融资相对比较稳定，能够为长期计划提供相对于民间支持而言更加可靠的基础。来自公共预算的支

① BAUMOL W J, BOWEN W G. Performing Arts: The Economic Dilemma[M]. New York: The Twentieth Century Fund, 1966: 242.

持被认为是使艺术与文化从与市场依赖相关联的潜在威胁中摆脱出来的一种途径[①]。

二、投入产出问题

对于艺术与文化的外部效益来说,没有具体单位能够提供可用于计算需要生产的最佳数量,却可以努力查明公众是否认为艺术文化能够带来外部收益,如果是,他们愿意为此支付的代价是多少。然后,用人们愿意付出的总和与政策补贴目前的水平进行比较,看看实际的补贴量是小于、等于还是大于公众对文化艺术外部收益的认可。如果小于公众对文化艺术外部效益的认可程度,说明投入力度还不够;而大于认可程度则反映出资金存在浪费现象;只有当政府补贴基本等于认可值时,即是实现了最优投入。

索斯比和威瑟斯(Throspy and Withers)曾对澳大利亚悉尼市居民进行过一项抽样调查,以此来研究消费者对文化艺术产生外部收益的态度。第一步旨在查明被调查者是否认为艺术具有外部收益这一特性的问题(见表 7 - 1,部分问题有删节)。调查结果表明,人们大体同意文化艺术能够带来公共效益。第二步是估计公众为文化艺术外部收益付费的意愿。公众被问及每年最多愿意从税收中拿出多少作为支付费用以使艺术维持当前水平时,要求列出当前水平,这样答案就是衡量对处于某一水平上的艺术产出所带来的集体收益需求,而不是对更多艺术活动的需求。当提及无须承担任何纳税义务时,支付意愿为当时人均 155 澳元;当说明需要承担全部纳税义务时,当时人均支付额下降为 97 澳元。这两个结果都远远超过当时澳大利亚在艺术上花费的人均 6 澳元的税款额。考虑到调查数值会因少数超高答案而被拉高,调查找出两种预设下的中值,分别为 20 澳元和 18 澳元,仍远

① National Endowment for the Arts Annual Report,2011[R/OL].[2012 - 12 - 27]. http://www.nea.gov/about/11Annual/2011-NEA-Annual-Report.pdf.

远大于真实税收支出。该项研究表明,澳大利亚公众对艺术会带来可观的外部收益深信不疑,并且社会认为合理的补贴数量也远超出当时的水平①。同样地,威廉·G.莫里森(William G. Morrison)和埃德温·G.韦斯特(Fdwin G. West)也在加拿大的安大略省进行过一项有关人们对文化艺术支付意愿的类似调查,证实了加拿大人同样认识到了艺术带来的巨大外部收益②。两项研究均表明,公众对文化艺术外部收益的支付意愿即是所谓外部效益的近似测量值,也即是政府对文化艺术的资金支持刚好的情况,最为理想状态下的投入产出方能实现。

相比之下,我国公共文化服务示范区(项目)创建过程中文化事业费的投入,其所占同期财政总支出比重的1%成为普遍的基准目标,且这一比重在各创建地区均有不同程度地提升,但文化事业经费的投入额究竟是否实现了最优投入产出的这一效果,尚未有所证实,仍有待进一步考量。国外所采取的掌握和确定当前文化投入外部效益的近似测量值的做法,值得国内借鉴和推广。

表7-1　澳大利亚悉尼市居民对文化和艺术外部效益调查表　（单位:%）

项目 \ 意愿	赞成或强烈赞成	反对或强烈反对	没意见或不知道
澳大利亚的成功……“艺术家”等职业使人们对澳大利亚的成就感到自豪	94.8	4.4	0.8
艺术会帮助我们更好地理解自己的国家	84.6	13.8	1.6
艺术只能使参与中者受益……	34.9	64.1	1.0
……在令我们留心自己生活方面,艺术很重要	80.6	17.3	2.1

① SHANAHAN J L. Economic Support for the Arts[M]. Akron,Ohio:Association for Cultural Economics,1983:37-52.

② MORRISON W G,WEST E G. Subsidies for the Performing Arts:Evidence on Voter Preference[J]. Journal of Behavioral Economics,1986(15):57-72.

续表

项目＼意愿	赞成或强烈赞成	反对或强烈反对	没意见或不知道
我们不应当让艺术消亡	96.9	2.3	0.7
让在校的孩子们学习……艺术，并将此作为他们教育的一部分很重要	96.5	3.2	0.4
艺术具有太强的批判性，会经常危害社会	14.8	81.2	4.0
所有……艺术机构都应当只依靠门票销售来维持经营	20.7	78.1	1.2

三、多级政府投入问题

“财政收支平衡”原则作为实现政府职能分派的准则[①][②]，要求每项职能都应由同其服务的受益地区在地理位置上最为接近的区域政府执行。从经济学角度看，美国的经济学家乔治·施蒂格勒认为，为了实现资源配置的有效性和分配的公平性，决策应该在最低行政层次的政府部门进行；埃克斯坦认为，管辖范围越小的政府单位，其决策结果与合理的决策越接近；而奥茨则提出，对于某种公共物品来说，让地方政府将一个有效产出量提供给其选民，总是要比由中央政府向全体选民提供任何特定并且一致的产出量有效得多。这些理论表明，与中央政府集中提供公共服务相比，向地方分权可以更好地选择适合地方的服务计划[③]。

① 最优分派是能够最有效地满足市民对公共服务偏好的分派。

② OLSON M. The Principle of “Fiscal Equivalence”: The Division of Responsibilities among Different Levels of Government[J]. American Economic Review, 1968, 59(2): 479－487.

③ 孙晓莉. 中外公共服务体制比较[M]. 北京：国家行政学院出版社，2007：54－57.

1998年,英国艺术委员会(Gravesham Arts Council,UK)对11个发达工业国家对艺术直接资助的人均金额进行了比较(见表7－2)。由于各国对艺术和文化活动范围的界定差异很大,为了使比较有意义,必须对艺术和文化所包含的活动建立一项标准定义。为与英国实际保持一致,英国艺术委员会采用了一个有下列活动组成的比较狭隘的定义:博物馆和美术馆,音乐、歌剧、舞蹈、戏剧、视觉艺术(包括摄影)、社区艺术、音乐节、对文学创作的支持和对电影摄制的支持,其中不包括资本费用,也不包括任何形式的"间接"支持。直接支持包括现金捐款或支付。间接支持是在政府通过一些对艺术机构有利的措施减免了潜在税收时产生的。虽然11国政府对艺术的资助与我国文化事业费支出统计口径不同,但由表7－2可知,各国对文化艺术资助的主要来源。除爱尔兰、意大利、瑞典和英国外,多数国家的艺术投入中有半数以上有赖于区域和地方政府支持,还不包括税收支持等。

表7－2　11国政府对艺术资助的水平与来源①

国家	1994年人均直接消费(美元)	国家投入比重(%)	州/区域投入比重(%)	地方投入比重(%)
澳大利亚	23.73	40	49	11
加拿大	43.81	48	37	14
芬兰	111.67	48	–	52
法国	56.78	43	4	53
德国	89.52	8	34	54
爱尔兰	9.49	87	–	13

① Arts Council of England. Policy Research and Planning Department. International Data on Public Spending on the Arts in Eleven Countries[M]. Ann Arbor: University of Michigan,1998:175.

数据说明:德国、荷兰数据百分比之和不是100,怀疑原文作者引用错误。

续表

国家	1994年人均直接消费(美元)	国家投入比重(%)	州/区域投入比重(%)	地方投入比重(%)
意大利	Na	56	13	31
荷兰	47.93	48	5	37
瑞典	64.69	63	12	26
英国	26.26	58	–	42
美国	5.85	41	17	42

第二节　解决人才队伍建设瓶颈的探讨

正如上节所言,文化艺术的社会效益是无穷的,文化艺术带动了整个社会的发展与进步。在整个文化艺术活动中,专业人才队伍作为向社会公众传递信息的关键环节,直接影响到艺术活动的质量与公众参与度,从而影响到文化艺术社会价值的体现。有调查显示,如果员工离开组织的总成本,包括薪水和管理费用、招聘与甄选时间和费用、培训、见习时间,并将与业务和顾客满意度相关的任何间接损失考虑在内,估计每位离职者产生的成本会在4000英镑左右(约合39 447元人民币),而每位管理者和专业技术人员的离职成本约为6000英镑(约合59 171元人民币)①。所以,如何对优秀人才进行选拔、任用与管理,防止优秀人才的流失,对于公共文化队伍建设显得尤为重要。国内公共文化人才队伍建设所面临的人才聘任、教育培训、管理考核等突出问题,任何国家也都普遍存在,尽管示范区(项目)在制度上做出了一些

① 皮尔比姆,马乔里·科布纳基.人力资源管理实务[M].廉晓红,贺靖文,译.北京:经济管理出版社,2010:123.

探索性尝试,但并不成熟与完善。而国外在这些方面却有着较早的实践,对我国公共文化服务体系建设具有一定的理论指导价值。

一、职业准入制度的实现方式

公共图书馆和博物馆是公益性文化事业单位的重要组成部分,国外相关领域的职业准入制度已经较为系统成熟,且多与教育培训关系密切。此种制度的实施不仅较好地解决了专业准入问题,更有效推动了专业教育培训的顺利展开。

1. 职业准入与专业教育相结合

国外许多国家的职业准入都与专业教育相结合,并将专业教育认可制度作为必要条件。澳大利亚图书馆和信息协会(Australian Library and Information Association,ALIA)负责制定有关图书馆行业的认定规程,该协会联合教育者和培训者、雇主及实践者,对课程进行识别、甄选,促进课程的持续提高与发展[①],并要求从事图书馆和信息工作人员通过正规课程获取专业准入水平[②]。美国公共图书馆通常将获得ALA认可的图书馆学情报学硕士学位或与其相当的教育[③]作为专业馆员招聘条件,ALA对硕士学位的认可作为专业馆员接受的首个职业教育培训,为后续的职业培训提供了基础和保证[④]。与澳大利亚不同,美国现有的国家层面图书馆员准入制度还未能产生广泛影响,图书馆专业人

① Courses in Library and Information Management[EB/OL].(2010-03-01)[2010-04-26]. http://www.alia.org.au/policies/courses.html.

② 李吴妙玲,钟守真.澳大利亚图书馆事业概述[J].津图学刊,1995(2):137-143.

③ 与ALA认可的硕士学位相当的教育即是指ALA认可委员会制订、ALA理事会颁布《图书馆与情报学硕士学位计划认可标准》。

④ Accreditation Process,Policies,and Procedures(AP3),second edition,revised 01/09/2011[EB/OL].(2011-01-09)[2012-04-07]. http://www.ala.org/ala/educationcareers/education/accreditedprograms/standards/AP3SecondEdition_revised1-09-11.pdf.

员的准入仍由50个州各自决定[①],各州的职业准入责任主要由地方承担且从权限到管辖都不相同,各州的职业准入制度均重视继续教育与职业发展、强调小型公共图书馆员的准入资格、强化公共图书馆领导者准入等[②],这对于我国实施职业准入制度的地区有一定的启示。又由于美国公共图书馆领域的职业准入与学位认可密切相关,而包括高级培训、职前培训和继续教育等在内的各类职业培训实践均围绕学位认可进行[③],又在一定程度上推动了职业准入与教育培训的结合;另外,行业协会在其中充当着不可估量的重要作用,这对于发展并完善我国公共文化服务人才队伍的选聘制度,甚至是人才队伍的教育培制度都具有借鉴意义。

2. 职业准入与业务培训相结合

职业准入与业务培训相结合是国外职业准入制度的另一种做法,是为了一个职业能够更好、永续地发展下去。英国博物馆协会(Associateship of the Museum Association,AMA)的准入是英国政府支持的,以教育系统的博物馆学科课程做培训基础,由英国博物馆协会(Museum Association,MA)与相关大学合作,对申请者在博物馆的实务训练进行管理,再由博物馆协会进行授权认可。英国博物馆协会的准入制度主要是针对会员专业资质,申请者除了能获得正规的职业资质认可外,还可以帮助提升处理问题的能力、更好地利用资源、制定职业规划、拓展职业交流、实现职位晋升和提高工作效率、了解职业新动向等[④]。此种准入制度本身就代表着博物馆协会对会员事业长期持续发

---

① Alan Brine. Handbook of library training practice and development[M]. Farnham, Surrey; Burlington, VT: Ashgate, 2009: 384 - 385.

② 冯佳. 美国州公共图书馆员职业认证制度比较研究[J]. 中国图书馆学报, 2012(2): 28 - 37.

③ 冯佳. 美国图书馆职业培训研究[C]//中国图书馆学会年会论文集(2011 年卷). 北京:国家图书馆出版社, 2011: 199 - 205.

④ Introduction and Registration for the AMA[EB/OL]. [2012 - 12 - 29]. http://www.museumsassociation.org/download? id = 697755.

展所担负的任务①,也是一种职业继续教育发展项目。两年内顺利完成三个阶段的任务(见表7－3),并实现AMA要求的六大标准之后②,可获得英国博物馆协会的授权认可③。

表7－3　英国博物馆协会授权认可阶段任务一览表

第一阶段(0—1年)		第二阶段(第1年)		第三阶段(第2年)	
①注册申请AMA	各类专兼职博物馆从业者或打算从事博物馆工作者均能够在线注册申请AMA	④规划	与导师共同制定申请第二年符合自身职业发展的规划	⑦行为	执行评估修订后的规划,并对新的行为进行记录,直至AMA过程完结
②知识评估	在寻求指导前,应进行自我评估,通过学习,充分掌握博物馆工作重要知识,并在《知识杂志》上发表文章;博物馆工作1年才能寻找导师	⑤行为	依照职业规划执行并进行记录,同时参与协会指定专业团体④及专业网站的活动	⑧完成工作项目	工作项目旨在提升工作技能,并满足AMA所规定的标准5与标准6。作为必备环节,该项工作需要持续至少半年

① 徐纯.博物馆与行政法人化[EB/OL].[2012－10－28].http://www.nmp.gov.tw/main/07/7-3/3-2/2-4/5.pdf.

② 标准1,证明对博物馆工作任务与目标的理解,能够遵循博物馆规章;标准2,能够发展并维持与专业领域的有效沟通交流;标准3,能够围绕部门问题进行缜密思考;标准4,发展并提升某一特殊领域的技能、知识与经验;标准5,有能力推动工作向积极方向转变;标准6,实现自我管理,并对时间和资源能够进行有效的规划和管理。

③ Guide to the AMA[EB/OL].[2012－12－29].http://www.museumsassociation.org/download? id＝93446.

④ AMA指定了包括英格兰、威尔士、苏格兰在内的13个地方专业支持团体,便于申请者就近参与相关活动。资料来源:http://www.museumsassociation.org/professional-development/ama-support-groups。

续表

第一阶段(0—1 年)		第二阶段(第 1 年)		第三阶段(第 2 年)	
③寻找导师	完成评估,并较好地掌握了必备知识后,方可在协会提供名单中寻找相宜的导师,进入认证下个阶段	⑥反馈	在完成并记录下 12 个月的规划后,需要对 AMA 的过程和制定规划做出评估与反馈	⑨职业评审	通过与两位博物馆高级专业人员讨论的方式,就如何实现 AMA 标准进行探讨

由于英国博物馆协会的授权认可主要是针对会员的,而国家职业资格准入制度(National Vocational Qualifications,NVQs)作为 1986 年引入的英国统一准入标准,其中的 2 到 5 级可作为其他博物馆从业者的准入要求①。但该标准作为各行业的统一标准,与英国博物馆协会的授权认可相比,缺乏应有的专业性和针对性,较难把控与衡量,执行性较差。

上述各国相关领域的职业准入制度可知,职业准入可依托高校相关专业教育及专业协会组织团体,依托现有的社会教育资源,确保了入职前后持续不断地职业教育,且教育内容可以涉及职业相关的各种业务培训。实施过程中没有涉及政府行政规制,申请者需要实现知识技能的学习,获得职业准入者也将在今后的用户服务和专业技能方面得到极大提升。此种制度不仅提高了职业准入门槛,并且秉持了较好地专业独立性,成为保证高水平从业人员的有效手段。同时,针对不同工作需求,对各级各类从业人员所采取的职业准入的差异性要求,保证了人才资源的有效合理利用,避免了“束椽为柱”“大材小用”等现象的出现。对于我国尚在探索期的公共文化人才队伍职业准入制度的研究和推进具有借鉴价值。

---

① Work - based qualifications[EB/OL].[2012 - 12 - 29]. http://www.museumsassociation.org/careers/qualifications.

二、文化志愿者队伍的拓展与深化

志愿者精神是社会公众参与社会生活的一种重要方式，是个人对生命价值、社会、人类和人生观的一种积极态度[①]。在国外，文化志愿服务活动开展得十分活跃，志愿服务正以其突出的社会效益受到越来越多国家政府的重视。许多国家的志愿服务活动起步早、规模大、社会效益好，并有广泛的群众基础和良好的社会声誉，已逐步步入组织化、规范化和系统化的轨道，形成了一套比较完整的运作机制和国际惯例[②]，在公共服务方面发挥着无可替代的作用。

1. 文化志愿者队伍的拓展

(1)志愿者招募与管理

针对具体领域或公益性文化机构，国外志愿者主要通过地方政府、文化机构及专业协会等相关机构、求职等网站，获得志愿者职位信息，通过申请进而从事志愿活动。特别值得一提的是，澳大利亚数十个志愿者组织是志愿者工作的坚强后盾。在寻求职位方面，澳大利亚只有5%的志愿者通过媒体报道或广告的形式获取信息[③]，更多的则是通过政府倡导的志愿者组织，来获得新的工作方式和更多参与并服务社会的机会。针对志愿者组织，澳大利亚还有"志愿者组织的实施标准守则"[④]，该守则不仅规范了志愿者组织的行为，更在很大程度上

---

① 国际志愿者活动及招募[EB/OL].(2001-08-20)[2012-08-09].http://www.people.com.cn/GB/shizheng/252/6135/20010820/539453.html.

② 国外志愿服务概况[EB/OL].(2012-06-18)[2012-08-11].http://zyz.cdwb.com.cn/n/a100.html.

③ Voluntary Work, Australia[EB/OL].(2008-07-03)[2012-11-03].http://www.abs.gov.au/AUSSTATS/subscriber.nsf/log? openagent&44410_2006.pdf&4441.0&Publication&C52862862C082577CA25731000198615&0&2006&09.07.2007&Latest.

④ Definition of Formal Volunteering[EB/OL].[2010-04-04].http://jobsearch.gov.au/volunteer/pages/VS_Principles.aspx.

保障了志愿者整个群体的利益。

当公众获得志愿活动机会后,其志愿者工作还有一系列的规定和限制:每个志愿者都将被安排实地监督者,并按照已建立的程序进行工作;监督者要针对志愿者委派任务的新技能进行培训,对日常工作负责。机构对于志愿者价值的评价主要依据其是否在规定的时间出现,志愿者在工作开始和结束时候都要签到,并向监督者汇报;志愿者不允许坐在公共桌上,也不允许随便使用员工电脑;所有志愿者被要求严格遵守保密政策等。对于志愿者的绩效评估,通常由监督者通过非正式的、口头方式进行,不能达到岗位要求或违反机构政策的志愿者将被解雇。

志愿者权利保障对志愿者活动的顺利开展至关重要。国外在对志愿者进行招募和管理时,还明确提出:规定工伤补偿等情况;建立任何工作开支偿还规程;确保已确立员工岗位不会被志愿者所取代;志愿者识别程序的发展;对志愿者工作进行定期培训①。大英博物馆在这方面还特别强调志愿者的权利与义务,除志愿者肆意妄为或恶意伤害外,对于志愿者在大英博物馆的任何地方从事指派工作时给予他人造成的人身伤害或损失者,大英博物馆特别使志愿者免受民事诉讼及赔偿②。

普林斯顿·德里格斯和艾琳·杜马在其《管理图书馆志愿者:一种实用的工具》(*Management Library Volunteers: A Practical Toolkit*)中介绍了管理图书馆志愿者的一种有效且实用的方式,即围绕招募志愿者的时间表进行组织。这一方式覆盖了志愿者需求评估到制定政策的全部范围,为任何图书馆提供了从发现、招聘到激励志愿者等所有方面的有效途径(见"志愿者管理周期方案")③。推而广之,任何图书

① Volunteers[EB/OL].(2009-06-16)[2012-04-24]. http://wikis.ala.org/professionaltips/index.php/Volunteers.

② British Museum Policy on Volunteering[EB/OL].[2012-08-10]. http://www.britishmuseum.org/PDF/Volunteering.pdf.

③ Management Library Volunteers: A Practical Toolkit[EB/OL].[2012-04-27]. http://www.alastore.ala.org/detail.aspx? ID=402.

馆与公共文化机构均可以此为参照，对这一管理方案进行适当调整，使其适用于任何公益性文化服务机构。

志愿者管理周期方案		
1 图书馆志愿服务的价值	13 志愿者方案出售	25 绩效评估
2 志愿者方案的宗旨	14 志愿者招募	26 工作设计
3 志愿者方案的利益和目标	15 招募办法	27 职位描述
4 志愿者管理	16 志愿者申请表	28 志愿者识别政策
5 志愿者权利与义务	17 面试和选择	29 识别方案
6 志愿者和图书馆之友组织	18 参考要求	30 奖赏、礼物及特权
7 法律和危机管理问题	19 志愿者合同及发布	31 图书馆志愿者条例
8 志愿者方案交流	20 时间表	32 志愿者更正行为
9 志愿者方案评估	21 职前培训	33 离开志愿活动
10 志愿者激励	22 客户机密	34 离职面谈及推荐信
11 志愿者需求评估	23 志愿者技能培训	35 志愿者人事档案
12 志愿者申请	24 安全培训	36 志愿者管理记录

（2）志愿者岗位培训与服务

职前培训是志愿者较好地完成其从事工作的有力保障。从整体上来讲，各种培训项目能够为基层文化活动培训成千上万的志愿工作者，在澳大利亚，就有包括“澳大利亚区域艺术”计划、“澳大利亚就业服务”计划在内的各种项目，还有通过政府网站提供相关信息及认证课程等形式①。就志愿者职前培训的内容，主要依据服务内容来确定，但通常都包括：机构设置、人员、工作规程、工作时间、所需遵守的业务规章等②。针对从事较为专业服务的志愿者而言，专业基础与技能培

① Training[EB/OL].[2012 - 11 - 10]. http://www.regionalarts.com.au/raa1/training.asp.

② Troy Public Library Volunteer Policy[EB/OL].[2012 - 04 - 27]. http://www.troylibrary.info/volunteerpolicy.

训尤为重要。如冬宫博物馆志愿者服务的章程显示,志愿者工作包括馆藏分类、修复、考古发掘等专业工作,其志愿者的培训内容包括了语言培训、教学实习、博物馆及图书馆基础培训、社会工作、组织能力培训等。而大英博物馆还特别提供了志愿者相关知识与技能以及更为广泛的关系网①。大都会博物馆对从事不同岗位的志愿者所需业务能力也有明确要求②,包括定期举办的培训课程和额外的专门培训、由教育和管理工作者提供的必修和专业培训课等③。在服务时长方面,不同机构也都有着各自的做法。通常,各机构都会在志愿者上岗服务方面做出较为明确的时间规定,对不同服务岗位的志愿者的服务时长有不同要求④⑤,如大英博物馆的志愿者要接受试用期,或在可能的情况下明确服务时间⑥。

由国外推行的文化志愿者制度可以看出:志愿者相关项目的实施能够较好地保障志愿者培训与服务质量。充分信任志愿者,将专业性较强的工作交由志愿者来完成在国外也颇常见。另一方面,冬宫博物

① British Museum Policy on Volunteering[EB/OL].[2012-08-10]. http://www.britishmuseum.org/PDF/Volunteering.pdf.

② 卢永琇.博物馆志愿者的岗位设置与培训(上篇)[N].中国文化报,2012-07-26(7).

③ Guided-Tour Program Volunteers[EB/OL].[2012-08-10]. http://www.metmuseum.org/about-the-museum/career-and-volunteer-opportunities/about-the-volunteer-organization/education-volunteers.

④ Museum Department Volunteers[EB/OL].[2012-08-10]. http://www.metmuseum.org/about-the-museum/career-and-volunteer-opportunities/about-the-volunteer-organization/museum-department-volunteers.

⑤ Guided-Tour Program Volunteers[EB/OL].[2012-08-10]. http://www.metmuseum.org/about-the-museum/career-and-volunteer-opportunities/about-the-volunteer-organization/education-volunteers.

⑥ British Museum Policy on Volunteering[EB/OL].[2012-08-10]. http://www.britishmuseum.org/PDF/Volunteering.pdf.

馆等国外文化机构的志愿者培训还特别重视国际化，强调与国际志愿者组织和国外教育机构及文化中心的交流与合作，这既是一种对志愿者的激励，也是国外志愿者工作有效提升的保障。

（3）纳入政府法律与社会保障

趋于完善的法律保障是志愿者活动稳定并蓬勃发展的一个重要因素。美国政府早在1973年就制定了《国内志愿者服务法》(*Domestic Volunteer Service Act*)，后经过多次修订；其他志愿者相关主要法律法规还有《国家和社区服务法案》(*National and Community Service Act of* 1990)以及《志愿者保护法》(*Volunteer Protection Act of* 1997)等。在地方层面，一些州的各类地方标准，如：密苏里州的图书馆标准等对志愿者的评估、鉴定提出了要求。而澳大利亚政府将志愿者工作作为衡量社会进步的一个指标[①]，对其十分重视。澳大利亚的大多数州和地区政府在其社会发展战略计划中明确指出，鼓励志愿者从事各类工作，其中，国家和州图书馆联盟(National and State Libraries Australasia，NSLA)的所有成员馆和80%的公共图书馆都拥有志愿者[②]。

另外，拥有适当的保险是对志愿者和社区工作的重要保障，这是一种确保参与者免受人身伤害和财产损害的第三方索赔保护方式[③]。对志愿者组织出台相关规定并进行有效管理、将志愿者纳入社会化保障是澳大利亚志愿者制度成熟的表现。对于符合参与“澳大利亚就业服务”计划的志愿者而言，均能够得到志愿活动福利，且拥有相应的保

① Measures of Australia's Progress，2006[EB/OL].(2009-03-30)[2012-04-04]. http://www.abs.gov.au/AUSSTATS/subscriber.nsf/log?openagent&13700_2006.pdf&1370.0&Publication&47132EE72AC3581DCA25717F0004ACE8&0&2006&31.05.2006&Latest.

② Nexus2-FinalReport[EB/OL].[2012-11-03]. http://www.alia.org.au/employment/workforce/neXus2_FinalReport1.pdf.

③ A significant change to Australian VolunteerSearch registration[EB/OL].[2012-04-04]. https://jobsearch.gov.au/volunteer/pages/vs_change.aspx.

险和"澳大利亚就业服务"计划提供商的支持。同时,带薪志愿者的做法能在很大程度上推动队伍的发展。特别是由政府出面来倡导的各种志愿者活动必然产生积极的社会效应,促使更多公众以更为主动的心态,自愿参与到文化服务中来①。这种对志愿者活动的综合式全方位法律保障和支持,值得国内借鉴。

2. 文化志愿者队伍的深化

分类引导、分类建设是文化志愿者队伍不断建设发展的一种有效尝试。在国外,文化志愿者从事职位也有专业区分,如冬宫博物馆志愿者的工作领域不仅包括协助安检工作、接待来访者、指导参观路线、帮助运送艺术品与各类演出、展览等辅助性工作,还包括开展科学研究工作、翻译宣传材料、设计及实施项目、组织国际教育课程、开展讲座及研讨会、外语教学等专业性较强的工作②。大都会博物馆则按照志愿者的具体分工进行分类指导③,对辅助性导览工作志愿者,无需艺术史背景或工作经验,但要求志愿者需要完成为期一年期的博物馆馆藏相关艺术史、表达能力及研究技术培训课程④。而大英博物馆则接受本馆工作者在工作之余作为志愿者从事工作⑤,既保证了志愿服务的专业性,又免除了专业培训的繁琐。这种分类引导的方式不仅有利

① 冯佳,刘璇. 澳大利亚图书馆从业人员保障制度研究[J]. 国家图书馆学刊,2012(3):79-85.

② Areas of activity of the volunteers[EB/OL]. [2012-08-10]. http://www.hermitagemuseum.org/html_En/06/hm6_5_1.html.

③ Museum Department Volunteers[EB/OL]. [2012-08-10]. http://www.metmuseum.org/about-the-museum/career-and-volunteer-opportunities/about-the-volunteer-organization/museum-department-volunteers.

④ Guided-Tour Program Volunteers[EB/OL]. [2012-08-10]. http://www.metmuseum.org/about-the-museum/career-and-volunteer-opportunities/about-the-volunteer-organization/education-volunteers.

⑤ British Museum Policy on Volunteering[EB/OL]. [2012-08-10]. http://www.britishmuseum.org/PDF/Volunteering.pdf.

于提升志愿者服务的优质高效，是对公共文化专业人才队伍的有益补充，更在很大程度上推动了公共文化人才队伍的整体发展，促进了公共文化服务效能的极大提升。

第三节　政府的公共文化事权责任与实践

公共文化服务是政府公共服务的重要组成部分，为社会提供公共文化服务是政府应承担的责任。政府必须顺应服务型政府转型的要求，把握公众文化需求趋势，切实转变自身文化职能，变革文化管理模式，创新文化服务机制①。对于涵盖服务型政府功能的具体关键问题，包括作为公共政策重要议题的合适的分权方式，即各级政府权力如何分配更为妥当？鼓励公众参与的措施应该有哪些？究竟应有哪些考核监督机制与之匹配？世界上目前还没有统一公认的标准。因而，对于公共文化服务领域而言，只有立足于政府职能，才能确保政府真正作为公共文化服务的授权者、服务者、引导者和监督者而存在，才能确保公共文化服务管理的科学有效。

一、政府的文化事权责任

政府职能的“越位”与“缺位”同时并在。在公共文化服务体系中，政府职能的“越位”主要表现为能力比较低的一级政府承担了能力比较高一级政府才需要承担的职能。政府职能“缺位”主要表现在对公共文化服务资金投入不足、制度供给不足；职能界定与事权、财权支出之间的越位、不到位现象，没有提供各级政府在公共文化服务中的职能界定和配套制度。当前，由于公共文化产品职能往往由供给能力比较低的基层政府承担；能力比较强的省市政府往往不提供基本公共

① 曹爱军，杨平. 公共文化服务的理论与实践[M]. 北京：科学出版社，2011：89.

产品，而是试图提供一些促进市场发育的中级功能；能力最高的中央政府全面介入各个层次的公共产品提供，但中央政府过多承担了本应由地方政府承担的基础建设和经济发展方面的支出责任①。现状是否科学合理，通过国外各级政府对文化艺术领域的具体职责分配，或许能够给我们一些启迪。

1. 多级政府下的事权责任

与我国多级政府相类似的国家有很多。仅以美国为例，美国拥有联邦、州、地方三级政府，据其宪法第十条修正案规定，“宪法未授予合众国，也未禁止各州行使的权力，由各州各自保留，或由人民保留”。据此，公共服务是各州和地方政府的责任，联邦政府过度干预将面临违宪的风险②。对于文化艺术领域，美国的艺术与人文传统上也为民间或地方事务，即使1965年《国家艺术暨人文基金会法案》(*National Foundation on the Arts and Humanities Act of* 1965，以下简称《法案》)通过实施以后，也只是由国家艺术基金会(National Endowment for the Arts，NEA)、国家人文基金会(National Endowment for the Humanities，NEH)及后来成立的博物馆与图书馆服务署(Institute of Museum and Library Services，IMLS)三个联邦行政机构对艺术人文事业执行补助。因而，国家艺术基金会与国家人文基金会虽名为基金会，但与一般靠自身经费运营而独立于政府之外的基金会有别。各州和地方则通常由州和地方层面的文化或艺术/人文委员会对文化与艺术事业进行组织管理，其委员会监管的触角一直纵向延伸至社区，即鼓励社区委员会成立，并鼓励各州艺术/人文委员会协助社区建立艺术家驻居计划

① 政府公共文化服务主体地位研究. 北京市朝阳区《政府公共文化服务主体地位研究》课题组，2012年12月印行.

② JOHN F, NATHAN C. The federal government and public libraries: A ten-year partnership, 1957 - 1966[J/OL]. [2012 - 03 - 29]. http://www.eric.ed.gov/ERICDocs/data/ericdocs2sql/content_storage_01/0000019b/80/2f/75/b2.pdf.

等,逐步加强地方艺术文化活动的实施(见图7－1)①。

2.“一臂之距”下的政府事权责任

国际上,“一臂之距(Arm's Length)”②也是政府进行文化管理较为典型的做法,值得借鉴。目前,“一臂之距”管理机制正在为越来越多的国家政府所采用,如英国、澳大利亚、加拿大、丹麦、芬兰等国,并成为国家文化发展管理模式的基本原则。

以英国为例,其文化管理主体可以分为三级:一是中央政府和地方政府的文化主管部门,如文化、媒体与体育部(Department for Culture Media and Sport);二是文化领域的非政府公共机构(Non-Departmental Public Bodies,NDPBs),即半官方的各类非政府公共文化机构,负责执行文化政策和具体分配文化经费;三是各类行业性的协会组织和基层民间文化组织。这三级管理机构相对独立,无垂直行政领导关系,但通过制定和执行统一的文化政策,逐级分配和使用文化经费等途径紧密联系在一起。第二级中介机构有独立的法律地位,接受第一级主体,即政府的委托,为政府提供文化政策咨询、向政府提供文化政策设计、策划具体的文化政策实施,并负责把政府的部分文化拨款落实到第三级的那些具体文化协会和组织,独立履行其职能(如图7－2所示)。这种“既不能不管、又不能多管”的国家对文化拨款的间接管理原则与模式,一直被作为英国各级政府管理文化艺术事业的准则,被英国政府视作管理公共文化的法宝③。

---

① 冯佳,李彦篁.美国文化管理体制研究[J].山东图书馆学刊,2012(6):28－33.

② “一臂之距”原指在队列中与前后左右的伙伴保持相同的距离。该原则被运用到文化领域时,即要求国家对文化采取一种分权式的行政管理体制。

③ 陆晓曦.英国文化管理机制:“一臂之距”[J].山东图书馆学刊,2012(6):37－41.

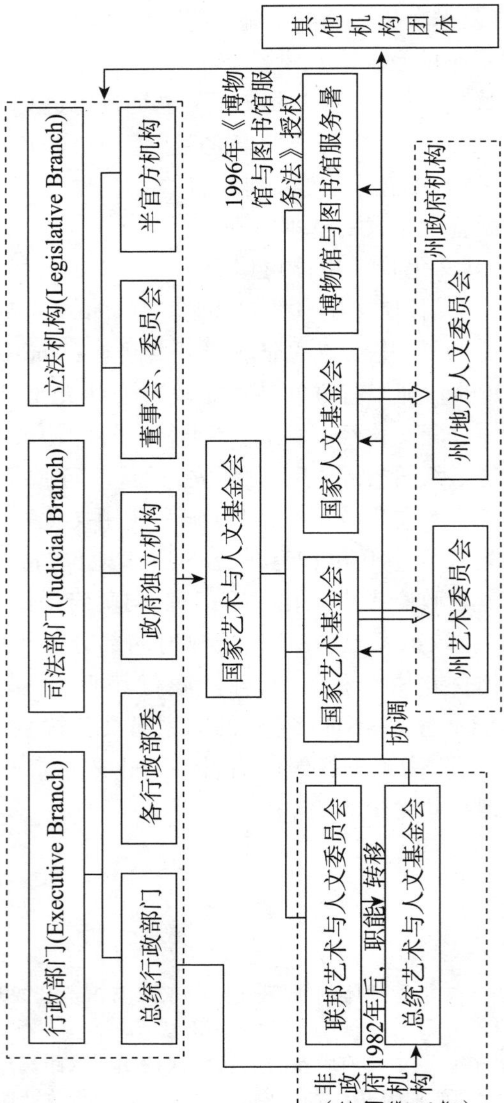

图7-1　美国艺术与人文相关职能部门组织结构图

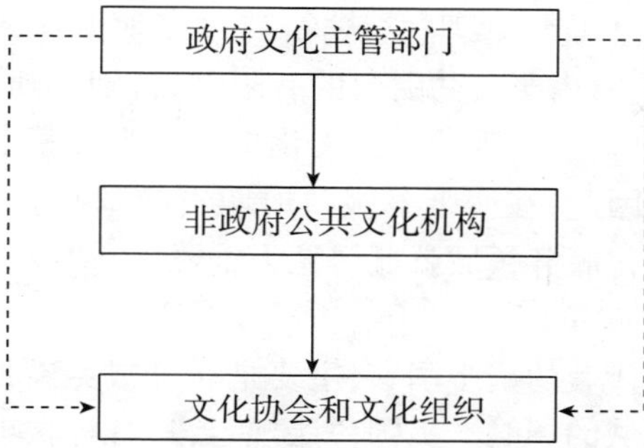

图 7－2　英国三级文化主体示意图

北美、欧洲及澳洲的普遍做法表明，文化艺术事业发展的主要事权责任不在中央，且无论是美国通过国家艺术与人文基金会、各州和地方艺术/人文委员会进行经费拨付，还是实行"一臂之距"的各国，其本质上均为政府对文化拨款的间接管理模式，而直接管理权都在地方及接受款项拨付的机构组织。这种做法减少了中央层面政府机构的行政事务，实现了政府职能的转变和"管办分离"的目标，既保证了政府工作的高效运作，也保证了非政府公共文化机构的独立性和权威性；同时，政府机构不直接与文化组织和团体发生关系，不仅有利于文化领域的检查监督，有效避免腐败滋生，还能保持组织机构的独立性，避免过多受政府行政干预，从根本上有利于实现文化的发展和繁荣。相比，在现行体制下，我国从中央到地方的各级政府对公共文化服务领域的管理更直接、担负的责任也更大，应通过政府权力下放、各级政府与文化行政部门及文化事业单位进行合理的权利分配的方式，待时机成熟之时也可充分利用现有文化领域专业协会组织进行协调管理，进而实现政府文化职能的最优化管理。

二、鼓励引导社会捐赠政策

公共文化服务是关乎民生、体现民意的重要制度安排，政府作为责任主体合理的介入并发挥作用，十分关键。政府的适度责任在于制度设计、组织实施、监督管理、立法保障,过多地干预就会使社会力量得不到发展。另外,由于公共财政的有限性,特别是随着有限政府、责任政府理念的推广,社会赞助公共文化事业成为国家丰富公共文化产品的重要途径。因此,在明晰各级政府职责的基础上,如何鼓励引导社会捐助公共文化服务领域就显得尤为重要。

1. 税收优惠政策

在以美国为代表的诸多国家,主要是通过减免税收的方式鼓励社会对文化艺术领域的捐赠。美国税法规定,只有将款项捐给符合国税局规定的非营利机构时,纳税人的所捐款项才能被免于征税。其中还要求非营利机构的净收入或"利润"没有分配给任何团体,并且该机构不参与政治活动或试图影响法律。很明显,艺术和文化领域中的公益性机构符合这些规则要求,所以它们能够源源不断地获得捐款人的可免税捐赠。基于这一性质,美国从联邦所得税法案和各州法案中有关征收所得税规定的两个方面鼓励对艺术文化领域公益性机构的私人捐助。在联邦法案下,允许包括对文化艺术机构的现金捐款,作为其应税所得中的减免,根据具体情况,这部分数额在调整后的总收入中所占比例范围是20%—50%,并被作为激励对慈善事业私人支持的一种政策保留了下来。

从计算上来讲,在美国税法下,捐款人纳税义务的减少额等于捐款数额乘以其边际税收[①]等级。个人少缴纳的税收数额同时也是政府因捐赠扣除而损失的财政收入,正是损失的这部分财政收入构成了政府对非营利部门的间接支持。当然,捐赠的形式不仅限于资金,还包括艺术品等的捐赠,而这些同样主要出于税收方面的考虑。许多年来,捐赠人被允许按照捐赠时作品的市面价值来进行捐赠扣除,这大大刺激了人们对博物馆、美术馆进行实物捐赠,尤其是近年来高级艺术品的价格急剧上涨之后。美国公立博物馆,每年向政府申请的经费

① 边际税就是超过免征额而需实际缴纳的税款。

不到博物馆经费的20%，而博物馆获得的捐款一般则高达30%以上[①]，这足以证明了税收政策刺激了捐赠行为的发生。公司捐赠在美国也受类似于对单个纳税人的税法规定的激励：在计算公司所得税负[②]时，该公司可将慈善捐赠作为费用进行扣除，扣除上限为应税所得的10%。很明显，这些支持并非完全大公无私，捐赠者希望通过他们的捐赠，无论多么微不足道，都能够帮助那些为其带来愉悦的机构来维持和发展[③]。美国社会力量在税收政策和价值观的引导下，非常关注社会公益事业，一个家庭从对居住社区公益事业的关心，孩子所在学校倡导公益事业的参与，以及对周围的公益捐赠活动等都有不同程度的参与，自己特别有兴趣的事，会捐赠的更多一些[④]。这是一种双赢，甚至多赢的方式，值得借鉴推广。

除美国外，其他国家也有类似明确规定。德国将公益性捐赠作为“特殊的”个人费用实行纳税扣除[⑤]。印度税法规定，任何个人和团体向免税组织捐赠，都可获得其捐赠额50%的减免税权。在日本的所得税制中，个人只有向中央和地方政府及政府主管部门批准，并依法登记取得公益法人和特定公益法人资格的非盈利组织捐赠，且捐款额须超过1万日元方可享受税收减免优惠，其最高减免额或扣除额为综合课税所得总额的25%。企业法人中对不同捐赠对象的捐赠，享受不同的税收减免优惠：对政府的捐赠和指定捐赠全额计入费用，全额免税；

---

① 孙维学.美国文化[M].北京：文化艺术出版社，2004：132.

② 税负也成税收负担率，是应交税费与主营业务收入的比率。税负可以单指增值税税负、所得税税负、营业税税负等，也可以把所有本年度上交的所有税款加总计算一个总体税负。

③ PORTER R A. Corporate Giving in the Arts[R]. New York: American Council for the Arts，1987: xiii.

④ 杨庆红.北美公益性文化设施及服务考察报告[M]//中国公共文化服务发展报告(2012).北京：社会科学文献出版社，2012：337－338.

⑤ 齐美子.鼓励慈善捐赠的税收优惠政策研究[D].大连：东北财经大学，2006：27－28.

对依法设置的公益法人中,对振兴教育、科技、促进文化交流和社会福利效果明显的特定公益法人的捐赠采用最高限额扣除;另外,遗产税中给特定公共利益法人的遗产也可以在特定的范围内做税前扣除①。

2. 其他奖励政策

除了免税或税收优惠之外,有的国家还以奖励的方式鼓励社会力量捐赠文化事业。如新加坡自2006年开始发起了年度性的文化遗产赞助奖,以便促进更广范围内的慈善捐助。目前,新加坡总共有72家公司、基金、组织和65位个人总共捐赠、捐助了价值1.2亿美元的现金、实物和艺术品贷款。还有澳大利亚政府,于1978年推出了"文化赠予项目",利用捐赠者可以获得税收奖励的方式,鼓励将重要的文化物品捐赠给公共美术馆、博物馆、图书馆与档案馆②。事实上,日本、加拿大等很多国家也都有类似的政策。这足以见得,通过免税或税收优惠以及奖励捐赠的方式,鼓励了社会对公共文化事业的赞助,已成为世界性的文化政策趋势③,我国的相关税收政策也应借鉴国外通行的做法,与国际接轨,并积极探索和推行各种相应的奖励政策和奖助项目,助推社会捐助文化事业的行为。

三、科学考评体系

绩效考核是公共文化服务监管的有效方式之一,而绩效评估的关键,是建立科学的考评指标体系。就我国的公共文化服务领域来看,目前还缺乏一套科学的绩效评估指标体系。现有一些传统考核,如文化部全国文化先进县评比、图书馆评估定级、文化馆评估定级等提供

① 张文春. 国外公益捐赠的税收政策:效应及启示[J]. 中国税务,2011(6):18-20.

② About the program[EB/OL]. (2009-09-14)[2010-04-10]. http://www.arts.gov.au/tax_incentives/cgp/brochure.

③ 毛少莹,袁园. 发达国家和地区的公共文化服务及其发展趋势[R]//中国公共文化服务发展报告(2012). 北京:社会科学文献出版社,2012:283-294.

了一些指标；文化部门限于政府内部进行的目标责任制考核也提供了部分指标；政府部门和事业单位的财务审计、人事管理中的公务员考核也各都有一些指标。但总的来看，我国政府有关公共文化服务相关的绩效评价指标理论研究成果不多，没有完整的、适应公共文化服务体系建设要求的指标体系，更缺乏关于绩效评估的规范性政策法规，与发达国家或地区相比，还处于比较落后的状态。学习借鉴发达国家或地区已实施的相关绩效评估实践，对我们建立并完善现有绩效评估机制有重要意义。

1. 政府主导与第三方机构共同组成的评估体系

我国示范区（项目）创建过程中逐步引入的公众外部评估机制，并将绩效考核纳入政府目标考核体系的做法，推动了公共文化服务效率的整体提升。美国在此方面形成的以政府为主导，并与第三方评估共同组成的绩效评估体系与国内做法相似，借鉴意义较大。1993 年，美国总统克林顿签署了《设立顾客服务标准》（*Setting Customer Service Standards*）的第 12862 号行政命令，责令联邦政府部门制定顾客服务标准，要求政府部门为顾客提供可供选择的公共服务资源和服务供给手段。1994 年，美国国家绩效评论专门出版了《顾客至上：服务美国人民的标准》（*Putting Customers First: Standards for Serving the American People*），充分体现了政府绩效评估强调以人为本，以公民为中心，以公民满意为标准的宗旨。以国家图书馆情报委员会（National Commission on Libraries and Information，NCLIS）所列出的服务标准为例，可窥见一斑[①]。

---

① President Bill Clinton, Vice President Al Gore. Putting Customers First [M]. Washington, D. C.: Executive Office of the President, 1994: 109.

主动提出：

• NCLIS 应寻求能代表广大美国公众意愿，且能够提出或协助发展或制定足以影响全国图书情报政策的个人及团体。

• NCLIS 应对社会评论作出回应，同时将利用来自 NCLIS、联邦机构或一般公众在各种场合所提出的建议及援助。

公众要求：

• 当个人或团体有所需求的情况下，NCLIS 应为其提供相应的帮助，提供帮助的形式有数据资料、评估报告、规划、研究报告、统计、调研情况、分析、调查结果或政策建议等。

时间截点：

• NCLIS 在提供帮助的时候，会同时提供一个有效的时间表，从而帮助需求者了解提供帮助的相关信息。

监督反馈：

• NCLIS 将追溯所有提供信息，以确定所提供帮助是否有用/陈旧，如果提供信息产生了影响，哪些因素影响信息的使用/不被使用，还可以/应该提供哪些其他帮助方式等。

评价：

• NCLIS 获得帮助的个人或团体对影响信息使用/不被使用的因素进行评估，并提出可以/应该提供哪些其他帮助方式等。

民间机构是对公共部门进行绩效评估的一支重要力量。美国政府会计标准董事会（Government Accounting Standards Board），作为一个非政府机构，是美国注册会计师协会承认的拥有制定州与地方政府一般可接受会计准则权力的唯一实体，甚至会发布针对州和地方政府绩效报告的分析结果①。坎贝尔研究所是美国民间机构对政府进行绩效评估的重要力量，其绩效测评主要侧重于政府组织。坎贝尔研究所通过测评政府绩效并公布分数和名次的做法，在美国社会得到广泛认

① 张燕君.美国公共部门绩效评估的实践及其启示[J].行政论坛，2004(3)：88.

可,社会对其评估结果的认可率高达92%①。这些也体现了美国政府绩效评估的“外部化”趋势。我国当前尽管也有一些国内知名的民间相关机构,但其专业性、权威性及公众认可度却还与之相去甚远。

美国政府绩效评估之所以取得成功的另外一个重要原因是确立了完善的绩效评估法律制度。尤其是1993年颁布的《政府绩效与结果法案》(*Government Performance and Results Act*),以法律的形式确立了当代联邦政府绩效评估的制度框架,责令所有联邦部门必须根据部门使命制定战略规划、年度绩效计划和绩效报告。在该法案指导下,于同年成立的美国国家绩效评估委员会(National Per-formance Review)②建立了一套较为完善的衡量政府部门和个人工作绩效的评估体系,从不同角度反映了质量、经济、效率、效果等绩效指标,主要包括:投入、能量、产出、结果、效率和成本效益、生产力这六大基本指标。实际推行中,许多州、郡县与市政府根据当地特点设置了各具特色的评估标准。这种由中央层面制定制度框架,各地参照执行的做法,既在一定程度上保证了总体方向的不偏离,又突出了地方特色和针对性。

2. 绩效评估框架

通过确定绩效评估总体框架来把控绩效评估的方式在当代西方国家中也较具代表,其中,又以英国最为典型。在英国的政府基本公共服务评估实践中,除综合政府绩效评估外,还有专门的针对公共服务的绩效评估框架。这种框架是在英国1997年大选后,作为1998年政府综合支出评估(Comprehensive Spending Review,CSR)的一部分被引入。由于英国政府认为政府管理是一件极其复杂的工作,很难用一个或几个指标来反映政府公共服务的绩效,因而为充分考虑政府在执行各项职责中投入、产出和效果之间的关系,1998年引入公共服务协

① 范柏乃.政府绩效评估——理论与实务[M].北京:人民出版社,2005:84-85.
② 美国国家绩效评估委员会致力于推动联邦政府的绩效改革。

议（Public Service Agreements，PSA），试图为政府行为的评估提供一个有效的分析框架，对政府公共支出项目全面设置可测度目标（见图7－3），并把政府努力实现的目标向公众清晰表达。PSA的目标设定不仅坚持了结果导向，更坚持用尽量少的指标来测度其绩效，且必须满足"SMART"标准①。

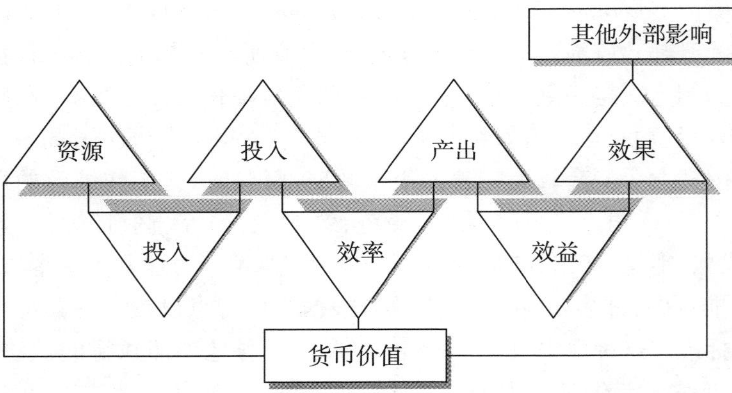

图7－3　SPA框架中投入、产出与效果的关系图

事实上，英国公共服务协议框架本身也是在不断地进行调整与完善。在PSA最初引入时，指标涉及35个政府部门或领域，并设置了大约600个绩效指标，大部分指标主要关注投入和过程。在《2000年的支出评估》（*Spending Review* 2000）中，这一指标体系只涉及了政府18个部门和"The Sure Start Unit"，具体设置了160个绩效指标，而且这些指标明显更倾向于关注产出和结果，效果类指标由CSR1998中占总指标的15%，提高到SR2000中的68%。到2002年，绩效指标又从160

① "SMART"标准使目标管理的概念之一。"SMART"其实是五个英文字母的开头，分别是Specific、Measurable、Attainable、Realistic、Time-based，即绩效指标必须是具体的、可以衡量的、可以达到的、实在且可以证明和观察的、具有明确的截止期限。

个进一步减少为130个。英国公共服务协议框架随实践进展不断完善的同时，还具备了如下特点：①目标转化为具体实践计划，并对目标逐级分解。②各目标和实施计划落实到具体部门或个人。③设立专门的协调和推进机构。④定期公开发布公共服务绩效状况[①]。

由英美国家政府的绩效评估体系可以看出，科学与完善的绩效评估体系应当具备如下一些特点：①绩效管理的制度化、法制化。英美无不都将绩效评估作为政府机构的法定要求，保证了绩效评估的权威性。②评估内容和程序规范化。英美都有较为完备的绩效评估体系，操作程序有制度上的保证；尤其是从20世纪80年代中后期开始，西方国家地方政府对公共服务质量和社会效果给予了应有的重视，引入了一系列以反映公共机构真实的执行能力、服务质量和内外形象等情况的软性指标，评估内容开始转向经济、效率、效果并重，更为规范。③评估主体的多元化[②]。尤其美国的评估过程不仅有公众和服务对象的广泛参与，还有社会机构进行评估，不仅确保了评估的客观与公正，也充分体现了以人为本的公众导向性。④评估指标适时调整与深入推进。美国绩效考核指标在各州又被进行了细化，而英国的绩效考核指标随着政策环境的改变不断进行着调整，各职能部门的目标任务也都被进行了分解，这些都保证了各个时期绩效评估的科学与合理性。我国公共文化服务体系建设中的绩效评估指标体系应对此予以借鉴。

第四节　设施布局与规模的合理性讨论

很少有公众会为观看现场演出、参加某个活动而经常长途跋涉，

① 陈昌盛，蔡跃洲. 中国政府公共服务：体制变迁与地区综合评估[M]. 北京：中国社会科学出版社，2007：27－40.

② 国外政府绩效评估有哪些新的发展趋势？[EB/OL]. (2010－04－01)[2012－12－29]. http://www.szjx.gov.cn/jx200w/100671.htm.

尤其在看一场演出活动的距离往往比买一件商品的距离还遥远的情况下。可以说,文艺消费和生产的总量受到当地场所的数量限制,这些场所的增长会导致消费总量出现急剧上升。因此,为增加文化艺术的消费总量,可利用政府补贴和额外捐款等方式筹集资金,鼓励一些原来很少有或者根本没有文化艺术表演的地方兴建相应的机构场所。通过这些财政资助,极大地拓展巡回演出活动的范围和数量,为其开辟新的市场①。但另一方面,盲目建设并不可取,究竟设施场所应该建在哪里、如何建设、建筑面积多大才更为科学合理,是在加快公共文化设施建设之前首先要考虑的重要问题。

一、空间布局:"开放空间十分钟可达"

1. 十分钟可达性原则

示范区(项目)创建资料表明,创建工作实现了"十分钟可达""十五分钟可达"文化圈地快速推进,不过,各示范区(项目)是否真正实现了其标榜的十分钟或者十五分钟可达的目标,我们不得而知。无独有偶的是,在美国,纽约市的《纽约 2030》(*PlaNYC* 2030)城市规划中提出了"开放空间步行十分钟可达性原则"。该报告同时还明确指出:在提供足够住房的同时,也需要平衡其他的社区需要,像开放空间、零售商店与社区健康发展相关的艺术元素。其中所谈及的"开放空间"主要是指公众日常生活和社会公共使用的室外空间,包括街道、广场、居住区户外场地、公共绿地等。纽约作为国际大都市,随着 20 世纪地铁线路不断扩展和大量的移民,促成了纽约人口的迅猛增加。如不考虑移民政策变化或城市生活质量的改变,纽约市城市规划局预计到 2030 年,纽约市的人口将会超过 900 万②。面对如此众多的服务人

① 海尔布伦,格雷. 艺术文化经济学[M]. 詹正茂,等,译. 北京:中国人民大学出版社,2007:207 - 225.

② BLOOMBERG M R. PlaNYC 2030:A Greener,Greater New York[R]. New York:New York City's Office of Long Term Planning and Sustainability,2007:4 - 6.

口，“开放空间十分钟可达性原则”的提出能够有效提升人口聚集区域公众的生活质量。

在谈及开放空间时，该份城市规划报告还提到要确保所有纽约人居住在公园的“十分钟步行圈”内①。“十分钟步行圈”取决于我们步行的速度。通常，一个成年人可以走大约半英里（约为805米，这与我们此前所提及的800米基本一致），而一个老人或是儿童一起出行的父母则只能走三分之一或四分之一英里（约为536米或402米）。纽约市的举措是让99%的纽约人步行半英里，85%的市民步行四分之一英里，就能到达一个公园或娱乐场地。也就是说，99%的人步行800米、85%的人步行400米，就能达到一个公园或娱乐场所（见图7－4）。

2. 实现方式

纽约的公园系统是由一系列区域性和大型公园组成的。这些公园是整个纽约公园系统中最富有吸引力的场所，它们为每一位居民提供全方位的体验，包括运动、文化、教育和游憩。随着纽约城市的不断发展，这些公园将会不断吸引更多的使用者。为保证公园系统的质量，纽约需要建立新的区域性和大型公园。纽约市希望为每一个纽约人创造更积极、更健康、更美丽的公共领域，且希望所有居民都能使用到娱乐和游憩的场地，到2030年，几乎每一个纽约人都居住在公园的“十分钟步行圈”内。但是面对越来越拥挤的开放空间，纽约市要努力通过为每一个社区提供综合性的解决方案，确保每一个儿童、成人都拥有可供休憩和玩耍的开放空间。购置土地当然是显而易见的方式，但需要新的方法和策略来改进土地的使用方法，将已有土地用途变得多样化，这是开放空间规划的核心思想。

---

① BLOOMBERG M R. PlaNYC 2030：A Greener，Greater New York［R］. New York：New York City's Office of Long Term Planning and Sustainability，2007：12－15.

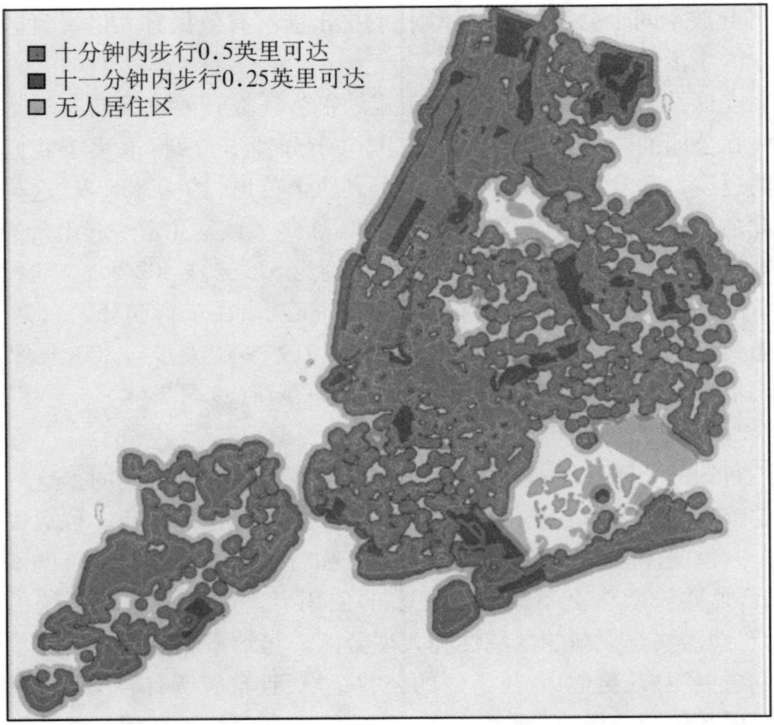

图 7 – 4　2030 年开放空间可达性示意图

纽约市计划从以下三个方面来确保到 2030 年每个纽约人居住在公园“十分钟步行圈”内：首先，升级已经被用作公园的土地，使其可以被更多的居民所使用；其次，延长现有高质量公园的使用时间；第三，把街道和人行道转变为公共空间来使社区更具活力。这些方案最终将创造超过 800 英亩（约合 324 万平方米）升级的公园用地和开放空间，并使得这些用地和开放空间几乎分布在每个社区中。（见图 7 – 5）。

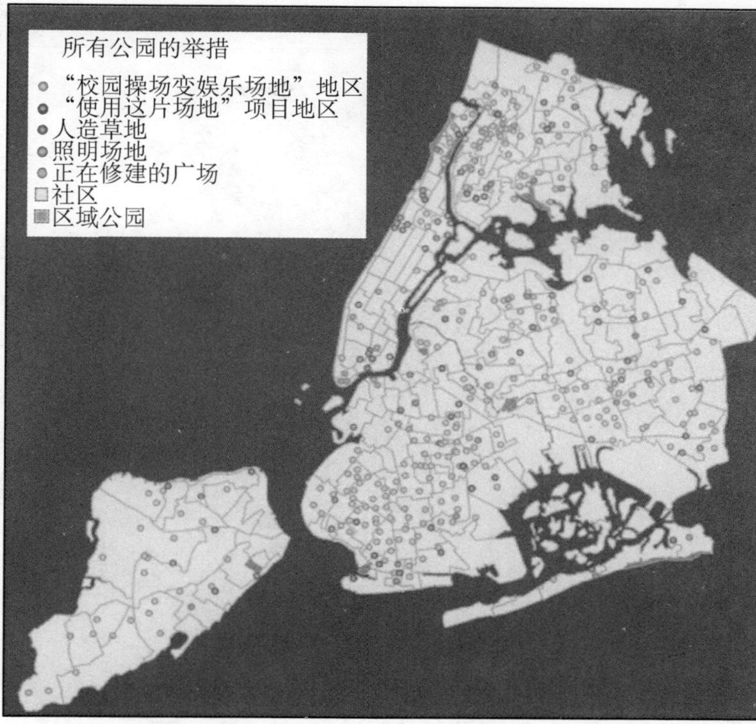

图 7－5　纽约市所有公园的举措分布图

在具体操作层面,纽约市对开放空间规划包括:

(1)使现有场地可以被更多纽约人使用

一是开放全市的校园作为新的公共娱乐场地;二是为竞技体育提供更多的选择;三是完成尚未竣工的公园。由于每个城区都有数以百计的娱乐场地、数以十计高质量的竞技场地和数英亩的开放空间,但在大多数情况下,它们每天的使用时间只有几个小时,如果校园、高中运动场和开放的公园能够被最大化地利用起来(见图 7－6 和表 7－4),这将会为每个社区带来诸多好处,并为全市的运动队提供高质量的比赛场地。

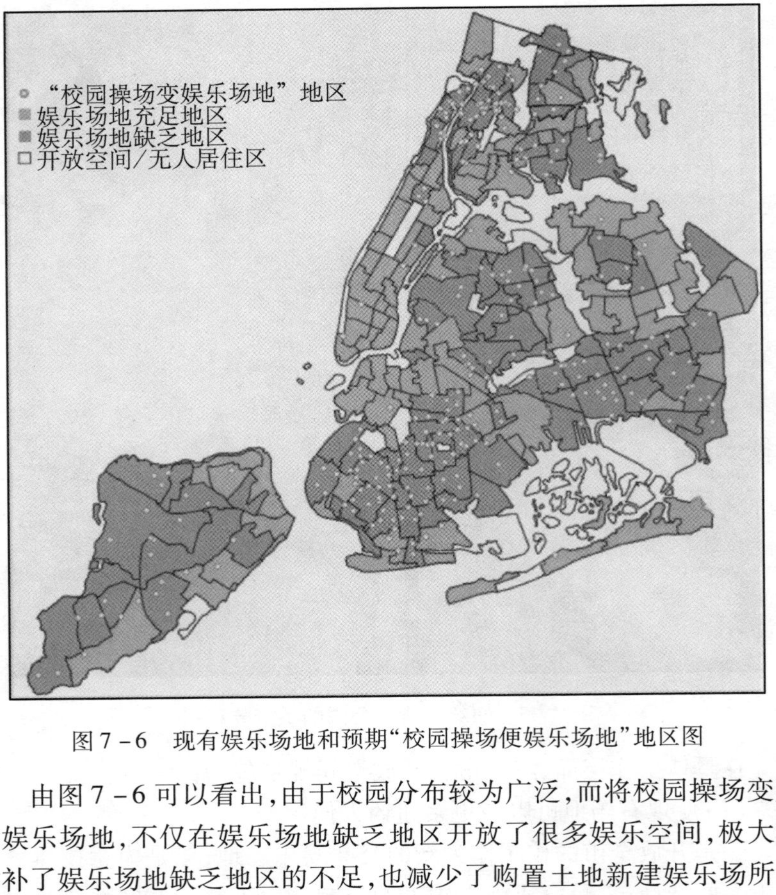

图 7－6　现有娱乐场地和预期"校园操场便娱乐场地"地区图

由图 7－6 可以看出,由于校园分布较为广泛,而将校园操场变更为娱乐场地,不仅在娱乐场地缺乏地区开放了很多娱乐空间,极大地弥补了娱乐场地缺乏地区的不足,也减少了购置土地新建娱乐场所的大笔经费,有效缓解了土地紧张与广大公众对娱乐休闲场所需求之间的矛盾。

表 7-4　校园操场变娱乐场地清单

分类	已有规划的改善
类别Ⅰ(可立刻开放场地)	无需改善
类别Ⅱ(需新增设备)	取决于学校和社区的需求,每个场所将采取以下娱乐场地的改善:喷漆和路面封层;升级或增加运动设备;安装健身和/或运动场地设备;终止行道树和绿化景观
类别Ⅲ(需增加资金投入)	该类场所将受益于所有类别Ⅱ的场所改善,且仍需进行:重新铺设受损沥青;新建护栏及安全设施改进

(2)延长现有场地的使用时间

一是提供更多的多功能用地;二是安装新的照明设备,从而最大限度地延长现存场地的使用时间。

(3)重新设计公共领域

由于在城市中各社区委员会每一个负责区域里,都有把未充分利用的街道空间成功转变为广场的可能,使得广场边散落着吸引工作者、居民以及人流的商店,广场沐浴在大片阳光下,且与旁边的建筑相得益彰。基于上述原因,纽约市交通运输局与其他相关机构合作,确定新建广场的地址和可能性,并优先考虑开放空间与人口比率最低的社区,纽约市计划每年至少修建或改善 4 个广场,直到每一个社区委员会的范围内都至少拥有一个广场为止。在广场的选址、设计、建设和程序设计过程中,每个所在社区的委员会将得到相关方面的指导。因此,为每个社区新建或升级公共广场成为纽约市对公共领域进行重新设计采取的第一种措施;第二种做法是绿化市容。通过对公共领域的重新设计,不仅为人们提供了走起来更加愉快,并能同时给散步、发呆和忙碌人群提供足够空间的人行道,还通过每一个社区建造新的广场,使社区商业地带的人行道融入了更多的社区生活,把社区中的空地转变为公共广场,生活、商业、娱乐、休闲完美地融为一体[①]。

美国纽约市的公园是每个纽约市民都可以共享的开放空间,在这个开放空间中,人们或休憩或嬉戏玩耍,成为公众的休闲娱乐场所。这与我们的公益性文化机构有着诸多相似之处。在公共文化服务体系设施空间分布方面,虽然我国不可能在短时间内建立全国范围内的人口地理信息系统,但在制定公共文化设施建设制度规划时,还是需要结合我国的具体国情,考虑社会需求,在主动吸取和利用国外先进的科学方法与经验的前提下,不照搬美国或者其他国家模式,而是将其融入我们今后的公共文化设施建设规划中来,提高公共文化设施的覆盖率,使投入的资源发挥最大的效用。

二、设施规模:“大中小型设施与服务人口相匹配”

《纽约2030》中对于开放空间的分布与实现方式做出了诠释,但设施规模这一问题却未曾涉及。而有关公共文化设施建设规模的问题,国内外均有相关规定。

1. 大中小型匹配原则

随着各类设施标准的颁布与实施,依据服务人口来确定设施规模的原则被逐渐应用到实践中来。其中,服务人口主要是指公益性文化服务机构提供日常公益性服务的人口数量,即公益性服务机构所在城镇或服务片区的规划总人口。又由于我国目前公益性文化单位的管理体制是按照行政管理级别设置和分级,其设置、审批、投资与建设的主体是各级政府,所以,大、中、小型机构的规模分级必须与现行管理体制下的一级政府相对应,以保证机构的设置、投资、建设主体明确。具体而言,“大中小型设施与服务人口相匹配原则”要求大、中、小型馆机构基本上做到与按省、地、县分级相对应,也即:大型机构适用于大

---

① BLOOMBERG M R. PlaNYC 2030:A Greener,Greater New York[R]. New York:New York City's Office of Long Term Planning and Sustainability,2007:29 - 39.

多数省级和副省级地区,中型机构适用于大多数地市级地区,小型机构适用于大多数县市级地区。需要注意的是,按照分级标准,省级机构的服务人口如果低于大型机构标准,就应建设中型机构;地级机构的服务人口达到大型机构的标准或低于中型机构的标准,就应建立大型或小型机构;县级机构的服务人口如果达到中型或大型机构的标准,则应建设中型或大型机构①。

2. 以服务人口为基础测算规模

"以服务人口定面积"作为国外公共图书馆面积规划的重要原则被广泛认可。本研究重点介绍基于服务人口数量确定图书馆规模的NSW-POPU② 方法。该方法建立在潜在人口基础上,是通过人均或千人均的数量化指标来为图书馆提供一个全面的面积参考③。NSW-POPU 是基于一个假设,即人们主要倾向于使用距离其最近的图书馆,也即"十分钟可达性原则"基础上来界定图书馆的面积指标。特别要注意一点,此处的人口指标不是当前的人口数量,而是10 年后的人口数量④。

(1)建筑面积标准

未来10 年规划服务人口与每千人建筑面积标准,可参见千人建筑面积表(Buiding Area Factors,BAF)(见表7 -5)。

① 李国新,冯守仁,鹿勤. 公共图书馆规划与建设标准解读[M]. 北京:国家图书馆出版社,2009:34 -42.

② 所谓NSW-POPU 方法是指在澳大利亚新南威尔士州所实施的一种基于图书馆服务人口确定图书馆面积规模的一种方法。

③ NESBITT H,NEILD B V. People places:a guide for public library buildings in New South Wales,2nd[M]. Sydney:Library Council of New South Wales,2005:23 -26,28.

④ 张广钦. 公共图书馆面积规划的原则与方法[J]. 图书与情报,2009(2):28 -35.

表 7-5 千人建筑面积表(BAF) (单位:平方米)

规划服务人口(10 年)	千人建筑面积
10 000 以下①	42
10 001—20 000	42
20 001—35 000	39
35 001—65 000	35
65 001—100 000	28

(2)面积确定步骤

在表 7-5 的基础上,需要按照如下步骤确定公共图书馆建设面积。

一是计算规划人口数量,包括直接服务人口数量和间接服务人口数量;

二是计算有关当地区域因素的面积,计算公式为:LAF② = 直接服务人口 × BAF ÷ 1000;

三是计算中央区域因素的面积,计算公式为:CAF③ = 间接服务人口 × BAF ÷ 1000 × 15%;

四是计算净面积和建筑总面积,计算公式分别为:NFA④ = LAF +

① 当计算人口少于 2750 人时,要使用推荐的最小标准面积,即 139 m^2。人口减少的社区,则以当前的人口数量为基数。

② LAF,是当地区域因素(Local Area Factor)的简称,根据符合就近原则的直接服务读者而确定的面积。一般来说,直接服务读者包括当地居民和在当地工作而不居住在当地的雇员。

③ CAF,是中央区域因素(Central Area Factor)的简称,是指根据间接服务读者确定的面积。间接读者是指图书馆为实现其功能定位目标,纳入自己服务范围而距离自己远的读者。一般而言,它包括图书馆所属行政区划内的所有公民,并根据全部公民的 15% 来核算中央面积因素。

④ NFA,是净面积(Net Floor Area)的简称,又称使用面积,是指不含墙体等在内的可直接利用的面积。

CAF，GFA[①] = NFA × (1 + 20%)[②]。

我国现行的技术标准规范体系中，涉及公共文化设施建设工程的行业标准共有5项：《图书馆建筑设计规范》《博物馆建筑设计规范》《文化馆建筑设计规范》《电影院建筑设计规范》《剧场建筑设计规范》。随着《公共图书馆建设用地指标》（建标〔2008〕74号）和《公共图书馆建设标准》（建标〔2008〕150号）的制定完成并发布，《文化馆建设用地指标》（建标〔2008〕128号）和《文化馆建设标准》（建标〔2010〕136号）和《乡镇综合文化站建设标准》（建标〔2012〕160号）的颁布施行，以及正在制定及报批过程中的《博物馆建设标准》和《博物馆建设用地指标》等的酝酿，无不预示着国内相关领域的研究正开始走向成熟发展。这些标准，尤其是以部颁标准形式出台的各类指标，对公共图书馆、文化馆（站）等公共文化服务设施规模做出了规定与要求，应遵照执行。但所颁布标准只是最基本要求，尚有改进与提升空间，且各项标准也未能涉及所有类型的基础设施。因此，对标准中未涉及的公共文化服务设施，应在综合考量当地服务人口和社会需求等各方因素后，酌情参照各类标准与要求制定执行。特别是"鼓励文化馆（站）与其他相关文化设施联合建设"的提法，无疑与纽约市政府所提出的"十分钟步行圈"的实现方式不谋而合，将纽约市的做法与国内现有标准相结合，对各个层级的公共文化服务设施进行整体规划，在人口聚集区域，逐步实现徒步10分钟左右就能有一处公共文化设施的目标；而在人口稀疏地，则通过配备流动文化服务设施的方式，真正将公共文化服务延伸至千家万户。

① GFA，是建筑总面积（Gross Floor Area）的简称，又称建筑面积。

② 对于扩建的图书馆，新建部分与老馆部分合用的卫生间、大厅等公共空间不必取20%，可取值10%。此系数的具体取值要咨询建筑专家。

第五节　供给与服务成效的制度研究

由于公共文化服务体系最终的服务对象是普通公众，只有按照上下有机结合、充分沟通和良性互动的思路，以公众需求为着眼点来确定吸引公众参与的供给资源、内容、服务方式与手段、路径等，才能建设起真正为人民群众所认可、喜爱，并具有公共服务功能的文化服务体系①。因此，公众参与程度无疑就成为反应公众需求、衡量供给效果的试金石。尽管示范区（项目）创建过程中涌现出的不少制度设计成果都对公众需求有所涉及，但在以政府为主导构筑的公共文化服务体系中，与供给成效相关的一系列问题：公众到底扮演着怎样的角色？在反应公众需求方面，公众更乐于参与哪些文化活动？究竟哪些因素对公众参与活动的内容及形式产生了怎样的影响？这些都是公共文化服务供给体系需要进一步完善、深入探讨和商榷的重要议题。

一、公众是拥有主权的消费者

经济学界认为，市场经济中资源配置的终极力量来源于消费者主权（Consumer Paramountcy）。消费者主权理论又称顾客主导型经济模式，是诠释市场上消费者和生产者关系的一个概念，即消费者根据自己的意愿和偏好到市场上选购所需的商品，这样就把消费者的意愿和偏好传达给生产者，于是所有生产者听从消费者的意见安排生产，提供消费者所需的商品。如果消费者没有“主权”或者无法行使“主权”，经济活动就失去了源头。而现代社会的基本特征是资源的稀缺性，虽然生产者有权决定生产什么、生产多少，但由于消费者主权的存

① 刘文俭. 公民参与公共文化服务体系建设对策研究[J]. 行政论坛，2010(3)：80－83.

在，生产者必须接受消费者主权对市场需求的安排。从这一意义上讲，消费者是主权者，生产者是服务者。消费者主权不再只是与消费者权益相联系的个别概念，而是涉及整个经济系统和社会效用的总体概念①。

正如“消费者主权”这一术语中所提出的，对自由企业体系进行经济分析中的标准假设是，在需求变化的情况下，供应数量或多或少都会产生平稳的变化。因此，对于需求的变化，供给很容易产生回应，并将这一回应持续下去。但对于现场的文化艺术活动来说，情况就很不同了：文化艺术活动必须要在消费地点被生产出来。在这种情况下，本地要有足够大的市场，以使最少数的生产者在当地完成切实可行的生产之前能够获得支持。

这一经济学理论同样适用于公共文化服务领域。社会公众作为享受公共文化资源的消费者，其意愿和需求在很大程度上决定了服务者为其提供资源与服务的内容、方式与多寡等。提供公共文化服务的公益性机构不应再受传统理念的支配，以一种盛气凌人的方式来硬性地做出服务规定，而是需要让人们能够把公共文化消费当作一种实现个人发展、成就、自我创造意志的手段来体验，从而实现消费者的个人主权，也即实现第一节中所论述的个人收益，从而实现最终的社会收益。因而可以说，随着文化朝向大发展大繁荣时代的迈进，公共文化服务领地的权力也正在逐步从传统服务提供者手中转移至消费者手中，各公益性文化资源服务供给单位不能再一味地试图通过自身的意愿来控制公众对文化的享有，而应为公众的身份认同和感情、体验共享提供平台和支持。同时，信息时代是一个强调高度互动的时代，强调对生产和消费过程的参与，但应意识到，参与并非单纯地被吸引或

---

① 孙明贵，王滨．消费者主权的经济含义与实现途径[J]．经济问题探索，2008(2)：166－169.

引导,而是需要有自主空间①。在提供公共文化服务的过程中,服务提供者在其服务的起点至终点都应与消费者,也即社会公众一起决策,并将这种决策延伸扩展至公益性文化服务机构的使命、组织管理、设施建设中来,服务者应该以低姿态融入公众,同时使公众以主人翁或参与成员的身份融入整个服务过程中,从而确保知群众之所需、供群众之所求的最终实现。

二、公众参与文化活动的调研

文化艺术通常被视为一种“逐渐养成的嗜好”,即你必须首先去接触它才会渐渐喜欢上它,而且这种接触也许要在适当的环境下并经过很长的一段时间。据此,为了刺激这一嗜好的养成,必须帮助人们获得对文化艺术的品位,不仅可以通过对文化艺术品进行讲解,还可以通过直接促进与文艺作品接触等方法来实现。在公共文化领域,有些公众相对于表演艺术来说更喜欢视觉艺术,有些则热爱戏剧而对音乐一窍不通,还有些或许更爱看影视作品而非参加任何形式的文艺活动。对于那些很少观看交响音乐会、歌剧或芭蕾表演的人来说,去欣赏这些表演也许比那些对这些艺术形式一窍不通的人感觉更加无聊,而仅仅通过降低门票价格来吸引这些观众是很难做到的。此时,品味的作用再一次抑制了需求的价格弹性②。因此,当公众的消费者主权得到关注后,公众需求有哪些?如何实现?他们更乐于参加哪种形式的文化艺术活动?这就是公共文化彰显社会效益所必须考虑的问题。很多国家和地区都意识到了这一问题,并针对公众参与文化艺术活动的行为进行了调研。

美国国家艺术基金会分别在 1982 年、1985 年、1992 年、1997 年、

---

① 周玲,张琴. 基于消费者理性化与主权化的营销思维重组[J]. 中国流通经济,2010(2):66 - 69.

② 海尔布伦,格雷. 艺术文化经济学[M]. 詹正茂,等,译. 北京:中国人民大学出版社,2007:74 - 103.

2002 年及 2008 年发起过一系列作为美国人口统计局(the U. S. Census Bureau)人口普查工作补充内容的“公众参与艺术调查”(Survey of Public Participation in the Arts,SPPAs),其目的是审视美国公众对于各种形式艺术的参与,包括表演艺术、视觉艺术、历史遗迹参访、音乐与文学等。通过 SPPAs,除了可以得知全美成人对于艺术参与的程度外,其调查结果也可供艺术管理者、基金会、公司企业、文艺团体的公共组织、教育者以及艺术研究者利用。最新一次抽样调查的范围涉及全美超过 18 000 名超过 18 岁以上的成年人,所调查参与形式包括:直接参加文艺活动(展览、演出)、参与节目现场的录制或直播、通过网络搜索并参与文艺相关活动、亲自从事文艺表演及创作、文艺相关课程的学习;调查内容包括:文艺表演、文艺欣赏、文学、通过媒体参与、文艺学习、文艺活动、节庆文化活动、公园以及历史遗迹相关单位的参观等。如果被调查者在调查之日前的 12 个月内至少参加过一次及一次以上的上述活动,那么该被调查者即可被确定为文化艺术活动的参与者。参与率即通过参与者人数除以被调查总人数的计算得出。

由于年度公众参与率统计展示了美国文艺表演及创作各领域的公众参与情况,衡量了在某个特定人群中,一年内至少参加了一次某个特定机构或艺术形式的人数所占的百分比,所以可被看作是对文艺机构、艺术领域或艺术形式发展宽度的一个衡量。但总体的参与情况还取决于参与者参加的频率,或换句话说,取决于他们所能贡献的力量。因此,观众人数的增加可能是由于参与者的增加,也可能是由于参与频率的上升,或是两者兼而有之[①]。但无论何种情形导致的观众数量增加,均表明该机构、领域或艺术形式受到越来越多公众地追捧,有持续下去的必要与意义。以美国 2008 年的“公众参与艺术调查”

---

① DIMAGGIO P, USEEM M, Paula Brown. Audience Studies of the Performing Arts and Museums: A Critical Review, National Endowment for the Arts, Research Division Report no. 9[R]. New York: Publishing Center for Cultural Resources, 1979: 37.

(见图 7 -7)为例,可对文艺表演及创作各领域的参与率情况有一个大致的了解与掌握。

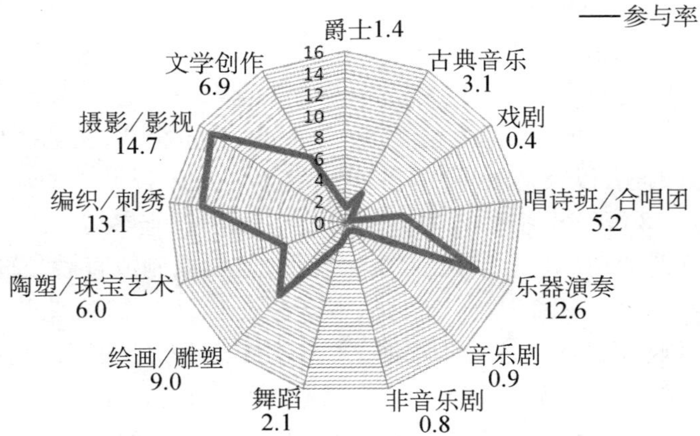

图 7 -7　2008 年文艺表演及创作公众参与率情况图[②]

此外,通过对长期以来的调查数据进行种族、年龄、性别、受教育程度、收入、地域等各方面的统计分析,能够有效判定影响个体参与文化艺术活动的各类因素。一方面能够有效帮助政府了解文化活动发展方向及公众参与趋势(见图 7 -8),分析影响参与率的各种因素,从而帮助政府有的放矢地采取各种措施和手段,对文艺活动事业进行积极引导,对工作将起到推动和促进作用;另一方面,对阶段性数据的收集、整理与分析,依据参与率的高低情况还能有效帮助政府确定下一阶段文化活动的基本形式,以及公众参与活动的主要领域,包括公众参与率高的:爵士乐、古典乐、音乐剧、非音乐剧、博物馆或美术馆参观及各种节庆活动等(见表 7 -6)。

① 2008 Survey of Public Participation in the Arts Research Report #49[R/OL].[2012 -12 -28]. http://www.nea.gov/research/2008-sppa.pdf.

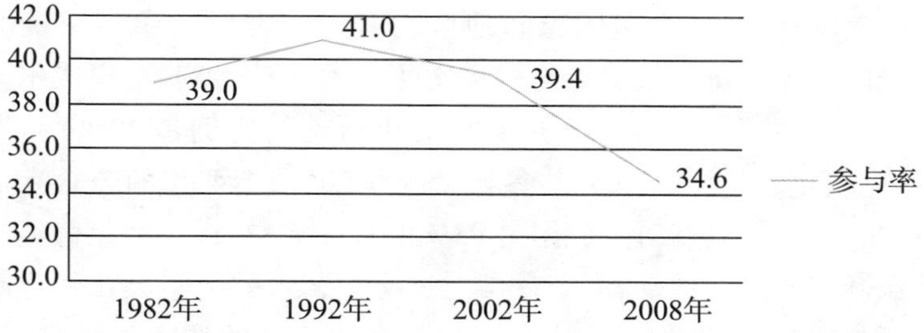

图 7－8　1982 年以来文化艺术活动公众参与率总体情况统计图

表 7－6　1982 年以来主要文化艺术活动公众参与率情况统计表①（单位：%）

内容＼时间			1982 年	1992 年	2002 年	2008 年
表演	音乐	爵士	9.6	10.6	10.8	7.8
		古典音乐	13.0	12.5	11.6	9.3
		戏剧	3.0	3.3	3.2	2.1
		拉丁乐	–	–	–	4.9
		表演艺术节	–	–	–	20.8
	戏剧	音乐剧	18.6	17.4	17.1	16.7
		非音乐剧表演	11.9	13.5	12.3	9.4
	舞蹈	芭蕾	4.2	4.7	3.9	2.9
		其他舞蹈	–	7.1	6.3	5.2
视觉	博物馆/美术馆		22.1	26.7	26.5	22.7
	艺术/手工艺品博览会及节庆活动		39	40.7	33.4	24.5
公园/历史遗迹/社区活动			37	34.5	31.6	34.6
文学阅读			56.9	54.0	46.7	50.2

① 2008 Survey of Public Participation in the Arts Research Report #49［R/OL］.［2012－12－28］. http://www.nea.gov/research/2008-sppa.pdf.

除美国外,其他很多国家和地区均有过相类似的参与率情况调研。仍以成年人每年最少参与一次文化艺术活动为例,英国威尔士地区在1988年的调查显示,公共参与文化活动的比例是40%;澳洲在1995年的同类调查显示,公共参与率达到50%;新西兰的公众参与率最高,在1999年调查时的数据是93%的成年人,在过去一年曾经参与过公众场馆的艺术活动,一个月参与过一次艺术的成年人比例也高达90%;香港在2000年11月的市民参与文化艺术的调查显示,成年人参与艺术文化活动的比例是30%。而对于公众对文化艺术具体领域的参与率,国外也有相似调查(见表7-7)①。

表7-7 国际公众文化艺术参与率情况一览表(在成人中所占百分比)

项目 国家	古典音乐	戏剧	芭蕾	歌剧	博物馆	美术馆
美国(1997)	16	16	6	5	–	35
澳大利亚(1976)	9	17	10	6	–	–
法国(1988—1989)	9	14	6	3	30	–
英国(1981)	10	24	4	3	29	19
意大利(1984)	6	10	–	–	–	–
挪威(1983)	16	27	–	–	26	28
加拿大魁北克(1989)	14	38	9	–	–	28
西班牙(1985)	7	14	–	–	28	–
瑞典(1982—1983)	–	33	–	–	–	33

在我国,与文化相关的统计数据最为权威者当属《中国文化文物统计年鉴》,虽然其中也有从机构的角度对部分文化活动的参与人次进行统计,但并未打破机构管辖的条块分割,未能全按照文化艺术领

① 海尔布伦,格雷.艺术文化经济学[M].詹正茂,等,译.北京:中国人民大学出版社,2007:44-45.

域进行公众参与统计。从这一点也可以看出，在我国的官方统计数据中，各领域、各地域公众参与程度的统计情况指向性尚不够明确。而文化部作为中央层面的文化主管部门也并未对公众参与文化艺术的情况进行过调研。尽管随着示范区（项目）创建工作如火如荼地展开，但体系尚未形成，可以引入国外公众需求调研的方式，依据公众需求情况，及时调整公共文化服务的供给，不断探索并完善公共文化服务供给体系。

三、公众参与的影响因素

在对公众参与文化艺术领域、形式有一定掌握的基础上，还应当弄清楚文化艺术参与的影响因素有哪些？在台湾地区2009年进行公众参与文化艺术活动的调查问卷中，罗列了一系列影响因素，包括：学历、年龄、父母受教育程度、职业、家庭平均月收入、性别等。虽然这些都与公众参与率有着系统性关联，但以往所有的研究都表明，拥有较高的收入水平、较高的职业地位以及较高的教育程度（以最终完成的学校教育为衡量标准）的人，对文化艺术的参与率比其他人群更高。这些研究结果对不同时期的各种艺术形式都适用[①]。基于这一观点，研究者们还提出，如果收入状况是主导因素，政府或许会出台政策对门票进行大幅资助，以便鼓励相对贫穷的人参与其中，从而提高参与率；但如若是教育程度是主导因素，那么比起以教育为中心的，或更广泛而言的，以普及艺术知识为中心的一套政策，门票补贴政策的效果就会大大降低。不过，究竟哪个才是影响公众参与率最为核心的因素呢？福特基金会曾对表演艺术影响因素进行过研究。

福特基金会的此项研究将样本分为四个群组：同时拥有高学历和高收入的群组，学历高但收入偏低的群组，学历偏低但收入高的群组，

① The Ford Foundation. The Finances of the Performing Arts[R]. New York: Ford Foundation, 1974: 12 – 18.

学历和收入都不高的群组。在表演艺术的每个类别下对四个群体的影响率进行比较，最后的结论是：与收入水平相比，教育状况是决定艺术参与情况的最重要因素。在每个同等教育水平的群组当中，高收入人群的参与率仅仅略高于低收入人群；但在每个同等收入的群组里，高学历人群的参与率比低学历人群高出许多。

表7－8　收入、教育对芭蕾的参与率　　（单位：%）

收入水平	教育程度		差别
	高	低	
高	14	4	10
低	12	2	10
差别	2	2	-

通过矩阵的形式，以芭蕾现场表演艺术为例进行分析（见表7－8）[①]可知，不论收入水平如何，高学历人群的参与率比低学历人群高10个百分点；而不论教育程度如何，高收入人群的参与率仅比低收入人群高2个百分点。随后的其他一些调查和统计分析的结果相同，都验证了教育状况是决定艺术参与情况最为重要因素的结论[②]。

尽管相对于收入而言，教育是文化艺术参与的一项更为重要的决定因素，但实际情况仍然是，那些相对贫困的人（包括很多青年和学生）根本无法按市价负担大量现场艺术和文化活动。因此，为保证让大多数人更多地接触到文明社会的文化传统，成为政府对文化艺术进行补贴最强有力的一项理由[③]。这也在学理上对我国大力推行的免费

① The Ford Foundation. The Finances of the Performing Arts[R]. New York: Ford Foundation, 1974: 16.

② 海尔布伦，格雷. 艺术文化经济学[M]. 詹正茂，等，译. 北京：中国人民大学出版社，2007：46－51.

③ 海尔布伦，格雷. 艺术文化经济学[M]. 詹正茂，等，译. 北京：中国人民大学出版社，2007：239－240.

开放政策做出了更为科学合理的解释。当然,除了价格和收入限制对文化艺术的享受之外,还有区域差异也会影响到公众参与其中。许多社区只是缺乏对文化艺术表演或美术作品进行常规性展示的专门设施和机构[①]。

因此,需要政府补贴来协调艺术和文化设施的地区分布,并增加相对贫困的人群对艺术和文化的接触机会。对于仍有相当数量低收入人群的我国来说,其文化权益理应需要依靠政府补贴来实现,基础性文化设施大力兴建以及免费开放政策实施以来,所带来的公众参与数量的显著提升也充分说明了这一点。

① BAUMOL W J,BOWEN W G. Performing Arts—The Economic Dilemma[M]. New York:The Twentieth Century Fund,1966:379.

第八章　公共文化服务保障制度的确立与实现

第一节　理想制度目标

本研究试图较为全面深入地对示范区(项目)创建过程中涌现出的公共文化服务体系建设制度设计成果进行阐述、分析与提炼,并对其中涉及的公共文化经费保障、人才队伍建设、管理体制、设施体系、资源供给方式及供给体系等方面的制度要素进行了重点研究,通过对各地制度设计的思路、措施和办法进行梳理,就相关领域的关键问题进行了探讨,希望为公共文化服务体系保障制度的确立与实现奠定基础。围绕上述制度要素的各个方面,本研究的预期理想目标主要为:

(1)对各级政府的公共文化服务事业资金投入问题有正确的理解与认识,在此基础上提出实现最优的投入产出模式的具体措施,完善各级政府的投入保障体系,保证公共文化服务的长效发展;

(2)为推动公共文化服务事业的快速发展,探索与其相适应的公共文化人才队伍准入制度、教育培训制度、管理考核制度,劳务派遣用工制度以及志愿者制度等多种形式的用工制度,从而强化人才队伍的选拔培养,夯实各类文化人才队伍建设,为公共文化服务的顺利开展提供保障;

(3)健全的公共文化服务组织支撑体系需要明确各级政府的权力分配与职责,寻求政府鼓励公众捐赠的各种方式,以及确立对政府主导下的公共文化服务体系的监督考评机制等,最终试图转变政府由办向管的文化职能,建立比较完善的公共文化服务组织支撑体系,确保对公共文化服务进行科学有效的管理;

(4)了解示范区(项目)创建过程中对设施体系建设的思路和做法,探讨公共文化设施科学合理布局的要素与实现方式。根据服务人口等因素制定公共文化设施建设规划,整合各类公共设施,实现资源共享、联合服务,努力建立统筹规划、覆盖城乡、结构合理、功能健全、实用高效的公共文化设施网络,使公共文化设施整体效益得到发挥;

(5)政府主导下的公共文化服务资源供给体系与方式中将公众置于重要位置,明晰公众对公共文化活动领域的需求,探讨影响公众需求的影响因素,得出多元化的公共文化服务活动供给方式,推动公共文化资源供给体系的顺利实施,充分体现惠及全民的社会成效。

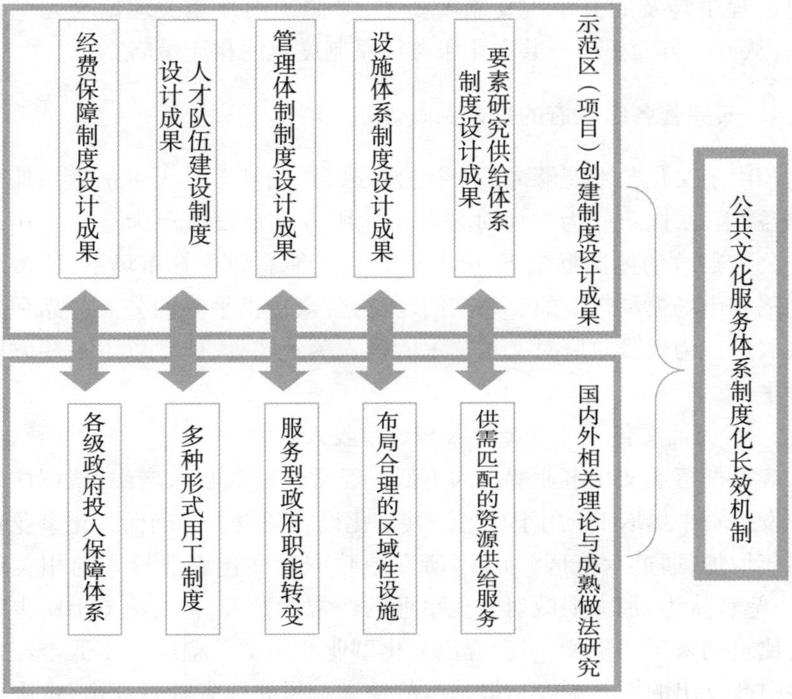

图8－1　公共文化服务体系制度化目标实现预期框架图

本研究的最终目的是，以各示范区（项目）创建过程中产生的制度设计成果为基础，重点研究制度成果涉及的重要制度要素，借鉴国内外制度要素相关领域的理论和成熟做法，为我国公共文化服务体系制度化、长效化的最终实现提供依据（见图8－1）。

第二节　实现途径

根据上述预期目标和总体框架图，本研究将围绕示范区（项目）创建过程中涉及的五个重要制度要素，参照国内外相关理论与先进做法，从五个方面提出公共文化服务体系制度化的相应策略。

一、完善各级政府的投入保障体系

由于文化艺术能够为整个社会带来巨大，甚至是无可估量的外部收益，因此，以政府为主体对公共文化服务进行投入成为必然。在这一公共财政的体制框架下，公共财政投入能有效弥补市场不足、市场缺陷和市场失灵带来的一系列问题，为公众提供平等的公共产品和公共服务。为保障政府对文化艺术的投入落到实处，应从以下一些方面着手。

1. 保证文化事业资金投入与财政收入联动

贯彻落实文化事业费投入不低于经常性财政收入增幅，城市住房开发投资中提取1%用于社区公共文化设施建设。为确保文化事业费逐年增加，通过示范区（项目）所在地政府对文化事业投入的相关做法，笔者认为，加大财政对文化事业的经常性投入，将文化支出所占财政比重纳入年度预算，明确规定文化事业费年增长幅度应不低于经常性财政支出的增长幅度是最基本的要求。黑龙江省牡丹江市、重庆市渝中区、陕西省宝鸡市、安徽省马鞍山市、广东省东莞市、内蒙古鄂尔多斯市等地政府还依照各地实际，提出了文化事业经费投入不低于同级财政经常性收入1%、1.5%，甚至更为高远的目标，以确保文化事业经费的投入力度。此外，在保证公共文化服务顺利实施的过程中，各地政府还应加大对公益性文化设施建设的投入，多渠道筹集资金，改善文化设施投资环境，以黑龙江省牡丹江市、湖北省黄石市为代表，严格按照《中共中央办公厅、国务院办公厅关于加强公共文化服务体系建设的若干意见》中的要求，贯彻落实“把社区文化中心建设纳入城市规划，从城市住房开发投资中提取1%，用于社区公共文化设施建设”①，是加大基层文化设施投入最为直接有效的长效机制。

2. 建立多级财政分担机制

公共文化服务体系遍布全国城乡，而且主要在基层，区县以下乡镇、社区。中央财政、省级财政、地市级财政、县市级财政、乡镇财政五级财政的支出责任，需要合理、科学地确定②。示范区（项目）创建过程中，中央补助经费与奖励经费的划拨带动了数以百亿的地方匹配资金的投入，特别是广东省佛山市与中山市、湖南省衡阳市等地政府以示范区（项目）创建为契机，建立起的多级政府财政分担投入机制，较好地解决了基层文化投入与文化服务不足的问题，充分体现了地方分权可以更好地选择适合本地服务计划的论点。因此，通过示范区（项目）创建可以得出，针对文化事业费的投入，应当建立多级财政分担机制，各级政府均应参与其中，中央政府在保证整体把控基础上，逐步将权力下放至各级政府，由地方政府负担更多的投入，并在确保各财政层级权责明确和充分拓展地方政府自由财源的情况下，提高财政资金使用效率。

---

① 中共中央办公厅、国务院办公厅关于加强公共文化服务体系建设的若干意见[EB/OL].(2007-08-21)[2013-03-30]. http://testcnci.cnci.gov.cn/2009/6/15/law-0102040000-548_3.shtml.

② 财政部:2014年全国财政一般公共预算文化体育与传媒支出2753亿元[EB/OL].(2015-01-21)[2015-01-21]. http://news.xinhuanet.com/fortune/2015-01/21/c_1114081494.htm.

3. 逐步确立公共文化服务事业资金投入的“临界值”

对于文化艺术的投入产出难以衡量的问题，可以借鉴第二章所谈及的国外公众对文化艺术外部效应调查的做法，通过建立相应的政府调查方式（见图 8－2），得出文化投入外部效益近似测量值，并以此来确定政府对公共文化服务事业资金投入的“临界值”。

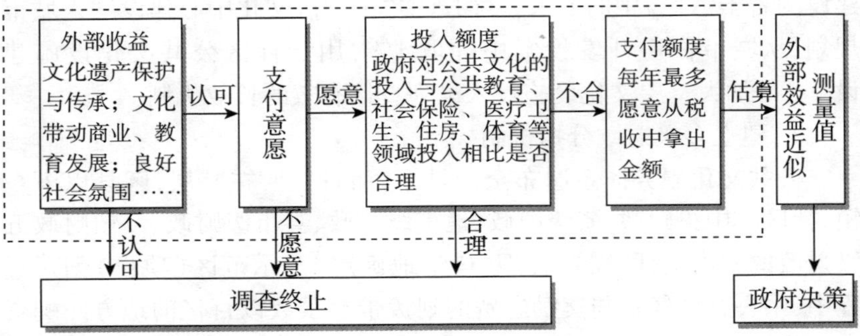

图 8－2　政府公共文化服务投入调查制度结构框架图

（1）调查架构

参照澳大利亚悉尼市居民进行抽样调查的做法，建立我国政府投入公共文化事业经费的调查制度，以便了解长期的政府投入所产生的外部效应，为政府投入提供参考依据，从而使政府对文化事业费做出适时调整，实现文化事业费投入产出比的最优化（调查表具体架构图参见图 8－2 中虚线标出部分）。

（2）调查内容

作为民意调查的一种，该调查关心的是，公众是否认可文化艺术带来的社会收益，以及他们愿意为此支付多少？以示范区（项目）创建过程中政府投入为依据进行调查表设计，借此讨论政府对公共文化事业的资金投入是否应进行调整，以及如何调整。调查表第一部分为认可度调查，询问公众对文化艺术产生外部社会收益的认可度，即他们是否认为文化艺术具有效益价值，有哪些体现；第二部分是意愿调查，对认为文化艺术具有外部效益者，进一步询问其是否愿意为这种外部效益付费；第三部分是对政府投入合理性的调查，通过罗列公共服务各领域政府资金投入水平，对愿意为公共文化外部效益付费者进行调查，了解公众对当前政府公共文化投入额度的支持情况；第四部分旨在获取外部效益近似测量值的调查，如被调查者认为投入不合理，那么被调查者需明确提出每年最多愿意从税收中拿出多少用以维持并发展公共文化事业，从而通过平均值计算，估算出政府对公共文化事业费投入的"临界值"，为政府决策提供依据。

4. 保证并提升基本公共文化服务项目资金

按照科学标准，落实提供基本公共文化服务项目所必需的资金，确保专项投入基础上加大一般性转移支付额度。确立了政府对公共文化事业投入的额度之后，按照《关于加快构建现代公共文化服务体系的意见》，县级以上各级政府按照标准科学测算所需经费，将基本公共文化服务保障资金纳入财政预算，落实保障当地常住人口享有基本公共文化服务所需资金。中央和省级财政通过转移支付对老少边穷地区基本公共文化服务保障资金予以补助，同时，对绩效评价结果优良的地区予以奖励。县级以上各级政府安排资金，面向社会力量购买公共文化服务①。

同时，鉴于美国等文化事业发达国家通过对重大项目、大型公共机构经费拨付的良好实施效果，以及我国在示范区（项目）创建过程中的一些成功经验，充分说明通过项目方式进行拨款的做法效率更高。因此，在未来一段时间内，依据民意调查结果中公众认可的具有较大社会价值的公共文化领域，由中央财政继续以重大专项的方式支持公共文化服务体系的发展，"以钱养事"，把文化活动和项目作为重点支

① 中共中央办公厅、国务院办公厅印发《关于加快构建现代公共文化服务体系的意见》（全文）[EB/OL]．（2015－01－14）[2015－01－19]．http://www.gov.cn/xinwen/2015－01/14/content_2804250.htm.

持对象[①];而基层文化机构的人员经费和公用经费等公共文化事业发展所需的基础支撑,也要通过地方立项和活动支持的方式由地方同级财政负担,从而保证公共文化服务体系建设经费的足额与高效。

另一方面,为贯彻落实党的十八届三中全会提出的促进基本公共文化服务标准化均等化,针对我国幅员辽阔,城乡之间、区域之间经济社会发展水平差异较大,各区域、各省份及各省内财政差异较大[②],我国当前的一般性转移支付规模不够,专项转移支付分配不合理的现状。政府应在合理规划,确保专项转移支付投入的基础上,加大一般性转移支付额度,还自主支配权于地方政府。按照政府职能优化的要求,加大对欠发达地区、民族地区、边疆地区、革命老区等特别落后地区的转移支付力度,设立科学的各级政府财政支出预算体系,将文化投入外部效益近似测量值纳入其中,各级财政部门结合自身情况和当地实际确定基层公益性文化机构的最低补助标准和最低设施维修维护成本,确定各类文艺活动或文艺创作者的最低资助标准等,并核定各级财政在资金筹集中的分配比例,统一由各级政府财政分担和支持[③],确保基层群众享受到最基本的公共文化服务。

二、建立多种形式的用工制度

公共文化人才队伍建设的重要性不容置疑,社会分工的日益细化使得不同岗位能够吸引到高质量的合适人员加入显得非常必要。人才队伍建设,存在数量和质量两方面的问题。随着 2013 年“国务院机

① 王蓉. 我国公共文化服务体系建设的财政投入问题研究. 北京大学中国教育财政科学研究所,2012 年 12 月印行.

② 赵璐:公共财政重点要扶贫扶弱支持社会力量办文化事业[EB/OL]. (2015 - 01 - 21)[2015 - 01 - 21]. http://culture.people.com.cn/n/2015/0121/c87423-26424222.html.

③ 方堃,姜庆志. 基本公共文化服务均等化趋势下财政投入机制研究[J]. 武陵学刊,2012,37(1):22 - 32.

构改革和职能转变方案”的出台，在目前转变政府职能的大背景下，编制内的数量增加很难实现，应探索多种形式的用工制度。而提高从业人员的职业素养和专业水平，应按国务院转变政府职能的精神，探索由行业组织实施的对馆长和专业人员的专业水平评价机制。相比于对从业人员专业水平的要求和评价，目前更为重要的是对公共文化服务机构管理者专业素养、专业水平要求的评价，从而改变公共文化服务机构“行政化”的趋势。通过国内外在公共文化人才队伍建设领域实施的一些较为成熟的做法，以及国内示范区（项目）创建中的制度设计成果，笔者认为应从职业准入制度入手，通过多样化的职业准入制度的确立，带动职业教育培训、管理考核等人才队伍建设一系列相关内容的发展，并通过政府购买岗位、劳务派遣、文化志愿者等多种形式不断解决人才队伍不足的问题，逐步形成一支业务水平高、服务能力强、规模不断壮大的高素质公共文化人才队伍（见图 8－3）。

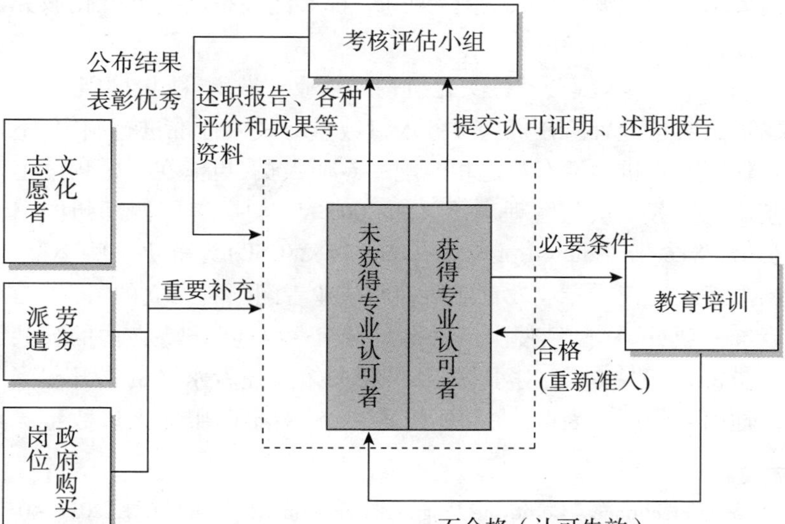

图 8－3　公共文化人才队伍建设模式结构框架图

1. 职业准入制度

在公共文化人才队伍准入方面，第2章中谈及的苏州、宁波、格尔木等地都率先进行了试点，并参照第三章美国、澳大利亚、英国等国外相关做法，公共文化服务领域从业者的职业资格认证应从以下几个方面着手进行：

(1)政策、制度支持

地方政府或主管部门出台支持政策，相关行业协会、学会制定职业准入模型和实施方案。此种做法不仅有利于各地依据本地实际制定相应标准，还可以广泛征求地方实际工作者的意见及建议。分门别类地制定各类公益性文化机构从业人员的准入制度，尤其有利于提升各类基层农村文化专职人员专业水平，使得准入制度更为科学合理，成为提高基层公共文化服务人员整体水平的一个有效途径。地方出台的这些政策法规可以是专门性的准入制度，也可以在地方法规中做专门要求。无论哪种形式的规章制度，都必然会推动公共文化服务领域从业人员队伍的发展。

(2)对不同规模公益性文化机构的从业者做出不同的规定

通过对从业者所在机构服务人口数量对准入标准进行制定，不仅能够保证文化机构拥有与之相匹配的专业人员，更能在一定程度上保证基层的服务质量与管理水平。如2007年1月，美国西部州图书馆委员会(Western Council of State Libraries, WCSL)为解决一些小型、乡村图书馆缺乏正式专业教育或培训的从业者问题所设立的“图书馆从业者准入项目”①，陆续催生出一批包括南达科他州②等在内的公共图书馆员准入相关制度，对小型、乡村图书馆从业者水平的提升起到了积极地引导作用。因此，在具体规定中，针对不同服务人口数量级别

① Library Practitioners Certificate Program(Discontinued)[EB/OL].[2011-04-10].http://www.westernco.org/node/6.

② Standards[EB/OL].[2011-04-23].http://library.sd.gov/LIB/DEV/standards.aspx.

的机构对从业人员进行职业准入要求，既要包括服务人口在一定数量以上的规模较大机构从业人员的职业准入要求，还要包括服务人口在一定数量以下小型机构从业人员的准入要求，将从业人员准入制度划分为不同等级，区别对待。

（3）职业准入与专业硕士教育相结合

为满足社会日益增长的公共文化服务工作的需要，提升公共文化的服务水平和服务质量，专业硕士是教育制度不断突破束缚与社会发展需要不断适应的产物。将职业准入与专业硕士相衔接是事业可持续发展的又一内在推动力。实现职业准入制度与专业硕士教育的有机结合是一个双赢的局面，一方面，专业硕士不能只从单纯的学术角度来衡量，应有与其岗位任职资格相联系的质量评定标准，而职业准入制度的核心是职业准入的评价标准①，二者相结合是对专业硕士在培养规格、类型上的一种全新探索与实践；另一方面，可以为公共文化事业的发展提供高质量的人才，有效提升公共文化人才队伍的能力和综合素质，对确保我国公共文化服务事业的长效发展意义重大。在图书馆领域，2010 年 9 月，国务院学位委员会确立了首批图书情报专业硕士授权点，2011 年开始招收第一届图书情报专业硕士，图书情报专业硕士与学术型硕士培养同步实施，是国务院学位委员会认可的、面向工作实践的双证教育新模式。今后，可以图书情报专业硕士为依托，将专业硕士的研究方向拓展至公共文化服务的各个领域，从而为各类公益性文化机构人才队伍提供强有力的支撑。

（4）职业准入考试专业化与多样化

以苏州为代表的示范区（项目）创建过程中，主要采取“统一培训、统一考试、持证上岗”的方式，即是指申请进入文化领域从业者必须参加相应的考试，并达到规定的考试要求才能获得准入证书。通过

① 王延波，黄庆学，刘翠荣. 工程硕士教育与设备建立职业资格认证合作的探索与实践[J]. 研究生教育研究，2011，2(2)：63 - 66.

此种方式获得的证书势必要求考试的专业化，各地在设置考题时应结合本地文化的特点，针对当地不同规模、不同类型机构的文化从业者以及专业课程培训的内容，确立不同岗位的考题。具体实施过程中，可借鉴苏州题库化的标准化考试方式，由上级主管部门主持，任课老师集体命题，从而形成考试题库，最后在题库中抽选试题组合成整套试卷（共 A、B、C 三套）[①]。但是，应当看到，苏州市目前对于文化从业人员所采用的单一的试卷考评方法仍存在缺陷，因为卷面考试的形式很难将操作性、实践表演等内容反映出来，这也将会直接影响培训的效果与将来的实际工作。未来需要考虑的是考试形式更为专业化、多样化，既有卷面考试，同时增加对实际操作的考核，这样才更适于公共文化各领域服务人才的选拔。

（5）领导者的职业准入制度

公共文化服务机构的领导者在引领事业发展、指导工作正常运转过程中起着无可替代的作用。美国公共图书馆领域对领导者职业准入制度提供了范例。各地的职业准入制度应当明确指出，公益性文化机构领导者需要进行培训与考核，这种对领导的强制规定，不仅能有效地提升机构工作的运作效率，提高机构管理水平，更可以在很大程度上带动有能力的其他从业者进行行业准入考核，并为公共文化事业发展提供一大批具备较高管理与专业水准的储备干部。

（6）职业准入的激励手段

为稳定公共文化事业发展的基层优秀人才队伍，保证职业准入制度的迅速推行，激励各公共文化服务机构从业者支持职业准入制度的实施，从而保证公共文化服务事业的繁荣发展，准入制度的各项各项费用应当免于收缴，即使收费的地方，也应当通过政策法律做出规定，相关费用由申请考核者所在机构而非个人承担，但换发新证所涉及的

① 朱荀. 苏州基层文化从业人员职业资格认证制度研究. 北京大学课题组，2013 年 3 月印行.

教育培训费用可由个人和机构协商分担；另外，为推动职业准入制度的发展，鼓励有条件的人员按照要求取得专业许可证书，而不强制推行职业准入，专业许可证书可在公共文化机构内部岗位任职中使用，使其能够在一定程度上影响岗位薪酬或绩效工资起薪点等。这种做法可以鼓舞更多的公共文化服务机构工作人员申请专业许可认定，并不断进行教育培训，吸纳新的专业知识，对公共文化服务和管理的有效提升起到积极促进作用。

（7）职业准入与继续教育结合

继续教育能够保证在职从业者持续接受专业培训，从而使得公共文化服务持续保持较高的质量与水平。美国的公共图书馆员十分重视从业者的继续教育，几乎所有的周期性认可制度对换发新证者做出了继续教育方面的要求和规定①。我国的公共文化服务领域同样不应将从业人员的职业准入视为一劳永逸的事情，需要考虑到公共文化服务从业者作为一种职业，要紧随时代变迁，对不断推陈出新的专业知识与技能进行及时补充，不应将教育培训与职业准入割裂开来。各地在制定职业准入制度之前，应对图书馆、文化馆、文化站、博物馆、社区文化中心、文艺院团等不同机构的从业者和受众进行充分调研，依照服务机构通常所需专业知识与技能的更新频率，将不同类型的从业时间跨度定为1到5年不等。另外，职业准入制度应当充分整合、利用现有的各类教育资源，除对现有的学术型硕士与博士学位相结合之外，通过指定专门的专业培训教育机构，对已获得专业许可者进行培训教育，从业许可期满后，如期完成继续教育培训者可重新上岗；而未完成教育任务者其已有证书视为无效。使得职业准入制度更为科学、合理、有效。

① 冯佳. 美国州公共图书馆员职业认证制度比较研究[J]. 中国图书馆学报，2012(2):28－37.

(8)管理考核与准入制度挂钩

有效地获取人力资源,不仅包括取得所需数量和质量的员工,还包括对员工的管理,以确保能持续地对员工绩效进行评价,而绩效评估作为绩效管理考核的关键一环,要保证绩效与组织目标保持一致。绩效管理能够帮助员工发展和取得所需要的技能,对组织的成功做出积极的贡献[①]。可以看到,绩效管理与职业准入制度有着共同的目标,即帮助从业者发展并取得所需技能,将两个有着一致目标的制度相结合,能够相互促进、共同发展。对公共文化服务机构而言,由于职业准入制度的确立,促使公共文化服务从业人员为获得永续的专业认可,必须不断保持专业知识与技能的持续更新;此外,对公共文化机构领导者的职业要求,也保证了机构领导者的专业素养和管理才能。而各类从业人员的教育培训与专业素养又成为对人才队伍绩效管理的必备指标,两者结合,既保证了从业者较高的业务水准和服务效果,便于管理与考核,也保证了获得专业认可的优秀从业者通过绩效管理获取既得利益。

公共文化领域人才队伍绩效管理的实施,可参照 ALA 对图书馆专业技术人员年终考核的做法[②]。笔者认为,我国公共文化领域人才队伍的绩效管理考核应每年至少进行一次,由各机构领导牵头,机构中的各部门推选本部门代表与业务主管领导组成考核评估小组,针对从业人员的工作业绩、业务水平和社会效益制定评分标准及实施细则,进行考评。针对当前机构人才队伍水平参差不齐的状况,考评应分为两种:一种是通过专业认可的从业者,仅需撰写详细的述职报告,并附上认证相关证明;而对于未获得专业认可的从业者,在递交述职报告的同时,还应将同事与主管领导评价、参加各种学术会议通知、公开发表学术成果等一并进行提交。考评小组对考评结果进行张榜公

① 皮尔比姆,科布纳基. 人力资源管理实务[M]. 廉晓红,贺靖文,译. 北京:经济管理出版社,2010:277.

② 胡述兆. 图书馆学与资讯科学大辞典[M]. 台北:汉美图书公司,1995:2668.

布，并对优秀者予以各种形式的表彰奖励，从而有效稳定优秀文化人才队伍。

2. 劳务派遣用工制度

除通过职业资格认证的方式选聘公共文化服务领域的从业人员以外，各地也可以探索通过劳务派遣的方式，将公益性文化机构作为用工单位，向其部分专业性不强的临时性、辅助性或者替代性的工作岗位（如：场馆维护、治安管理等）派遣劳动者。在派遣过程中，需严格按照《中华人民共和国劳动合同法》（以下简称《劳动合同法》）的规定，由劳务派遣单位与被派遣劳动者签订劳动合同，对《劳动合同法》中明确要求的事项载入劳动合同；依据用工单位的岗位特质，经公益性文化机构与劳务派遣单位协商后，由劳务派遣单位与被派遣劳动者签订二年以上的固定期限劳动合同，按月向其支付劳动报酬。同时，由于《劳动合同法》中要求，用工单位不得将连续用工期限分割订立为数个短期劳务派遣协议①。可见，通过劳动派遣的形式，不仅为公共文化服务的顺利开展提供了较为稳定的辅助性人才队伍，也为公益性文化机构能够更专注于吸引专业人才方面解除了后顾之忧，对实现各类人才的人岗匹配意义重大。

3. 政府购买岗位

英国议会以托管制建立的大英博物馆，是早期以私人托管方式筹建的一座国家博物馆，它通过政府的财政拨款来实施②，成效显著。借鉴公共文化托管制，由政府购买公共文化岗位，有利于引导社会力量参与公共文化服务供给，提高服务效率和水平，推动公共文化服务社会化发展，最终解决基层公共文化机构专业人员欠缺的问题，推动公

① 中华人民共和国劳动合同法[EB/OL].(2007-06-29)[2013-03-04]. http://www.pkulaw.cn/FB5D7772BB5F20C49D9A380B8808C617__2565E1161A3E0AF35809A9AEF8016729.html.

② 李少惠，余君萍.西方公共文化服务体系综述及其启示[J].图书馆理论与实践，2012(3):17-20.

共文化经营管理的专业化发展。因此,各地应引入竞争机制,加大政府购买服务力度,细化政府购买公共文化服务岗位制度和流程,在政府信息公开平台上对外发布。并通过政府招投标方式,与社会组织和个人签订合同,采取政府购买公益岗位的方式,推行基层文化管理员劳务购买机制,必要时,还可将职业经理人引入到基层公共文化服务管理中来,有效解决基层工作人员不足问题,从而为公众提供更为优质的公共文化服务。

4. 文化志愿者队伍的分类指导

党的十七届六中全会决议提出要"壮大文化志愿者队伍",文化志愿者队伍作为文化建设与文化发展的重要力量,越来越受到关注与重视。但我国当前立法级别较低、缺乏统一的志愿者法律,且志愿者法律具体规定凌乱(省市各级颁布条例内容不一、交叉重复),缺少协调志愿者服务的法律规定,志愿者权利保护制度比较粗陋,缺乏与突发事件有关的志愿者立法的情况下,借鉴国外文化志愿者相关做法的同时,关注北京奥运会志愿者服务基础上开展的北京文化志愿者体系的已有经验,对于文化志愿服务经常化储备、规范化管理、常态化服务等方面有一定的指导意义。首先,组建专门组织,促使文化志愿服务管理体系初步建成,且该组织应通过定期召开座谈会、实地调研等形式,形成符合公共文化服务和志愿服务规律的规范性文件。其次,重点开展、指导扶持了一批文化志愿服务项目。再次,开展文化志愿服务培训工作,专门组织人员编写文化志愿培训教材、培训手册,不断提高文化志愿者的工作水平。最后,建立文化志愿者信息交流平台,形成文化志愿者间信息传递、共享的交互式网络管理机制①。当志愿者队伍发展到一定阶段、达到一定水平时,还可以考虑开展国际间业务的交流合作与培训,提升文化志愿者队伍的国际化水准,带动文化事业的

① 北京市文化志愿者服务中心介绍[EB/OL].(2010-11-08)[2012-11-12].http://www.bjwmb.gov.cn/xxgk/xgzl/ggl/P020100930636448120165.doc.

全球化发展。在具体实施过程中，应当充分结合示范区（项目）的创新做法，对其分类指导。

（1）专业型文化志愿者队伍

文化志愿者通常是以招募的方式进行，以个体参与为主要方式。示范区（项目）创建过程中的文化志愿者通常采取此种方式进行。但对于专业性的文化志愿者来讲，应该像厦门青年民族乐团那样，凭着“奉献社会，提升自我”的团队核心理念，吸引厦门市各艺术院校的教师、学生及社会各界的民乐爱好者参与其中，确保了乐团演出的专业水平[①]，而不能简单以传统方式进行招募。团队的整体招募对保持专业水准，可能至关重要。就政府而言，应该像厦门市有关政府部门对待厦门青年民族乐团那样，为志愿者提供各层次的服务平台，创造出更多的展示机会，引导他们“自我表现、自我教育、自我服务”，让志愿活动在“奉献社会、成就自我”的氛围中，推动和谐社会的建设。因而，各类专业型志愿者参照厦门市的做法，以追求艺术与服务社会的纯粹来吸引人才，并通过政府扶持的方式稳定队伍。

（2）辅助型文化志愿者队伍

对于场馆服务等辅助型的文化志愿者来讲，专业技能要求不多，则可以参照国外较为成熟的做法进行招募与指导，在此过程中需要注意：招募志愿者时要有招募的通告，并予以存档；有明确的志愿者登记表；志愿者组织和志愿者之间一定要签订志愿服务协议；完整的志愿者考勤表；志愿者根据考勤领取补贴的收条；志愿者离职的登记证明[②]等，以防突发事件的发生，避免不必要纠纷的产生。

---

① 金武刚. 试论高雅艺术文化志愿者组织模式——“厦门青年民族乐团”个案分析. 北京大学课题组，2013 年 3 月印行.

② 志愿服务类似劳务关系不签协议可能“吃官司”[EB/OL].（2012－01－09）[2012－08－04]. http://news.2500sz.com/news/sh/shxw/2012/1/9/1269728.shtml.

三、实现政府职能“由办向管”的转变

法国思想家孟德斯鸠曾指出：“一切有权力的人都容易滥用权力，这是万古不易的一种经验。有权利的人们使用权利一直遇到有界限的地方才休止。”①2013 年的《关于国务院机构改革和职能转变方案的说明》中也明确指出，机构职能的转变，必须处理好政府与社会、中央与地方的关系，充分发挥市场在资源配置中的基础性作用、更好发挥社会力量在管理社会事务中的作用、充分发挥中央和地方两个积极性②。党的十八届三中全会更进一步指出，要按照政企分开、政事分开原则，推动政府部门由办文化向管文化转变，推动党政部门与其所属的文化企事业单位进一步理顺关系③。示范区（项目）创建所在地进行的制度设计研究，无疑就是中央对地方政府公共文化治理授权的一种特殊方式。尽管在具体操作中各地执行情况不一，但依据权力制衡理论，并参照英美等国做法，使得政府职能逐步从办文化向管文化转变，也即从管制型政府向服务型政府转变，从政府微观管理向宏观管理转变，将可以由社会非营利组织办的事交出去，通过四权分离的方式，形成一套固有的公共文化事务管理模式（见图 8 －4），真正承担起政府部门应该承担的宏观调控、市场监管、公共服务的职能，更好地发挥各级政府服务群众的职能，切实使群众在公共文化服务中获益。

① 孟德斯鸠. 论法的精神（上册）[M]. 张雁深，译. 北京：商务印书馆，1987：154.

② 孙燕. 关于国务院机构改革和职能转变方案的说明[EB/OL].（2013 －03 －10）[2013 －03 －21]. http://www.legaldaily.com.cn/zt/content/2013-03/10/content_4260784_3.htm.

③ 中共中央关于全面深化改革若干重大问题的决定[EB/OL].（2013 －11 －15）[2014 －12 －18]. http://news.xinhuanet.com/politics/2013-11/15/c_118164235.htm

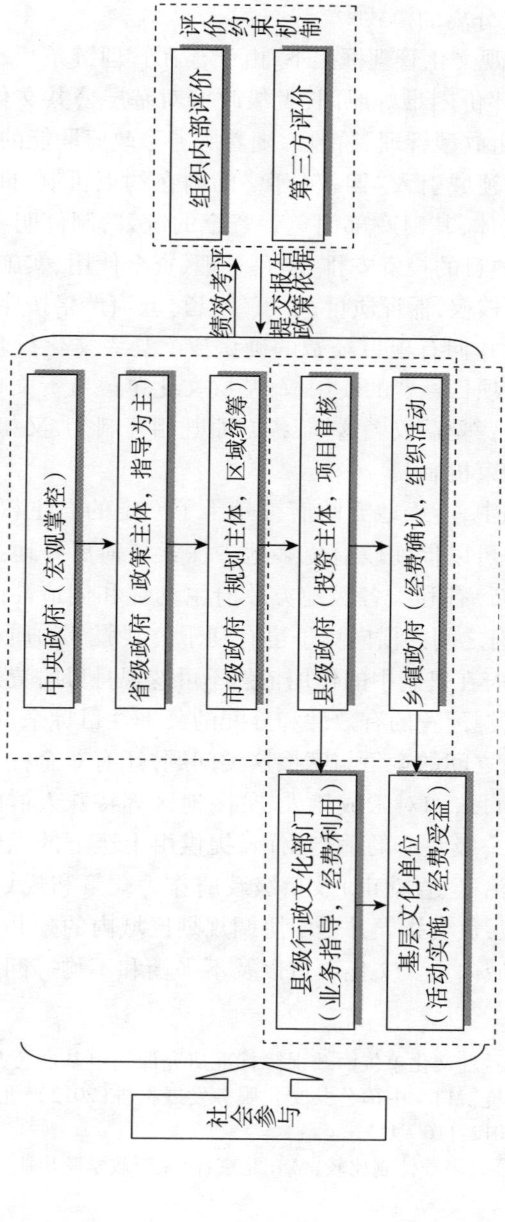

图8-4　公共文化事务管理结构框架图

1. 形成四权分离的模式

在目前的宏观文化管理框架下，由于存在管理链条长、环节多，信息收集成本高、评价困难等原因，上级政府对基层公共文化的管理仍然只能停留在“粗放型管理”阶段。随着服务型政府职能的转变，建议在基层文化管理领域引入“四权分离”的内在约束机制：即县（区）级政府作为投资主体，其财政部门负责资金的统筹，制订明确可行的投资计划，对所属项目的投资安排、项目管理、资金使用、实施效果负责，并拥有最终的审核权，保证质量；乡镇（街道）政府严格按照计划，负责文化活动的组织并拥有项目经费的确认权。县级文化行政部门负责业务指导并拥有项目经费的使用权；基层文化单位负责文化活动的实施并拥有项目经费受益权。这样，各方面既相互制衡，又相互协调，从而形成内在的约束机制[①]。

在这一机制中，由于地方政府被赋予了一定的自主权，提倡非集中式地提供服务可以促使政府更多地去探索如何更好地提供公共服务，通过机制创新，有利于各级地方政府主动性和创造性的发挥。此外，不同地方政府之间的横向竞争也有利于公共服务的质量普遍得以提升[②]。中央政府在机制中的作用依然不可忽视且毋庸置疑。对于实现全国范围内资源配置的有效性和分配的公平性目标来说，尤其是对于解决地方政府之间的竞争与摩擦这类问题，还有对全社会和国家发展至关重要的项目，如对未成年人、贫困地区等特殊人群的文化专项补助等，由中央一级政府的适当出面，提供由上至下的纵向援助是必要的。而省（自治区、直辖市）及市级政府作为政策和规划主体，与中央政府职责类似，负责指导并全面协调规划区域内的公共文化服务发展，考虑解决区域内重大文化项目以及不平衡和不均等问题。总的来

① 湖北省基层公益性文化单位财政保障标准研究课题组基层公共文化单位财政保障标准研究[M]//中国公共文化服务发展报告（2012）. 北京：社会科学文献出版社，2012：116－117.

② 孙晓莉. 中外公共服务体制比较[M]. 北京：国家行政学院出版社，2007：57.

讲，即是中央政府从宏观层面上明确方针政策，省级政府制定政策措施，地市级政府根据方针政策进行区域规划统筹，县、乡政府负责项目活动经费的拨付与组织，具体的活动实施则交由基层文化单位来完成。

2. 创设监督管理的调节制度

在职能转变过程中，政府应从过去以行政干预为主转变为以制度调节为主，充分发挥其监管职能。因此，当确定了各级政府的事权责任之后，为确保公共文化资源效率得到应有的保障，建立责任评价约束机制是监管最为有效的手段之一。由各组织内部（包括政府内部和公益性文化机构内部）的自我评价以及第三方评价机制构成，形成了体制内和体制外共同努力的评价约束力量。在进行组织内自我评价时，可参照英美的做法，由政府提出公共文化服务的绩效评估框架用以反映组织的服务绩效，同时成立组织内的专门评价小组负责绩效考评工作；而在对第三方机构进行选择时，参照示范区（项目）创建过程中的做法，通过政府主导的招投标方式，谨慎选择较具权威的高校、科研机构或其他非营利性组织、社会团体作为客观、中立的第三方，对文化机构或某项大型文化活动的财政经费收支、使用、公共服务水平及效果等方面进行科学评价。

两种管理考评制度都需要建立一套以定量评估为主、可操作性强、不断细化调整的评估指标体系，其内容在参照传统公共文化服务各领域评估指标（公共图书馆、与文化馆等级评估、部分地方政府绩效评估、地方政府审计、示范区（项目）创建与督查标准等）基础上引入国外绩效评估的科学定量指标体系，包括：人力使用、设施安全与利用、服务品质、营运状况、工作计划执行情况、资助支持、展示活动及未来发展等影响组织发展的各个方面。考评工作完成后，相关机构要向主管部门提出书面报告，作为改进工作业绩与申请补贴等内容的重要依据，促进政府和公共文化机构服务水平迈上一个新的台阶。

3. 建立公众参与制度

示范区(项目)的创建过程中形成了社会参与的新格局,不仅有公众参与公共文化事业的运营管理、队伍建设、民办博物馆的创办,还通过社会捐助的方式对公共文化服务的设施设备、各类文化活动等对文化事业进行了实践参与。结合相关做法,笔者认为,公众参与公共文化服务事业的发展,应当从两方面着手:

(1)参与管理与建设

社会力量直接参与到公共文化事业的管理与建设中,不仅有利于政府更好地履行保障人民群众基本文化权益的职责,还有利于充分调动社会各方面的积极性,更好地激发全社会文化创造活力。在公共文化服务体系建设中,政府起着主导作用。但主导,不等于包办一切。在示范区(项目)中,不仅有四川省成都市、江苏省连云港市、上海市徐汇区通过政府委托管理的方式,由社会力量直接参与文化事业的运营管理;还有各类民间文艺团体等在政府或文化机构的扶持下,直接向社会提供公共文化服务;另外,北京市东城区等地民办博物馆的出现,也是社会力量直接参与的重要载体,是国有官办文化事业的有力补充。因此,建立政府扶植、公众参与的多元公共文化服务体系,将会逐步推动公共文化供给体系由文化事业单位内循环到全社会大循环的转变,从而开创公共文化建设的新局面。

(2)社会捐助制度

由第七章内容可知,世界各国针对社会捐赠公益性事业的通常做法是,如果交税前对公益性事业进行捐赠,则可以减少税收,这对于收入高的个体或是有大量遗产的家庭来说,以捐赠的方式贡献社会比上缴税款更具有现实意义。因此,家庭和个人都会根据自己的实际情况考虑如何为社会做一些力所能及的事情,即体现社会责任感的同时,也减少了个人纳税。其中,美国、加拿大等国还规定,非营利性社会组织负责运行管理各类公共服务设施者,其公益性收费也都享受免税政策。可以说,国外的税收政策在全社会捐赠中起到了极大的推动作用。对于当今大力发展公共文化事业的中国来讲，也应当通过税收手段积极鼓励社会捐助，并简化捐赠与申报免税程序，河南省周口市、四川省成都市、河北省秦皇岛市等地在创建示范区（项目）过程中，都进行了积极有效地尝试。除税收鼓励外，还可以借鉴新加坡、澳大利亚等国奖励社会捐赠文化事业的做法，由政府相关部门通过适相关项目与活动等方式，鼓励捐赠。

此外，对于公益性文化机构而言，也应积极采取一系列措施鼓励社会捐助。具体做法包括：在机构内设置数量众多的捐赠箱，并借鉴大英博物馆的做法，在捐款箱上写明建议捐款金额，如“建议捐款 5 英镑”等；通过举办个别募捐活动等方式为机构专项活动提供援助①；采取根据捐助额度使捐助者享有不同特权的方式，如捐助额度较低者拥有诸如免费订阅时事通讯等特权，捐助额度较高者拥有免费讲演、提前参观特殊展览、优先参与机构举办的盛大活动等资格，使其拥有“宾至如归”感或归属于核心团体的感觉，有助于维系二者间的捐助关系，实现双方获益。

四、形成布局合理的区域性设施体系

公共文化设施体系的建设是使公共文化服务推送至每个公民的基础和保证，在建设时需要充分考虑各种因素，因而难度较大。对于公共文化设施建在哪、如何建的问题可以借鉴第五章所介绍的纽约开放空间步行 10 分钟可达的做法，在人口聚集区域，特别是在城市文化需求众多的区域，通过“十分钟文化圈”提供更为方便快捷的公共文化服务；而人口稀疏区域，则可采取流动设施的方式解决文化设施不足问题，从而形成一套符合中国实际的公共文化服务设施体系（见图 8 – 5），保证覆盖城乡的公共文化服务设施网络的基本建成。

---

① 参观英国博物馆有感[EB/OL].(2012 – 05 – 15)[2013 – 01 – 08].http://www.ceh.com.cn/ceh/xwpd/2012/5/15/112894.shtml.

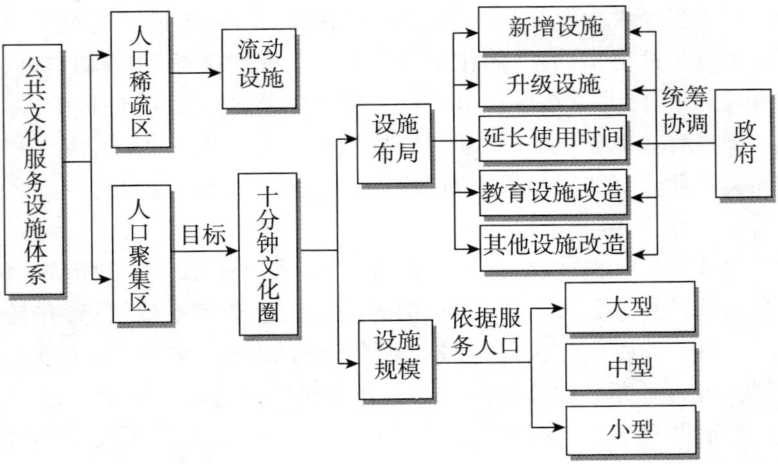

图 8－5　公共文化服务设施体系建设框架图

1. 打造人口聚集区域的“十分钟文化圈”

建设“十分钟文化圈”首先要确定10分钟究竟能走多远？依据第五章提及的纽约市政府的界定，一个成年人10分钟可以走大约半英里（约为805米），一个老人或是儿童一起出行的父母则只能走三分之一或四分之一英里（约为536米或402米）。也就是说，要想实现“十分钟文化圈”的目标，每个成年人步行800米、老人步行530米、儿童步行400米就应当有一处公共文化服务设施的出现。依照此种说法，要求至少步行400米至500米处就应当有适合儿童与老年人的文化活动设施，步行800米就应该设置适合成年人的公共文化服务设施。可见，对于这一提法的要求是颇高的。尽管示范区（项目）创建过程中，不少创建城市都提出打造“十分钟文化圈”“十五分钟文化圈”，但各种提法与评判标准并不统一，有些是指步行10分钟，有些则是指乘坐交通工具，并且所有的提法中均未将老人与儿童这些特殊群体进行专门地考虑规划，有一定的欠缺与疏漏。因此，在确保“十分钟文化圈”实现之前，有必要对此进行规范。笔者认为，在打造“十分钟文化圈”中所涉及的“十分钟可达性原则”，应为所有辖区内的正常成年人徒步行走800米、老人与儿童等特殊人群徒步行走400米即有一处公共文化设施。

（1）设施布局

为使人口聚集区的公众更为方便、快捷地享受到公共文化服务，使得区域内的每一个公民都居住在“十分钟文化圈”范围内，参照纽约市和示范区（项目）的一些做法，可从以下方面着手改造建设公共文化服务设施。

①新增公共文化服务设施。新增设施主要包括新建公益性文化机构和新增基层文化服务站点。其中，在土地预留区、新城区或开发不久的地段，由于土地便于规划、设施容易建设往往采取新建公共文化设施的方式；基层文化服务站点的增设主要是为解决单体文化机构服务产生的服务盲点问题。

②升级现有公共文化服务设施。对已有公共文化设施，开发并扩展出更多的业务服务区域，使其可以被更多的公众服务和使用。

③适当延长现有公共文化服务场所的使用时间。各公共文化服务机构，特别是那些服务水平高，公众热情参与的公共文化服务机构，通过适当延长服务时间的做法，能够满足公众的更大需求。而对于文化活动广场等用于户外文化活动的设施，应通过安装新的照明设备、延长照明时间等方式，增加使用时间。

④教育设施可以被更多公众用于公共文化活动。通常来讲，在国内，从义务教育的角度出发，学校的分布设置充分考虑到了经济发展、服务人口、城乡差异等各种因素，较之公共文化服务设施的分布更为成熟、科学与合理。以广东省惠州市为例（见图8－6）①，图中浅色标注的教育设施较之深色标注的文化设施，无论从分布均衡性和设施数量方面都有着明显优势。因此，参照纽约市“十分钟步行圈”的做法，

①　数据来源：广东省惠州市规划局。

最大限度地利用已有的各类教育设施网络，对教育设施场馆进行适当改造并整合利用；在条件不允许的地方，再考虑设置流动服务站点。这将极大地弥补公共文化服务设施场地不足的缺憾，也减少了新建设施的大笔经费，促使公共文化服务的社会效益得到最大限度的彰显。

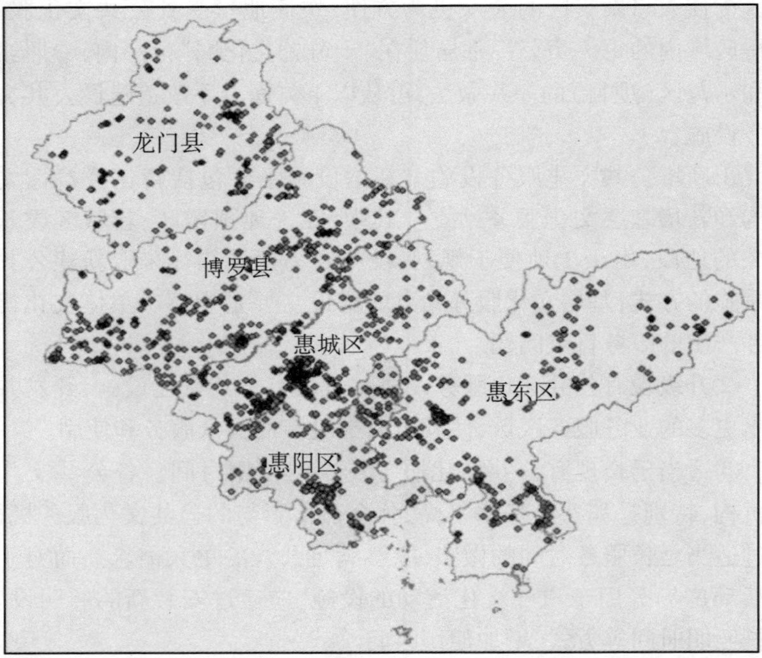

图 8－6　广东省惠州市文化与教育类设施分布图

⑤其他公共领域的改造利用。由于“十分钟文化圈”需要公共文化设施数量巨大且分布均匀，为保证这一目标的实现，要充分利用各类可以改造利用的公共领域为公共文化服务活动提供设施场所。具体来讲，无论在农村还是在城市，各街道、社区、村委员会所负责的生活辖区内，都有尚未充分利用的街道空间，将这些公共的街道空间转化为公共文化休闲广场，并在适当区域内配置规模适当的服务设备，

使得文化广场成为公众生活随处可见的一道风景。而对于写字楼和商业街区集聚的区域，由于公共空间领域较之生活区较少，可将人行道进行重新设计，并添置小型的文化服务流动设备，为忙碌的人群提供较小空间的文化休闲场地。遵循这一思路，将一切能够转化为公共文化服务空间的场所进行改造利用，并适时地为其注入各类文化要素，使之成为各类文化活动的场所，使得集商业、生活休闲、文化展示为一体的公共文化生活空间遍布整个城乡。

在上述公共文化服务设施体系逐步完善与推进过程中，应当注意的是，新建设施时不应只贪图面积大，改造各类设施也不能只贪图数量多，要从覆盖服务人口的实际出发，充分考虑区域空间规划问题，防止设施多、大且无人问津而产生的利用低效与偏废。另外，上述设施体系的建设还特别需要地方政府从顶层着手，全面协调设施规划建设过程中所涉及的地方统计局、规划局等各相关行政部门，为实现公共文化服务设施的全覆盖提供有力支持，从而真正实现“十分钟文化圈”。

(2)设施规模

当人口聚集区域的公共文化设施数量达到一定程度，文化设施全覆盖将不再作为文化发展程度的衡量指标而存在，文化活动场所俯拾皆是。尽管如此，小型文化机构依然难以满足服务公众聚集区的文化需求，虽然公众对十分钟可达的文化设施有众多选择，但面对诸多选择，甚至要奔波于几个设施之间才能够享受到应有的公共文化服务，费时费心费力。因此，公共文化设施的规模仍然是不容忽视的问题。综合国内外文化设施规模的相关规定，笔者认为，《公共图书馆建设用地指标》《文化馆建设用地指标》《乡镇综合文化站建设标准》等以服务人口作为确定设施建设规模的基本依据，且兼顾机构服务功能、资源数量与品种、当地经济发展水平等多种复杂因素，将公共文化机构规模分为大型、中型、小型，符合中国实际，其他未规定设施建设规模的公共文化服务机构，应依据本地情况，在上述标准中寻求建设依据。

2. 推动人口稀疏区域的流动设施

“十分钟文化圈”的设施建设模式对于人口稀疏区域而言不可取，会导致各类资源的严重浪费。示范区(项目)创建中出现的依照城乡、资源差异确立不同文化圈的理念，具有一定的现实意义。在实际建设过程中，为保证公共文化服务地均等化获取，各地可借鉴江苏省嘉兴市、山东省青岛市、辽宁省大连市、天津市和平区、安徽省马鞍山市、江西省赣州市、陕西省铜川市、湖北省黄石市、四川省成都市、甘肃省金昌市、广东省中山市、内蒙古鄂尔多斯市等地的做法，要与地方市政规划相结合，确立人口稀疏地区的常住人口活动范围，并以现有的公共文化服务设施为依托，通过图书流通站、图书流动车、文化服务车、数字电影放映设备、流动展览等方式，逐步配备流动文化服务设施，并通过定点、定期、定路线的巡回方式举办流动文化服务活动，真正为人口稀疏区的群众提供较为基本的公共文化服务，真正体现公共文化服务的社会均等化。

五、实现供需匹配的资源供给与服务

公共文化服务体系建设的终极目标是希望能够真正提升全民文化艺术方面的参与度，最终实现惠及全民。而完备的公共文化资源供给与服务体系应当充分体现在“民众之中关心”民众需求，而不是在“民众之上设计”民众需求①。因此，由第六章内容可知，在充分调研的基础上掌握公众对公共文化资源供给的需求，才能有的放矢地提供服务。

1. 实施公众参与活动的需求调研

对于公众参与文化艺术状况的展现与衡量，国内外国家和地区是通过定期文化参与调查或普查的形式对相关情况进行了解与掌握的，

① 张国庆. 典范与良政：构建中国新型政府公共管理制度[M]. 北京：北京大学出版社，2010：255.

有助于理解公众参与的现象与内在需求。因此，基于国外经验的参考与学习，借鉴美国 NEA 的做法，中国也应建立符合实际的公众参与文化艺术活动调查机制（见图 8－7），以期通过公众参与艺术文化活动的经验、偏好与期待等意见的问卷调查，对公共文化服务资源供给方案进行不断地调整，满足公众多样的文化需求。

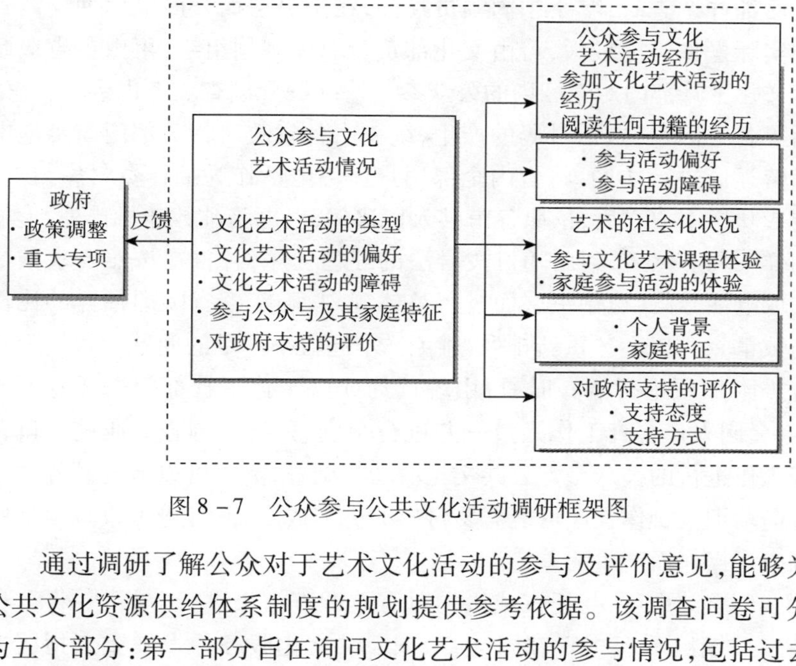

图 8－7　公众参与公共文化活动调研框架图

通过调研了解公众对于艺术文化活动的参与及评价意见，能够为公共文化资源供给体系制度的规划提供参考依据。该调查问卷可分为五个部分：第一部分旨在询问文化艺术活动的参与情况，包括过去一年内曾参与（欣赏）文化艺术活动的类型和频率、获取文化艺术活动信息的途径等；第二部分是参与文化艺术活动的偏好与障碍调查，包括参与（欣赏）艺术文化活动的平均开销、参与文化艺术活动的偏好、无法参与（欣赏）喜欢的艺术文化活动的原因、影响参与（欣赏）文化艺术活动意愿的原因等；第三部分是艺术的社会化调查，包括曾经上过的艺术文化学习课程、时间，与家人参与（欣赏）的艺术文化活动、博物馆展演活动、阅读文学书籍类型与频率；第四部分为受访者的基本资料调查,包括最高学历、年龄、家庭成员受教育程度、职业、家庭平均月收入、性别等。被调查者为居住在省辖区内各城乡地区年满18岁以上的成年人;最后一部分为公众对政府文化艺术事业支持的评价。

公众参与公共文化活动的调查可以采取电话抽样的方式,也可以参照美国的做法,将调查作为定期人口普查的一个附加项进行。采用电话抽样调查时,鉴于中国幅员辽阔,在中央层面开展电话抽样调查的实际操作难度较大,可由文化部负责总体规划组织,再由各省级政府文化主管部门对辖区内的公众参与情况展开调查。考虑到工作、生活等各方因素,电话号码的产生,统一由各省政府相关部门与当地电信营运商进行协商,将省内全部用户住宅电话作为抽样资料库,在固定成功样本数之后,依照各市县人口比例,以电脑乱数随机排列,形成抽样架构。然后,利用随机拨号法的处理程序,各省在按照要求数量抽取电话号码(由中央层面进行整体规划,确定各省随即抽样的比例与数量),再以乱数重新排列,避免样本涵盖率不足的问题。采用人口普查附加项进行调查时,可由统计局或由文化主管部门委托专门机构,会同人口普查工作人员一并进行个别、独立的调查。通过人口普查工作进行的公众参与公共文化活动的调查,不仅可以节省额外的调查前培训及操作程序可能需要付出的更多成本,而且也可以减少某些调查误操作而产生的差错。

调查结束后,委托权威机构对有效调查结果进行分析,并将分析结果反馈给政府主管部门,为未来公共文化服务的发展重点指明方向,也为公共文化服务政策的不断调整提供确切依据。

2. 采取多种途径的供给方式

在示范区(项目)创建过程中,资源供给与服务方式有着诸多创新与探索:

(1)政府作为公共文化资源与服务供给的重要主体,“三馆一站”免费开放,以数字图书馆推广工程、公共电子阅览室建设计划、文化信息资源共享工程为依托的公共数字文化建设,各类节庆品牌活动等,作为跨系统、跨部门的文化资源整合与优化配置，是政府在示范区（项目）创建过程中通过项目补贴的方式搭建平台、整合资源的具体体现，以小杠杆了撬动大社会，实现了传统文化与现代文明相结合的活动创新。

（2）购买社会资源向公众提供公共文化服务作为另一种供给方式，从公众需求着手，有如福建省厦门市、安徽省马鞍山市、上海市徐汇区、浙江省宁波市鄞州区等地通过政府招投标采购文化资源的推送方式，为公共文化活动注入新的活力，优化公共文化服务运行模式和投入机制，增强了政府对公共文化服务的管理与供给水平，有利于满足公众多样化的文化需求。

（3）云南省保山市、陕西省宝鸡市、江苏省苏州市、四川省成都市、山东省青岛市、宁夏回族自治区银川市等地通过直接向农村基层提供经费、设施与服务等方面文化援助的方式，为保障农村地区服务人口的基本文化权益提供了有益的尝试；特别是"新莞人"的做法，对城市多元文化的融合发展具有借鉴意义。

附录1　缩略语表

缩写	英文	中文
ALA	American Library Association	美国图书馆协会
ALA-APA	ALA Allied Professional Association	美国图书馆协会联合职业协会
ALA-MLIS	ALA-Master of Library and Information Studies	美国图书馆协会认可的图书馆学情报学硕士学位
ALA-MLS	ALA-Master of Library Science	美国图书馆协会认可的图书馆学硕士学位
ALIA	Australian Library and Information Association	澳大利亚图书馆和信息协会
AMA	Associateship of the Museum Association	英国博物馆协会的认证
CSR	Comprehensive Spending Review	综合支出评估
IMLS	Institute of Museum and Library Services	博物馆与图书馆服务署
LSSC	Library Support Staff Certification Program	图书馆支持人员认证项目
NCLIS	National Commission on Libraries and Information	国家图书馆情报委员会
NDPBs	Non-Departmental Public Bodies	非政府公共机构
NEA	National Endowment for the Arts	国家艺术基金会
NEH	National Endowment for the Humanities	国家人文基金会
NVQ	National Vocational Qualifications	国家职业资格认证
OMB	U. S. Office of Management and Budget's	管理和预算办公室

续表

缩写	英文	中文
PMDU	Prime Minister's Delivery Unit	内阁办公室实施推进机构
PSA	Public Service Agreements	公共服务协议
SPPAs	Survey of Public Participation in the Arts	公众参与艺术调查
WCSL	Western Council of State Libraries	西部州图书馆委员会

附录2　国家公共文化服务体系示范区(项目)创建标准

第一批国家公共文化服务体系示范区(项目)创建标准

示范区创建标准

东　部

坚持公益性、基本性、均等性、便利性,深化改革,加强城乡统筹,突出软件建设,率先建成符合当地实际情况、比较完整、覆盖城乡、可持续的基本公共文化服务体系,推动公共文化服务持续发展的长效机制基本形成,广大群众特别是农民群众基本文化权益得到有效保障,对公共文化服务的满意度明显提高,进一步推动公共文化服务向广覆盖、高效能转变。

一、公共文化设施网络建设方面

1. 图书馆、博物馆、文化馆(站)、影剧院等公共文化设施完善,布局合理,方便群众参加活动。实现市有图书馆、博物馆、文化馆等公共文化设施,县有图书馆、文化馆,乡镇(街道)有综合文化站,行政村(社区)建有文体活动室(文化广场)。

2. 图书馆建设。市、县两级图书馆达到部颁二级以上标准;公共图书馆人均占有藏书1册以上;市、县两级图书馆平均每册藏书年流通率1次以上;人均年增新书在0.04册次以上;人均到馆次数0.5次以上。

3. 群众艺术馆、文化馆建设。市辖两级群众艺术馆、文化馆达到部颁二级以上标准,县文化馆达到部颁二级以上标准。

4. 乡镇(街道)综合文化站建设。100%的乡镇(街道)建有单独设置的综合文化站,其设备配置、活动开展、人员配备、综合管理等达到发展改革委、文化部制定的《乡镇(街道)文化站建设标准》。

5. 村(社区)文体活动室(文化广场)建设。结合村级(社区)行政组织办公场所建设,100%的行政村(社区)建设面积不低于200平方米的文化活动室(中心),每个文化活动室都建成全国文化信息资源共享工程基层服务点。

6. 公共电子阅览室(含文化信息资源共享工程支中心、基层服务点)建设。依托公共图书馆、文化馆站,市及所辖县建有标准配置的公共电子阅览室。100%的乡镇(街道)、社区建有标准配置的公共电子阅览室,实现全覆盖。

二、公共文化服务供给方面

7. 以统筹城乡发展,推动基本公共文化服务均等化为目标,公共文化服务面向基层、面向农村,实现重心下移、资源下移。积极组织城市文化行政部门和单位开展农村文化服务活动。农村和社区依托传统节日、重大庆典活动和民族民间文化资源,开展群众喜闻乐见、丰富多彩的文体活动,群众受众率和参与率达到本省(区、市)的先进水平,人均参加文体活动的时间每周不少于7小时。

8. 弱势群体和特殊人群的基本文化服务权益得到有效保障。城市各类公共文化设施免费或优惠向农民工、老人、少年儿童和残疾人开放,设置方便残障人士以及老年人、少年儿童的活动区域和服务项目。市县两级图书馆设立盲人阅读区,配备设备和盲文读物。县级以上文化馆经常性组织针对上述特殊人群的各类文体活动,开展面向农民工的文化培训等。

9. 社会力量积极参与公共文化产品的生产和供给,引入竞争机制,面向市场,采取项目补贴、资助和政府招标采购等方式,通过集中配送、连锁服务等多种方式,有效解决公共文化产品供给问题,实现提供主体和提供方式多元化。

10. 图书馆、文化馆(站)、博物馆实现免费开放。各级公共文化设施电子阅览室为社会公众提供免费上网服务时间每周不少于56小时。

11. 图书馆每周开放时间不少于56小时。文化馆(站)、博物馆每周开放时间不少于42小时。

12. 基本实现每个行政村每月看1场以上电影、每年看5场以上戏剧或文艺演出,每年组织8次以上规模较大的群众文体活动。

13. 创新公共文化服务方式。市、县图书馆建立统一采购、统一编目、统一配送的总分馆制,实现通借通还。市、县两级图书馆、文化馆配备一台以上流动服务车,图书馆每年下基层服务次数不低于50次,文化馆每年组织流动演出12场以上,流动展览10场以上。

14. 全国文化信息资源共享工程建设。基本形成资源丰富、技术先进、服务便捷、覆盖城乡的数字文化服务体系,县县有支中心、乡乡有基层服务点,实现"村村通";100%的基层群众可以通过多种方式使用文化信息资源及享受数字图书馆、数字文化馆、数字博物馆、数字美术馆等的资源服务。

15. 依托全国文化信息资源共享工程和国家数字图书馆工程,市一级建设3个以上地方特色数字资源库,建立网上图书馆、网上博物馆、群众活动远程指导网络。

三、公共文化服务组织支撑方面

16. 政府有公共文化服务体系建设相关规划和政策,建立政府统一领导、相关部门分工负责、社会团体积极参与的管理体制和工作机制。以农村和基层为重点,制定统筹城乡文化发展的相关规划、政策、措施。建立政府与公共文化服务机构的专家咨询制度、公共文化服务机构运营的公众参与制度,形成政府宏观管理、行业协会参与、公共机构法人治理的管理模式，建立城市对农村的文化援助机制。

17. 切实按照国务院《公共文化体育设施条例》和文化部、国土资源部、建设部编制的《公共图书馆建设用地指标》、《公共图书馆建设标准》、《文化馆建设用地指标》、《文化馆建设标准》、《乡镇综合文化站建设标准》、《城市社区体育设施建设用地指标》等标准，无偿划拨公共图书馆、文化馆（站）、博物馆、体育馆（场）等公益性文化设施建设用地，公共文化设施门类齐全，布局合理、服务便捷。

18. 以示范区建设为平台，将分散在不同部门的公共文化服务资源和项目有效整合，实现基层公共文化服务资源的共建共享，形成综合、系统、运行有效的公共文化服务网络，体现便民惠民，提高整体服务能力，发挥综合效益。

19. 加快推进公益性文化事业单位改革，形成责任明确、行为规范、富有效率、服务优良的管理体制和运行机制。制定并落实吸引社会力量参与公益文化事业建设有关政策，民营文艺团体、民间文艺社团和农民自办文化初具规模，成为政府公共文化服务的重要补充。

四、资金、人才和技术保障措施落实方面

20. 公共文化服务体系建设纳入政府重要议事日程，纳入当地国民经济和社会发展总体规划，纳入对地方政府的考核指标体系，纳入政府目标管理责任制，纳入财政预算，纳入城乡建设整体规划。

21. 公共文化服务体系建设经费得到落实。建立完善公共文化投入保障机制，近三年财政文化体育与传媒支出不低于同级财政经常性收入的增长幅度，人均文化支出（按常住人口计算）高于本省平均水平。

22. 乡镇（街道）综合文化站的人员编制 3 名以上，行政村和社区有至少 1 名财政补贴的文化管理员（文化指导员）。

23. 市级文化单位业务人员占职工总数不低于 70%，县级文化事业单位业务人员占职工总数不低于 80%。

24. 县级文化单位在职员工参加脱产培训时间每年不少于 15 天，

乡镇街道、村、社区基层文化专兼职人员参加集中培训时间每年不少于5天。

25. 利用网络、声讯、通讯等现代信息技术建立公共文化服务平台和公共文化服务技术支撑系统，实现当地文化信息资源的共建共享。

五、公共文化服务评估方面

26. 建立并实施公共文化服务绩效评估制度。形成政府、社会、服务群体共同参与的监督管理体系，建立起政府、文化和财政部门、公共文化机构、重大文化项目工作考核机制。

27. 实行文化工作目标责任管理制，将服务农村、服务基层情况和群众满意度作为重要考核指标。

六、其他方面

28. 在公共文化服务体系建设进程中，积极探索实践，创新公共文化服务体系建设体制机制，创新公共文化服务方式和手段，并已取得显著成绩，在全省乃至全国产生较大影响，具有典型示范作用和推广价值。

29. 结合具体实践，参与文化部国家公共文化服务体系制度设计课题研究工作，针对公共文化服务体系建设的共性问题，总结经验，并形成课题研究成果，为国家制定有关政策提供依据，为同类地区的发展提供借鉴。课题报告通过专家组验收。

30. 涉及广播电视、新闻出版、体育等部门的工作内容，按照部门要求达到相应标准。

31. 涉及工会、共青团、妇联等部门的工作内容，达到中央关于公共文化服务体系建设的相关政策要求。

中　部

坚持公益性、基本性、均等性、便利性，深化改革，加强城乡统筹，突出软件建设，初步建成符合当地实际情况、比较完整、覆盖城乡、可持续的基本公共文化服务体系，推动公共文化服务持续发展的长效机制初步形成，广大群众特别是农民群众基本文化权益得到有效保障，对公共文化服务的满意度明显提高。

一、公共文化设施网络建设方面

1. 图书馆、博物馆、文化馆(站)、影剧院等公共文化设施完善,布局合理,方便群众参加活动。实现市有图书馆、博物馆、文化馆等公共文化设施,县有图书馆、文化馆,乡镇(街道)有综合文化站,行政村(社区)建有文体活动文化室(文化广场)。

2. 图书馆建设。市、县两级图书馆达到部颁三级以上标准;公共图书馆人均占有藏书0.6册以上;市、县两级图书馆平均每册藏书年流通率0.7次以上;人均年增新书在0.03册次以上;人均到馆次数0.3次以上。

3. 群艺馆、文化馆建设。市辖两级群艺馆、文化馆达到部颁三级以上标准,县文化馆达到部颁三级以上标准。

4. 乡镇(街道)综合文化站建设。80%的乡镇建有单独设置的综合文化站,其设备配置、活动开展、人员配备、综合管理等达到发展改革委、文化部制定的《乡镇(街道)文化站建设标准》。

5. 村(社区)文化活动室(文化广场)建设。80%的行政村(社区)建立面积不低于100平方米的文化活动室(中心),每个文化活动室都建成全国文化信息资源共享工程基层服务点。60%行政村建立农家书屋,藏书2000册以上。

6. 公共电子阅览室(含文化信息资源共享工程支中心、基层服务点)建设。依托公共图书馆、文化馆站,市及所辖县建有标准配置的公共电子阅览室。80%的乡镇(街道)、社区建有标准配置的公共电子阅览室。

二、公共文化服务供给方面

7. 以统筹城乡发展,推动基本公共文化服务均等化为目标,公共文化服务面向基层、面向农村,实现重心下移、资源下移。积极组织城市文化部门和单位开展农村文化服务活动。农村和社区依托传统节日、重大庆典活动和民族民间文化资源,开展群众喜闻乐见、丰富多彩的文体活动,群众受众率和参与率达到本省(自治区、直辖市)的先进水平,人均参加文体活动的时间每周不少于5小时。

8. 弱势群体和特殊人群的基本文化服务权益得到有效保障。城市各类公共文化设施免费或优惠向农民工、老人、儿童和残疾人开放,设置方便残障人士以及老年人、少年儿童的活动区域和服务项目。市县两级图书馆设立盲人阅读区,配备设备和盲文读物。县级以上文化馆经常性组织针对上述特殊人群的各类文体活动,开展面向农民工的文化培训等。

9. 社会力量积极参与公共文化产品的生产和供给,引入竞争机制,面向市场,采取项目补贴、资助和政府招标采购等方式,通过集中配送、连锁服务等多种方式,有效解决公共文化产品供给问题,实现提供主体和提供方式多元化。

10. 图书馆、文化馆、博物馆实现免费开放。各级公共文化设施电子阅览室为社会公众提供免费上网服务时间每周不少于42小时。

11. 图书馆每周开放时间不少于56小时。文化馆(站)、博物馆每周开放时间不少于42小时。

12. 基本实现每个行政村每月看1场以上电影、每年看3场以上戏剧或文艺演出,每年组织5次以上规模较大的群众文体活动。

13. 开展延伸服务。市、县图书馆建立总分馆制等多种模式的服务体系。市、县两级图书馆、文化馆配备一台以上流动服务车,具备开展公共文化流动服务的能力。

14. 全国文化信息资源共享工程建设。基本形成资源丰富、技术先进、服务便捷、覆盖城乡的数字文化服务体系,县县有支中心、乡乡有基层服务点,实现"村村通";100%的基层群众可以通过基层服务点,70%的行政村和城市社区居民可享受数字图书馆、数字文化馆、数字博物馆、数字美术馆的资源服务。

三、公共文化服务组织支撑方面

15. 政府有建设公共文化服务体系的相关规划和政策,建立政府统一领导、相关部门分工负责、社会团体积极参与的管理体制和工作机制。以农村和基层为重点，制定统筹城乡文化发展的相关规划、政策、措施。建立政府与公共文化服务机构的专家咨询制度、公共文化服务机构运营的公众参与制度，形成政府宏观管理、行业协会参与、公共文化机构法人治理的管理模式，建立城市对农村的文化援助机制。

16. 切实按照国务院《公共文化体育设施条例》和文化部、国土资源部、建设部编制的《公共图书馆建设用地指标》、《公共图书馆建设标准》、《文化馆建设用地指标》、《文化馆建设标准》、《乡镇综合文化站建设标准》、《城市社区体育设施建设用地指标》等标准，无偿划拨公共图书馆、文化馆（站）、博物馆、体育馆（场）等公益性文化设施建设用地公共文化设施门类齐全，布局合理、服务便捷。

17. 以示范区建设为平台，将分散在不同部门的公共文化服务资源和项目有效整合，实现基层公共文化服务资源的共建共享，形成综合、系统、运行有效的公共文化服务网络，体现便民惠民，提高整体服务能力，发挥综合效益。

18. 加快推进公益性文化事业单位改革，形成责任明确、行为规范、富有效率、服务优良的管理体制和运行机制。制定并落实吸引社会力量参与公益文化事业建设有关政策，民营文艺团体、民间文艺社团和农民自办文化初具规模，成为政府公共文化服务的重要补充。

四、资金、人才和技术保障措施落实方面

19. 公共文化服务体系建设纳入政府重要议事日程，纳入当地国民经济和社会发展总体规划，纳入对地方政府的考核指标体系，纳入政府目标管理责任制，纳入财政预算，纳入城乡建设整体规划。

20. 公共文化服务体系建设经费得到落实。建立完善公共文化经费投入机制，近三年财政文化体育与传媒支出不低于同级财政经常性收入的增长幅度，人均文化支出（按常住人口计算）高于本省平均水平。

21. 乡镇（街道）综合文化站的人员编制 3 名以上，行政村和社区有至少 1 名财政补贴的文化管理员（文化指导员）。

22. 市级文化单位业务人员占职工总数不低于 70%，县级文化事业单位业务人员占职工总数不低于 80%。

23. 县级文化单位在职员工参加脱产培训时间每年不少于 15 天，乡镇街道、村、社区基层文化专兼职人员参加集中培训时间每年不少于 5 天。

24. 利用网络、声讯、通讯等现代信息技术建立公共文化服务平台和公共文化服务技术支撑系统，实现当地文化信息资源的共建共享。

五、公共文化服务评估方面

25. 建立并实施公共文化服务绩效评估制度。建立起政府、文化行政部门、公共文化机构、重大文化项目工作考核机制。

26. 实行文化工作目标责任管理制，将服务农村、服务基层情况和群众满意度作为重要考核指标。

六、其他方面

27. 在公共文化服务体系建设进程中，积极探索实践，创新公共文化服务体系建设体制机制，创新公共文化服务方式和手段，并已取得显著成绩，在全省乃至全国产生较大影响，具有典型示范作用和推广价值。

28. 结合具体实践，参与文化部国家公共文化服务体系制度设计课题研究工作，针对公共文化服务体系建设的共性问题，总结经验，并形成课题研究成果，为国家制定有关政策提供依据，为同类地区的发展提供借鉴。课题报告通过专家组验收。

29. 涉及广播电视、新闻出版、体育等部门的工作内容，按照部门要求达到相应标准。

30. 涉及工会、共青团、妇联等工作的达到中央关于公共文化服务体系建设的相关政策要求。

西　部

坚持公益性、基本性、均等性、便利性，深化改革，加强城乡统筹，突出软件建设，初步建成固定设施、流动设施与数字文化阵地相结合的公共文化服务网络，公共文化服务持续发展的保障机制初步形成。广大群众特别是农民群众基本文化权益得到有效保障。

一、公共文化设施网络建设方面

1. 图书馆、博物馆、文化馆(站)、影剧院等公共文化设施网络体系初步形成，并建成与当地人口分布和地域条件相适应的流动文化设施网络，市县两级图书馆、文化馆都具备流动文化服务能力，广大群众能够就近方便的享受公共文化服务。

2. 图书馆建设。市、县两级图书馆80%达到部颁三级以上标准；公共图书馆人均占有藏书0.4册以上；市、县两级图书馆平均每册藏书年流通率0.5次以上；人均年增新书在0.02册次以上；人均到馆次数0.2次以上。

3. 群艺馆、文化馆建设。市辖两级群艺馆、文化馆80%达到部颁三级以上标准，县文化馆达到部颁三级以上标准。

4. 乡镇(街道)综合文化站建设。80%的乡镇建有单独设置的综合文化站，其设备配置、活动开展、人员配备、综合管理等达到发展改革委、文化部制定的《乡镇(街道)文化站建设标准》。

5. 公共电子阅览室(含文化信息资源共享工程支中心、基层服务点)建设。依托公共图书馆、文化馆站，市及所辖县建有标准配置的公共电子阅览室。60%的乡镇(街道)、社区建有标准配置的公共电子阅览室。

二、公共文化服务供给方面

6. 以统筹城乡发展，推动基本公共文化服务均等化为目标，公共文化服务面向基层、面向农村，实现重心下移、资源下移。积极组织城市文化部门和单位开展农村文化服务活动。农村和社区依托传统节日、重大庆典活动和民族民间文化资源，开展群众喜闻乐见、丰富多彩的文体活动，群众受众率和参与率达到本省(自治区、直辖市)的先进水平，人均参加文体活动的时间每周不少于3小时。

7. 社会力量积极参与公共文化产品的生产和供给，引入竞争机制，面向市场，采取项目补贴、资助和政府招标采购等方式，通过集中配送、连锁服务等多种方式，有效解决公共文化产品供给问题，实现提供主体和提供方式多元化。

8. 图书馆、文化馆、博物馆实现免费开放。各级公共文化设施电子阅览室为社会公众提供免费上网服务时间每周不少于42小时。

9. 图书馆每周开放时间不少于56小时。文化馆(站)、博物馆每周开放时间不少于42小时。

10. 基本实现每个行政村每月看1场以上电影、每年看2场以上戏剧或文艺演出，每年组织3次以上规模较大的群众文体活动。

11. 全国文化信息资源共享工程建设。基本形成资源丰富、技术先进、服务便捷、覆盖城乡的数字文化服务体系，县县有支中心、乡乡有基层服务点，实现“村村通”；100%的基层群众可以通过基层服务点使用文化信息资源及享受数字图书馆、数字博物馆、数字美术馆的资源服务。

三、公共文化服务组织支撑方面

12. 政府有建设公共文化服务体系的相关规划和政策，建立政府统一领导、相关部门分工负责、社会团体积极参与的管理体制和工作机制。以农村和基层为重点，制定统筹城乡文化发展的相关规划、政策、措施。建立政府与公共文化服务机构的专家咨询制度、公共文化服务机构运营的公众参与制度，形成政府宏观管理、行业协会参与、公共文化机构法人治理的管理模式，建立城市对农村的文化援助机制。

13. 切实按照国务院《公共文化体育设施条例》和文化部、国土资源部、建设部编制的《公共图书馆建设用地指标》、《公共图书馆建设标准》、《文化馆建设用地指标》、《文化馆建设标准》、《乡镇综合文化站建设标准》、《城市社区体育设施建设用地指标》等标准，无偿划拨公共图书馆、文化馆(站)、博物馆、体育馆(场)等公益性文化设施建设用地，公共文化设施门类齐全，布局合理、服务便捷。

14. 以示范区建设为平台，将分散在不同部门的公共文化服务资源和项目有效整合，实现基层公共文化服务资源的共建共享，形成综合、系统、运行有效的公共文化服务网络，体现便民惠民，提高整体服务能力，发挥综合效益。

15. 加快推进公益性文化事业单位改革，形成责任明确、行为规范、富有效率、服务优良的管理体制和运行机制。制定并落实吸引社会力量参与公益文化事业建设有关政策，民营文艺团体、民间文艺社团和农民自办文化初具规模，成为政府公共文化服务的重要补充。

四、资金、人才和技术保障措施落实方面

16. 公共文化体系建设纳入政府重要议事日程，纳入当地国民经济和社会发展总体规划，纳入对地方政府的考核指标体系，纳入政府目标管理责任制，纳入财政预算，纳入城乡建设整体规划。

17. 公共文化服务体系建设经费得到落实。建立完善公共文化经费投入机制，近三年财政文化体育与传媒支出不低于同级财政经常性收入的增长幅度，人均文化支出（按常住人口计算）高于本省平均水平。

18. 乡镇（街道）综合文化站的人员编制3名以上，行政村和社区有至少1名财政补贴的文化管理员（文化指导员）。市级文化单位业务人员占职工总数不低于70%，县级文化事业单位业务人员占职工总数不低于80%。

19. 县级文化单位在职员工参加脱产培训时间每年不少于15天，乡镇街道、村、社区基层文化专兼职人员参加集中培训时间每年不少于5天。

20. 利用网络、声讯、通讯等现代信息技术建立公共文化服务平台和公共文化服务技术支撑系统，实现当地文化信息资源的共建共享。

五、公共文化服务评估方面

21. 建立并实施公共文化服务绩效评估制度。建立起政府、文化行政部门、公共文化机构、重大文化项目工作考核机制。

22. 实行文化工作目标责任管理制，将服务农村、服务基层情况和群众满意度作为重要考核指标。

六、其他方面

23. 在公共文化服务体系建设进程中，积极探索实践，创新公共文化服务体系建设体制机制，创新公共文化服务方式和手段，并已取得显著成绩，在全省乃至全国产生较大影响，具有典型示范作用和推广价值。

24. 结合具体实践，参与文化部国家公共文化服务体系制度设计课题研究工作，针对公共文化服务体系建设的共性问题，总结经验，并形成课题研究成果，为国家制定有关政策提供依据，为同类地区的发展提供借鉴。课题报告通过专家组验收。

25. 涉及广播电视、新闻出版、体育等部门的工作内容，按照部门要求达到相应标准。

26. 涉及工会、共青团、妇联等工作的达到中央关于公共文化服务体系建设的相关政策要求。

示范项目创建标准

形成了较为完善的公共文化服务网络，投入稳定，设施完备，队伍健全，活动丰富，服务效果显著，具有较好的工作基础。此外，还应具备以下条件：

1. 创新性。在公共文化服务体系建设机制和体制、内容和形式、方法和手段等方面有所创新。

2. 导向性。具有地方特色和较强的典型性，在全省（区、市）产生广泛影响，有较大的借鉴和推广应用价值。

3. 带动性。与实践紧密结合，创造了好的作法和经验，对公共文化服务体系建设起到了积极的带动作用。

4. 科学性。结合具体实践，承担或参与文化部国家公共文化服务体系制度设计课题研究工作。

第二批国家公共文化服务体系示范区(项目)创建标准

示范区创建标准

东　部

坚持公益性、基本性、均等性、便利性,深化改革,加快城乡文化一体化发展,突出软件建设,率先建成符合当地实际情况、覆盖城乡、结构合理、功能健全、实用高效的公共文化服务体系,推动公共文化服务持续发展的长效机制基本形成,广大群众特别是农民群众基本文化权益得到有效保障,对公共文化服务的满意度明显提高。

一、公共文化设施网络建设方面

1. 图书馆、博物馆、文化馆(站)、影剧院等公共文化设施完善,布局合理,方便群众参加活动。实现市有文化馆、图书馆、博物馆、美术馆、剧院、非遗展示馆等公共文化设施,县有图书馆、文化馆,乡镇(街道)有综合文化站,行政村(社区)建有文体活动室(文化广场)。

2. 图书馆建设。市、县两级图书馆达到部颁二级以上标准;公共图书馆人均占有藏书 1 册以上;市、县两级图书馆平均每册藏书年流通率 1 次以上;人均年增新书在 0.04 册次以上;人均到馆次数 0.5 次以上。

3. 群众艺术馆、文化馆建设。市、县两级群众艺术馆、文化馆达到部颁二级以上标准。

4. 乡镇(街道)综合文化站建设。100% 的乡镇(街道)建有单独设置的综合文化站,其设备配置、活动开展、人员配备、综合管理等达到文化部制定的《乡镇综合文化站管理办法》和国家发展改革委、文化部制定的《乡镇综合文化站建设标准》的要求。

5. 村(社区)文体活动室(文化广场)建设。100% 的行政村(社区)建设面积不低于200 平方米的文化活动室(中心),每个文化活动室都建成全国文化信息资源共享工程基层服务点。

6. 公共电子阅览室(含文化信息资源共享工程支中心、基层服务点）建设。依托公共图书馆、文化馆（站），市及所辖县建有标准配置的公共电子阅览室。100%的乡镇、街道、社区建有标准配置的公共电子阅览室。

二、公共文化服务供给方面

7. 以统筹城乡文化发展、推动基本公共文化服务均等化为目标，公共文化服务面向基层、面向农村，实现重心下移、资源下移、服务下移。农村公共文化服务总量明显增加。群众性文体活动的经常化、体系化程度明显提高。群众参与率达到本省（区、市）的先进水平，人均参加文体活动的时间每周不少于7小时。

8. 把农民工纳入城市公共文化服务体系。建立了政府主导、企业共建、社会参与的农民工文化工作机制，公益性文化事业单位形成了有特点的面向农民工的服务项目。有效整合和优化配置农民工文化资源，农民工文化活动常态化，广大农民工对公共文化服务的满意度明显提高。

9. 弱势群体和特殊人群的基本文化权益得到有效保障。公共文化服务设施设置方便残障人士以及老年人、少年儿童的活动区域和服务项目。市县两级图书馆配备设备和资源，开展面向盲人的服务。县级以上文化馆经常性组织针对上述特殊人群的各类文体活动和专题文化培训等。

10. 社会力量积极参与公共文化产品的生产和供给，引入竞争机制，面向市场，采取政府采购、项目补贴、定向资助、贷款贴息、税收减免等政策措施鼓励各类文化企业参与公共文化服务，通过集中配送、连锁服务等多种方式，有效解决公共文化产品供给问题，实现政府主导下的供给主体和供给方式多元化。

11. 美术馆、公共图书馆、文化馆（站）、博物馆实现免费开放，有基本公共文化服务内容目录并公示，形成2个以上品牌服务项目。图书馆每周开放时间不少于56小时。文化馆（站）、博物馆每周开放时间不少于42小时。加强科技馆、纪念馆、工人文化宫、青少年宫等公共文化服务设施和爱国主义教育示范基地建设并完善向社会免费开放服务，鼓励其他国有文化单位、教育机构等开展公益性文化活动，各类公共场所要为群众性文化活动提供便利。

12. 基本实现每个行政村每月看1场以上电影、每年看5场以上戏剧或文艺演出，每年组织8次以上规模较大的群众文体活动。

13. 创新公共文化服务方式。市、县图书馆以总分馆等多种形式形成服务体系，实现通借通还。市、县两级图书馆、文化馆具有数字资源提供能力和远程服务能力。市、县两级图书馆、文化馆配备一台以上流动服务车，图书馆每年下基层的流动服务次数不低于50次，文化馆每年组织流动演出12场以上，流动展览10场以上。

14. 全国文化信息资源共享工程建设。县县有支中心、乡乡有基层服务点，实现"村村通"；100%的基层群众可以通过多种方式使用文化信息资源及享受数字图书馆、数字文化馆、数字博物馆、数字美术馆等的服务资源，实现扩大覆盖、消除盲点、提高标准、完善服务、改进管理的目标。

15. 依托全国文化信息资源共享工程和数字图书馆推广工程，市一级建设3个以上地方特色数字资源库。市级图书馆可用数字资源不低于30TB，县级图书馆可用数字资源不低于4TB。建立网上图书馆、网上博物馆、网上文化馆。

三、公共文化服务组织支撑方面

16. 建立党委统一领导、党政齐抓共管、相关部门分工负责、社会力量积极参与的工作体制和工作格局，政府有公共文化服务体系建设相关规划和政策。以农村和基层为重点，制定统筹城乡文化发展的相关规划、政策、措施。

17. 建立政府与公共文化服务机构的专家咨询制度、公共文化服务机构运营的公众参与制度。把公共文化服务内容纳入干部培训计划和当地党校、行政学院、干部学院教学体系。

18. 切实按照国务院《公共文化体育设施条例》和文化部、国土资源部、建设部编制的《公共图书馆建设用地指标》、《公共图书馆建设标准》、《文化馆建设用地指标》、《文化馆建设标准》、《乡镇综合文化站建设标准》、《城市社区体育设施建设用地指标》等标准，根据服务人口等制定公共文化设施建设规划，每千人占有公共文化服务设施面积达到本省（自治区、直辖市）的先进水平。无偿划拨公共图书馆、文化馆（站）、博物馆、体育馆（场）等公益性文化设施建设用地，公共文化设施门类齐全、布局合理、服务便捷。

19. 以示范区建设为平台，统筹规划和建设基层公共文化服务设施，坚持项目建设和运行管理并重，将分散在不同部门的公共文化服务资源和项目有效整合，实现基层公共文化服务资源的共建共享。

20. 加快推进公益性文化事业单位改革，建立健全法人治理结构，健全决策、执行和监督机制，提高运行效率，确保公益目标实现，建立权责清晰、分类科学、机制灵活、监管有力的事业单位管理制度。

21. 制定并落实吸引社会力量参与公共文化服务体系建设的有关政策，民营文艺团体、民间文艺社团和农民自办文化初具规模。

四、资金、人才和技术保障措施落实

22. 把公共文化产品和服务项目、公益性文化活动纳入公共财政经常性支出预算。公共财政对公共文化投入的增长幅度高于财政经常性支出增长幅度，公共文化支出占财政支出的比例稳步提高。设立农村文化建设专项资金。人均文化事业费（按常住人口计算）高于本省平均水平。

23. 乡镇（街道）综合文化站的人员编制 3 名以上，行政村和社区有至少 1 名财政补贴的文化管理员（文化指导员）。城市社区设有公共文化服务岗位。

24. 市级文化单位业务人员占职工总数不低于 70%，县级文化事业单位业务人员占职工总数不低于 80%。

25. 加强业余文化骨干、文化志愿者队伍建设，每社区、村业余文艺团队不少于 3 支。

26. 县级文化单位在职员工参加脱产培训时间每年不少于15天，乡镇街道、村、社区基层文化专兼职人员参加集中培训时间每年不少于5天。县、乡、村、社区基层文化专兼职人员参加全国基层文化队伍远程网络培训时间每年不少于100课时。

27. 利用现代信息技术建立公共文化服务平台和公共文化服务技术支撑系统。

五、公共文化服务评估方面

28. 建立并实施公共文化服务绩效评估制度。把公共文化服务体系建设成效纳入科学发展考核评价体系，纳入各级党委政府和领导干部的考核体系。建立起政府、文化和财政部门、公共文化机构、重大文化项目工作考核机制。

29. 实行文化工作目标管理责任制，将服务农村、服务基层情况和群众满意度作为重要考核指标。

六、其他方面

30. 创新公共文化服务体系建设体制机制，创新公共文化服务方式和手段，并已取得显著成绩，在全省乃至全国产生较大影响，具有典型示范作用和推广价值。

31. 结合具体实践，参与文化部国家公共文化服务体系制度设计课题研究工作，针对公共文化服务体系建设中有一定普遍性的突出矛盾和问题展开研究，在研究和实践的基础上，形成制度建设成果，通过专家委员会验收。

32. 涉及广播电视、新闻出版、体育等部门的工作内容，按照部门要求达到相应标准。

33. 涉及教育、工会、共青团、妇联、科协等部门的工作内容，达到中央关于公共文化服务体系建设的相关政策要求。

中　部

坚持公益性、基本性、均等性、便利性，深化改革，加快城乡文化一体化发展，突出软件建设，率先建成符合当地实际情况、覆盖城乡、结构合理、功能健全、实用高效的公共文化服务体系，推动公共文化服务持续发展的长效机制基本形成，广大群众特别是农民群众基本文化权益得到有效保障，对公共文化服务的满意度明显提高。

一、公共文化设施网络建设方面

1. 图书馆、博物馆、文化馆（站）、影剧院等公共文化设施完善，布局合理，方便群众参加活动。实现市有文化馆、图书馆、博物馆、影剧院等公共文化设施，县有图书馆、文化馆，乡镇（街道）有综合文化站，行政村（社区）建有文体活动室（文化广场）。

2. 图书馆建设。市、县两级图书馆达到部颁三级以上标准；公共图书馆人均占有藏书 0.6 册以上；市、县两级图书馆平均每册藏书年流通率 0.7 次以上；人均年增新书在 0.03 册次以上；人均到馆次数 0.3 次以上。

3. 群众艺术馆、文化馆建设。市、县两级群众艺术馆、文化馆达到部颁三级以上标准。

4. 乡镇（街道）综合文化站建设。80% 的乡镇（街道）建有单独设置的综合文化站，其设备配置、活动开展、人员配备、综合管理等达到文化部制定的《乡镇综合文化站管理办法》和国家发展改革委、文化部制定的《乡镇综合文化站建设标准》的要求。

5. 村（社区）文体活动室（文化广场）建设。80% 的行政村（社区）建设面积不低于 100 平方米的文化活动室（中心），每个文化活动室都建成全国文化信息资源共享工程基层服务点。60% 行政村建立农家书屋，藏书 2000 册以上。

6. 公共电子阅览室（含文化信息资源共享工程支中心、基层服务点）建设。依托公共图书馆、文化馆站，市及所辖县建有标准配置的公共电子阅览室。80% 的乡镇、街道、社区建有标准配置的公共电子阅览室。

二、公共文化服务供给方面

7. 以统筹城乡文化发展、推动基本公共文化服务均等化为目标，公共文化服务面向基层、面向农村，实现重心下移、资源下移、服务下移。农村公共文化服务总量明显增加。群众性文体活动的经常化、体系化程度明显提高。群众参与率达到本省(区、市)的先进水平，人均参加文体活动的时间每周不少于5小时。

8. 把农民工纳入城市公共文化服务体系。建立了政府主导、企业共建、社会参与的农民工文化工作机制，公益性文化事业单位形成了有特点的面向农民工的服务项目。有效整合和优化配置农民工文化资源，农民工文化活动常态化，广大农民工对公共文化服务的满意度明显提高。

9. 弱势群体和特殊人群的基本文化权益得到有效保障。公共文化服务设施设置方便残障人士以及老年人、少年儿童的活动区域和服务项目。市县两级图书馆配备设备和资源，开展面向盲人的服务。县级以上文化馆经常性组织针对上述特殊人群的各类文体活动和专题文化培训等。

10. 社会力量积极参与公共文化产品的生产和供给，引入竞争机制，面向市场，采取政府采购、项目补贴、定向资助、贷款贴息、税收减免等政策措施鼓励各类文化企业参与公共文化服务，通过集中配送、连锁服务等多种方式，有效解决公共文化产品供给问题，实现政府主导下的供给主体和供给方式多元化。

11. 美术馆、图书馆、文化馆(站)、博物馆实现免费开放，有基本公共文化服务内容目录并公示，形成2个以上品牌服务项目。图书馆每周开放时间不少于56小时。文化馆(站)、博物馆每周开放时间不少于42小时。加强科技馆、纪念馆、工人文化宫、青少年宫等公共文化服务设施和爱国主义教育示范基地建设并完善向社会免费开放服务，鼓励其他国有文化单位、教育机构等开展公益性文化活动，各类公共场所要为群众性文化活动提供便利。

12. 基本实现每个行政村每月看1场以上电影、每年看3场以上戏剧或文艺演出，每年组织5次以上规模较大的群众文体活动。

13. 创新公共文化服务方式。市、县图书馆以总分馆等多种形式形成服务体系，实现通借通还。市、县两级图书馆、文化馆具有数字资源提供能力和远程服务能力。市、县两级图书馆、文化馆配备一台以上流动服务车，图书馆每年下基层的流动服务次数不低于30次，文化馆每年组织流动演出12场以上。

14. 全国文化信息资源共享工程建设。县县有支中心、乡乡有基层服务点，实现“村村通”；100%的基层群众可以通过多种方式使用文化信息资源及享受数字图书馆、数字文化馆、数字博物馆、数字美术馆等的资源服务，实现扩大覆盖、消除盲点、提高标准、完善服务、改进管理的目标。

15. 依托全国文化信息资源共享工程和数字图书馆推广工程，市一级建设2个以上地方特色数字资源库。市级图书馆可用数字资源不低于20TB，县级图书馆可用数字资源不低于3TB。建立网上图书馆、网上博物馆、网上文化馆。

三、公共文化服务组织支撑方面

16. 建立党委统一领导、党政齐抓共管、相关部门分工负责、社会力量积极参与的工作体制和工作格局，政府有公共文化服务体系建设相关规划和政策。以农村和基层为重点，制定统筹城乡文化发展的相关规划、政策、措施。

17. 建立政府与公共文化服务机构的专家咨询制度、公共文化服务机构运营的公众参与制度。把公共文化服务内容纳入干部培训计划和当地党校、行政学院、干部学院教学体系。

18. 切实按照国务院《公共文化体育设施条例》和文化部、国土资源部、建设部编制的《公共图书馆建设用地指标》、《公共图书馆建设标准》、《文化馆建设用地指标》、《文化馆建设标准》、《乡镇综合文化站建设标准》、《城市社区体育设施建设用地指标》等标准，根据服务人口等制定公共文化设施建设规划，每千人占有公共文化服务设施面积达到本省（自治区、直辖市）的先进水平。无偿划拨公共图书馆、文化馆(站)、博物馆、体育馆(场)等公益性文化设施建设用地,公共文化设施门类齐全、布局合理、服务便捷。

19. 以示范区建设为平台,统筹规划和建设基层公共文化服务设施,坚持项目建设和运行管理并重,将分散在不同部门的公共文化服务资源和项目有效整合,实现基层公共文化服务资源的共建共享。

20. 加快推进公益性文化事业单位改革,建立健全法人治理结构,健全决策、执行和监督机制,提高运行效率,确保公益目标实现,建立权责清晰、分类科学、机制灵活、监管有力的事业单位管理制度。

21. 制定并落实吸引社会力量参与公共文化服务体系建设的有关政策,民营文艺团体、民间文艺社团和农民自办文化初具规模。

四、资金、人才和技术保障措施落实

22. 把公共文化产品和服务项目、公益性文化活动纳入公共财政经常性支出预算。公共财政对公共文化投入的增长幅度高于财政经常性支出增长幅度,公共文化支出占财政支出的比例稳步提高。设立农村文化建设专项资金。人均文化事业费(按常住人口计算)高于本省平均水平。

23. 乡镇(街道)综合文化站的人员编制 3 名以上,行政村和社区有至少 1 名财政补贴的文化管理员(文化指导员)。城市社区设有公共文化服务岗位。

24. 市级文化单位业务人员占职工总数不低于 70%,县级文化事业单位业务人员占职工总数不低于 80%。

25. 加强业余文化骨干、文化志愿者队伍建设,每社区、村业余文艺团队不少于 2 支。

26. 县级文化单位在职员工参加脱产培训时间每年不少于 15 天,乡镇街道、村、社区基层文化专兼职人员参加集中培训时间每年不少于 5 天。县、乡、村、社区基层文化专兼职人员参加全国基层文化队伍远程网络培训时间每年不少于 80 课时。

27. 利用现代信息技术建立公共文化服务平台和公共文化服务技

术支撑系统。

五、公共文化服务评估方面

28. 建立并实施公共文化服务绩效评估制度。把公共文化服务体系建设成效纳入科学发展考核评价体系，纳入各级党委政府和领导干部的考核体系。建立起政府、文化和财政部门、公共文化机构、重大文化项目工作考核机制。

29. 实行文化工作目标责任管理制，将服务农村、服务基层情况和群众满意度作为重要考核指标。

六、其他方面

30. 创新公共文化服务体系建设体制机制，创新公共文化服务方式和手段，并已取得显著成绩，在全省乃至全国产生较大影响，具有典型示范作用和推广价值。

31. 结合具体实践，参与文化部国家公共文化服务体系制度设计课题研究工作，针对公共文化服务体系建设中有一定普遍性的突出矛盾和问题展开研究，在研究和实践的基础上，形成制度建设成果，通过专家委员会验收。

32. 涉及广播电视、新闻出版、体育等部门的工作内容，按照部门要求达到相应标准。

33. 涉及教育、工会、共青团、妇联、科协等部门的工作内容，达到中央关于公共文化服务体系建设的相关政策要求。

西 部

坚持公益性、基本性、均等性、便利性，深化改革，加快城乡文化一体化发展，突出软件建设，率先建成符合当地实际情况、覆盖城乡、结构合理、功能健全、实用高效的公共文化服务体系，推动公共文化服务持续发展的长效机制基本形成，广大群众特别是农民群众基本文化权益得到有效保障，对公共文化服务的满意度明显提高。

一、公共文化设施网络建设方面

1. 图书馆、博物馆、文化馆（站）、影剧院等公共文化设施网络体系初步形成，布局合理，方便群众参加活动。建成与当地人口分布和地域条件相适应的流动文化设施网络，市、县两级文化馆、图书馆具备一定的流动文化服务能力。

2. 图书馆建设。市、县两级图书馆80%达到部颁三级以上标准；公共图书馆人均占有藏书0.4册以上；市、县两级图书馆平均每册藏书年流通率0.5次以上；人均年增新书在0.02册次以上；人均到馆次数0.2次以上。

3. 群众艺术馆、文化馆建设。市、县两级群众艺术馆、文化馆80%达到部颁三级以上标准。

4. 乡镇（街道）综合文化站建设。80%的乡镇（街道）建有单独设置的综合文化站，其设备配置、活动开展、人员配备、综合管理等达到文化部制定的《乡镇综合文化站管理办法》和国家发展改革委、文化部制定的《乡镇综合文化站建设标准》的要求。

5. 公共电子阅览室（含文化信息资源共享工程支中心、基层服务点）建设。依托公共图书馆、文化馆站，市及所辖县建有标准配置的公共电子阅览室。60%的乡镇、街道、社区建有标准配置的公共电子阅览室。

二、公共文化服务供给方面

6. 以统筹城乡文化发展、推动基本公共文化服务均等化为目标，公共文化服务面向基层、面向农村，实现重心下移、资源下移、服务下移。农村公共文化服务总量明显增加。群众性文体活动的经常化、体系化程度明显提高。群众参与率达到本省（区、市）的先进水平，人均参加文体活动的时间每周不少于3小时。

7. 弱势群体和特殊人群的基本文化权益得到有效保障。公共文化服务设施设置方便残障人士以及老年人、少年儿童的活动区域和服务项目。县级以上文化馆经常性组织针对上述特殊人群的各类文体活动和专题文化培训等。

8. 社会力量积极参与公共文化产品的生产和供给，引入竞争机制，面向市场，采取政府采购、项目补贴、定向资助、贷款贴息、税收减免等政策措施鼓励各类文化企业参与公共文化服务，通过集中配送、连锁服务等多种方式，有效解决公共文化产品供给问题，实现政府主导下的供给主体和供给方式多元化。

9. 美术馆、图书馆、文化馆（站）、博物馆实现免费开放，有基本公共文化服务内容目录并公示。图书馆每周开放时间不少于56小时。文化馆（站）、博物馆每周开放时间不少于42小时。加强科技馆、纪念馆、工人文化宫、青少年宫等公共文化服务设施和爱国主义教育示范基地建设并完善向社会免费开放服务，鼓励其他国有文化单位、教育机构等开展公益性文化活动，各类公共场所要为群众性文化活动提供便利。

10. 基本实现每个行政村每月看1场以上电影、每年看2场以上戏剧或文艺演出，每年组织3次以上规模较大的群众文体活动。

11. 全国文化信息资源共享工程建设。县县有支中心、乡乡有基层服务点，实现“村村通”；100%的基层群众可以通过多种方式使用文化信息资源及享受数字图书馆、数字文化馆、数字博物馆、数字美术馆等的资源服务，实现扩大覆盖、消除盲点、提高标准、完善服务、改进管理的目标。

12. 依托全国文化信息资源共享工程和数字图书馆推广工程，市一级建设1个以上地方特色数字资源库。市级图书馆可用数字资源不低于10TB，县级图书馆可用数字资源不低于2TB。建立网上图书馆、网上博物馆、网上文化馆。

三、公共文化服务组织支撑方面

13. 建立党委统一领导、党政齐抓共管、相关部门分工负责、社会力量积极参与的工作体制和工作格局，政府有公共文化服务体系建设相关规划和政策。以农村和基层为重点，制定统筹城乡文化发展的相关规划、政策、措施。

14. 建立政府与公共文化服务机构的专家咨询制度、公共文化服务机构运营的公众参与制度。把公共文化服务内容纳入干部培训计划和当地党校、行政学院、干部学院教学体系。

15. 切实按照国务院《公共文化体育设施条例》和文化部、国土资源部、建设部编制的《公共图书馆建设用地指标》、《公共图书馆建设标准》、《文化馆建设用地指标》、《文化馆建设标准》、《乡镇综合文化站建设标准》、《城市社区体育设施建设用地指标》等标准，根据服务人口等制定公共文化设施建设规划，每千人占有公共文化服务设施面积达到本省（自治区、直辖市）的先进水平。无偿划拨公共图书馆、文化馆（站）、博物馆、体育馆（场）等公益性文化设施建设用地，公共文化设施门类齐全、布局合理、服务便捷。

16. 以示范区建设为平台，统筹规划和建设基层公共文化服务设施，坚持项目建设和运行管理并重，将分散在不同部门的公共文化服务资源和项目有效整合，实现基层公共文化服务资源的共建共享。

17. 加快推进公益性文化事业单位改革，建立健全法人治理结构，健全决策、执行和监督机制，提高运行效率，确保公益目标实现，建立权责清晰、分类科学、机制灵活、监管有力的事业单位管理制度。

18. 制定并落实吸引社会力量参与公共文化服务体系建设的有关政策，民营文艺团体、民间文艺社团和农民自办文化初具规模。

四、资金、人才和技术保障措施落实

19. 把公共文化产品和服务项目、公益性文化活动纳入公共财政经常性支出预算。公共财政对公共文化投入的增长幅度高于财政经常性支出增长幅度，公共文化支出占财政支出的比例稳步提高。设立农村文化建设专项资金。人均文化事业费（按常住人口计算）高于本省平均水平。

20. 乡镇（街道）综合文化站的人员编制 3 名以上，行政村和社区有至少 1 名财政补贴的文化管理员（文化指导员）。城市社区设有公共文化服务岗位。

21. 市级文化单位业务人员占职工总数不低于 70%，县级文化事业单位业务人员占职工总数不低于80%。

22. 加强业余文化骨干、文化志愿者队伍建设,每社区、村业余文艺团队不少于1支。

23. 县级文化单位在职员工参加脱产培训时间每年不少于15天,乡镇街道、村、社区基层文化专兼职人员参加集中培训时间每年不少于5天。县、乡、村、社区基层文化专兼职人员参加全国基层文化队伍远程网络培训时间每年不少于50课时。

24. 利用现代信息技术建立公共文化服务平台和公共文化服务技术支撑系统。

五、公共文化服务评估方面

25. 建立并实施公共文化服务绩效评估制度。把公共文化服务体系建设成效纳入科学发展考核评价体系,纳入各级党委政府和领导干部的考核体系。建立起政府、文化和财政部门、公共文化机构、重大文化项目工作考核机制。

26. 实行文化工作目标责任管理制,将服务农村、服务基层情况和群众满意度作为重要考核指标。

六、其他方面

27. 创新公共文化服务体系建设体制机制,创新公共文化服务方式和手段,并已取得显著成绩,在全省乃至全国产生较大影响,具有典型示范作用和推广价值。

28. 结合具体实践,参与文化部国家公共文化服务体系制度设计课题研究工作,针对公共文化服务体系建设中有一定普遍性的突出矛盾和问题展开研究,在研究和实践的基础上,形成制度建设成果,通过专家委员会验收。

29. 涉及广播电视、新闻出版、体育等部门的工作内容,按照部门要求达到相应标准。

30. 涉及教育、工会、共青团、妇联、科协等部门的工作内容,达到中央关于公共文化服务体系建设的相关政策要求。

示范项目创建标准

形成了较为完善的公共文化服务网络，投入稳定，设施完备，队伍健全，活动丰富，服务效果显著，具有较好的工作基础。此外，还应具备以下条件：

1. 创新性。在公共文化服务体系建设机制和体制、内容和形式、方法和手段等方面有所创新。

2. 导向性。具有地方特色和较强的典型性，在全省（区、市）产生广泛影响，有较大的借鉴和推广应用价值。

3. 带动性。与实践紧密结合，创造了好的做法和经验，对公共文化服务体系建设发挥了积极的带动作用。

4. 科学性。结合具体实践，承担或参与文化部国家公共文化服务体系制度设计课题研究工作。

附录3　国家公共文化服务体系示范区制度设计研究成果

第一批国家公共文化服务体系示范区制度设计研究成果

序号	地区	制度设计成果名称
1	北京市朝阳区	构建“3+1”服务网络提升公共文化服务效能
2	河北省秦皇岛市	群众文化需求和基本文化权益
3	山西省长治市	长治市群众自办文化研究
4	内蒙古鄂尔多斯市	鄂尔多斯市公共文化流动服务研究
		鄂尔多斯公共文化服务模式探索
5	辽宁省大连市	大连市文化信息资源共享工程进村入户模式研究
6	吉林省长春市	长春市社会力量参与公共文化服务机制研究

续表

序号	地区	制度设计成果名称
7	黑龙江省牡丹江市	牡丹江市农村群众文化活动常态化机制研究
8	上海市徐汇区	以绩效评估提升公共文化服务效能 ——以徐汇区相关制度设计与实践为中心
9	江苏省苏州市	苏州公共图书馆总分馆制度设计研究报告
		苏州市基层文化从业人员职业资格认证制度研究
		苏州市乡村图书馆制度设计研究
		苏州市公共文化中心职能定位研究
10	浙江省宁波市鄞州区	引导和鼓励社会力量参与公共文化服务制度研究
11	安徽省马鞍山市	马鞍山市文化志愿者队伍建设研究
12	福建省厦门市	厦门市文化志愿者队伍建设研究
13	江西省赣州市	赣州市公共文化设施体系化建设运行研究
14	山东省青岛市	青岛市公共文化服务评估体系研究
15	湖北省黄石市	黄石市公共文化服务体系现状和发展战略研究
		黄石市群众文化需求和公共文化机构职能研究
		黄石市公共文化建设人才保障机制研究
		黄石市公共文化服务经费保障机制研究
		黄石市公共文化服务评价考核体系研究
16	湖南省长沙市	建设以人民为主体的群众文化活动体系 ——长沙市群众文化活动长效机制研究
		图书馆资源共建共享模式

续表

序号	地区	制度设计成果名称
17	广东省东莞市	新莞人文化权益保障机制研究 ——东莞实践与理论探索
		公共电子阅览室建设与服务
18	广西壮族自治区来宾市	来宾市村级服务中心公共文化建设与管理制度设计
19	海南省澄迈县	澄迈县县域公共文化服务体系建设研究与实践
20	重庆市渝中区	农民工基本文化权益保障
21	四川省成都市	政府公共文化服务主体地位研究
22	贵州省遵义市	以“四在农家”为载体的农村文化建设常态化机制研究
23	云南省保山市	关于公共文化服务体系建设现代化动态统计评估管理网络的构建
24	西藏自治区林芝地区	创建具有边疆民族地区特色的公共文化服务体系示范区长效机制研究
25	陕西省宝鸡市	群众业余文艺团队服务管理制度化设计
26	甘肃省金昌市	公共文化服务体系建设企业参与机制建设研究
27	青海省格尔木市	格尔木市公共文化服务体系架构与机制创新研究
		格尔木市构建公共文化服务体系保障机制研究
		格尔木市流动人口文化建设研究
		格尔木市历史文化遗产保护与开发研究
28	新疆维吾尔自治区喀什地区	边疆少数民族地区公共文化惠民服务保障机制研究
29	天津市和平区	公益性数字文化拓展民生服务

续表

序号	地区	制度设计成果名称
30	河南省郑州市	群众文化需求与公共文化服务创新制度设计研究
31	宁夏回族自治区银川市	银川市群众文化活动常态化体系化建设制度设计研究

第二批国家公共文化服务体系示范区在研制度设计拟定名称

序号	地区	在研制度设计拟定名称
1	北京市东城区	首都功能核心区现代公共文化服务体系创新研究
2	天津市河西区	基本公共文化服务群众需求反馈与回应机制研究与实践
3	河北省廊坊市	乡镇公共文化资源整合
4	山西省朔州市	乡镇综合文化站服务效能提升研究
5	内蒙古自治区包头市	包头市数字文化服务长效机制研究
6	辽宁省沈阳市沈河区	沈河区公共文化资源整合、共建共享研究
7	吉林省延边朝鲜族自治州	少数民族地区现代公共文化服务体系建设研究
8	黑龙江省哈尔滨市南岗区	哈尔滨市南岗区公共文化服务体系统筹协调和共建共享机制研究
9	上海市浦东新区	高度国际化区域构建现代公共文化服务体系研究
10	江苏省无锡市	新形势下政府购买公共文化服务模式创新研究
11	浙江省嘉兴市	嘉兴市城乡一体化公共文化服务体系创新研究

续表

序号	地区	在研制度设计拟定名称
12	安徽省安庆市	探索公共文化服务体系建设的“反弹琵琶”模式
13	福建省三明市	提升沿海山区公共文化服务体系效能研究
14	江西省新余市	社会文化组织的培育和参与公共文化服务机制研究
15	山东省烟台市	烟台市社会力量参与公共文化服务路径探析
16	河南省洛阳市	基层公共文化管理机制改革与创新问题研究
17	湖北省襄阳市	襄阳市现代公共文化服务多元供给的主体、方式、效能和运行机制研究
		襄阳文化“承古惠今”的公共文化服务平台与品牌研究
		襄阳市创新“跨区域文化联盟”合作共享模式研究
18	湖南省岳阳市	推动公共文化服务社会化发展机制创新研究
19	广东省深圳市福田区	社会资源参与公共文化服务研究
20	海南省保亭黎族苗族自治区	贫困地区公共文化服务体系跨越发展研究
21	广西壮族自治区玉林市	引导扶持群众文化发展
22	重庆市北碚区	北碚区城市化背景下城乡公共文化一体化发展研究
23	四川省南充市	城乡文化体育活动阵地综合利用研究
24	贵州省贵阳市	公共文化服务社会力量参与机制制度设计研究
25	云南省楚雄彝族自治州	基层业余文艺队伍培育及其参与公共文化服务建设机制研究——以楚雄为例

续表

序号	地区	在研制度设计拟定名称
26	西藏自治区山南地区	民族地区现代公共服务供给模式
		民族地区物质和非物质文化遗产保护与利用机制
27	陕西省渭南市	渭南公共文化服务与非物质文化遗产保护联动机制研究
28	甘肃省张掖市	张掖市农村公共文化服务体系制度设计研究
29	青海省西宁市	经济欠发达地区公共文化服务体系建设路径和实现方式研究及实践
30	宁夏回族自治区石嘴山市	资源枯竭型城市转型中公共文化服务体系建设的特点与作用
31	新疆维吾尔自治区克拉玛依市	边疆民族地区城市现代公共文化服务体系制度设计研究
32	新疆生产建设兵团农八师石河子市	公共文化服务供给与兵团价值体现研究

后　　记

笔者对公共文化领域的最初认识大多来源于导师李国新教授在课堂上的传道授业，而对公共文化领域的直接参与和真正了解则肇始于2011年国家公共文化服务体系示范区（项目）评审会之时。此后，由于机缘巧合，笔者得以在文化部公共文化司实习，并作为第一批介入国家公共文化服务体系建设工作与研究领域的研究生，先后参加了国家公共文化服务体系示范区（项目）创建工作会议、国家公共文化服务体系示范区创建城市市长研讨班、国家公共文化服务体系示范区督查工作会议、《中国公共文化服务蓝皮书》统稿会、第一批示范区（项目）验收部署会及制度设计评审工作会议、提高公共文化服务效能专题研讨会等公共文化服务领域的许多重要会议和活动。在此期间，笔者还有机会随同国家公共文化服务体系建设专家委员会的诸位专家，一同赴北京、上海、贵州、云南、江苏、浙江、东北、海南、湖南等多个省市进行实地走访考察与调研。

攻读博士学位的四年间，笔者结合参与的“《公共图书馆法》立法支撑研究”、2012年度国家社会科学基金第一批重大项目（文化类）中的“加快公共文化立法，提高文化建设法制化水平研究”、我国公共文化服务体系建设制度设计研究中的重点子课题“公共文化服务人才队伍建设研究”、世界银行的“中国图书馆概况调查”“宁波文化强市行动计划战略研究”“嘉兴城乡一体化图书馆服务体系建设”“北京市东城区公共文化资源供给体系制度研究”“苏州市基层文化从业人员职业资格认证制度研究”等项目，利用文化部实习期间掌握的第一手资料，从研究者的视角圈定了毕业论文的研究方向，并顺利完成博士毕业论文的撰写工作。

2013年8月，笔者自北京大学博士毕业后就职于上海社会科学院文学研究所。工作一年有余，笔者又先后参与了文化部“引导社会力量参与公共文化服务研究”、上海市“城乡文化一体化研究”“苏州文化志愿者项目”、宁波市“十五分钟文化圈”建设研究、东莞市公共文化服务政策文件起草等多项课题。工作单位浓厚的学术氛围和良好的科研平台，为笔者对公共文化领域的持续关注提供更为有利的条件，积累了更多的实践和理论研究素材。

如此种种，最终促成了本书的付梓出版。这其中还包含了许多人的帮助与辛劳。在此谨以最诚挚的敬意感谢我敬爱的导师——李国新教授，他以宽广的视野和超凡的学识引领我游走于学术的殿堂。从李老师处学到和悟到的东西，必将对我影响至深，使我受益终身！感谢曾经给予我悉心指导与深切关爱的诸多师长！感谢给予我科研、生活上以极大关心、支持和帮助的单位同事！感谢国家公共文化服务体系建设专家委员会众多专家的关怀与指导！感谢国家图书馆出版社的责任编辑金丽萍老师的辛勤劳动，为本书的出版工作提供了很多宝贵意见和具体建议！特别要感谢文化部公共文化司的白雪华处长、钟华处长、王珊珊和朱春雷，你们于我，亦师亦友，在资料搜集过程中给予了我很多帮助，为我的研究拓展了思路，提出了诸多良策！最后，还要提及我的父母，你们是我坚强的后盾，谢谢你们对我一路走来的宽容和支持！

囿于笔者学识水平有限，本书的错误和疏漏在所难免，祈请诸位同仁不吝赐教，批评指正！

冯佳

2015 年 2 月于上海